阅读 为幼儿打开世界

——湖南师范大学幼儿园"悦读"课程实践探究

徐惠　编著

湖南师范大学出版社

编委会
（排名不分先后）

从"阅读"到"悦读"

（代序）

　　早期阅读是学前儿童认识世界、解释世界、融入世界、发展自我的重要手段，对幼儿一生的发展具有至关重要的影响。《3－6岁儿童学习与发展指南》（以下简称《指南》）建议教师和家长"为幼儿提供良好的阅读环境和条件，激发幼儿的阅读兴趣，培养幼儿的阅读习惯，经常和幼儿一起阅读；引导幼儿以自己的经验为基础理解图画书的内容，仔细观察画面，结合画面讨论故事内容，学习建立画面与故事内容的联系；在阅读中发展幼儿的想象和创造能力，鼓励幼儿依据画面线索讲述故事，大胆推测、想象故事情节的发展，改编故事部分情节或续编故事结尾，用故事表演、绘画等不同的方式表达自己对图书和故事的理解，支持幼儿自编故事，并为自编的故事配上图画，制成图画书；引导幼儿感受文学作品的美，鼓励幼儿将自己感兴趣的事情或故事画下来并讲给别人听，让幼儿体会写写画画的方式可以表达自己的想法和情感"。《指南》要求成人把握幼儿语言发展的敏感期，开展丰富适宜的早期绘本阅读活动，帮助幼儿开阔视野并接受多种信息，支持幼儿在潜移默化中提升自我理解与表达能力、思维与想象能力、审美与感知能力等，为幼儿一生的成长打下良好的基础。

　　《阅读，为幼儿打开世界》一书正是湖南师范大学幼儿园徐惠园长团队，在《指南》背景下，于绘本阅读领域开展的实践与探索。他们探索的"悦读"课程将阅读理论和绘本阅读实践紧密结合，具体涵盖了对阅读课程的阐释和理解、组织和实施路径、教师的指导策略、大型特色阅读活动等内容；系统地探索了"悦读"课程的基础，清晰地展现了湖南师范大学幼儿园阅读课程的理论探索和实践的全过程，全面地呈现了幼儿园教师在实践探索中形成的指导策略。书稿不仅梳理出适合小、中、大班不同年龄段的绘本图书，还结合活动主题深入挖掘了"阅读"课程开展的有效实施途径。各类型阅读教育活动的设计与实施，从思维导图、绘本介绍、绘本价值分析、绘本阅读观察记录、预设活动以及教学、游戏、生活活动实例六大方面呈现，将数年来的探索过程凝练于文本，形成了丰硕的绘本阅读实践成果。总体而言，"悦读"课程在课程理念、课程实践的方法论以及课程构建的路线上有很多创新，为推进阅读课程建设奠定了坚实的理论基础，亦提供了很好的实践思路。他们的"悦读"课程主要有以下特点：

一、从重视集体阅读教学转向关注多种形式的早期阅读活动

早期阅读活动单纯通过集体教学形式开展，无法满足学前儿童的发展需要，湖南师范大学幼儿园以"悦读"代替传统的阅读，树立"大阅读观"理念，多途径地开展早期阅读活动，将"专门性语言教育活动"与"渗透性语言教育活动"结合，体现出"悦读"课程的整体性和动态性，也意味着"悦读"课程的开展贯穿于一日生活之中。如：在阅读区开展阅读活动，举办"悦读之旅""悦读画廊"等系列活动；采用游戏的形式再现故事情节，使幼儿体验和发现阅读的乐趣，鼓励幼儿自由表达，引导幼儿感知和理解作品的内容，潜移默化地提高幼儿的阅读能力；在餐前、午睡前播放绘本故事；等等。不同组织形式的早期阅读活动有利于激发幼儿的阅读兴趣，帮助幼儿通过早期阅读获得表达能力的发展和良好的情感体验。在此基础上，以多种形式开展阅读课程系列活动、全方位实施阅读课程，使"悦读"回归生活，成为幼儿生活的常态。

二、从重视绘本的内容形式转向关注绘本承载的多元价值

绘本是幼儿阶段的主要阅读材料，它依靠文字语言和视觉图片的交互关系来共同讲述故事情节。一个好的绘本多以图文并茂的形式呈现，这种生动的呈现形式能引发幼儿的共鸣，激发其阅读兴趣。对于幼儿园教师而言，他们是否能正确认识绘本的价值，了解不同内容绘本以帮助幼儿获得核心经验，选择绘本的方法以及如何在实践中有效运用绘本，对幼儿的早期阅读至关重要。在对绘本的关注上，以往幼儿教师习惯于站在自己的角度来选择和分析绘本，并以自我的经验来判断绘本内容是否对儿童成长有

意义，这种基于教师选择的绘本、关注表面形式的绘本，一切都显得那么的"有序"，然而正是因为这样的"有序"扼杀了儿童的创造性。在湖南师范大学幼儿园的"悦读"课程实践中，我们欣喜地发现教师们从观念到行为的显著变化，他们把握住了幼儿早期阅读的核心经验、幼儿的兴趣点和幼儿理解阅读能力的差异性，并根据课程目标和不同年龄段幼儿的兴趣和需要，选择贴近幼儿的实际生活、符合幼儿认知经验的绘本材料，实现了从关注绘本表面形式到关注绘本内容价值的转变。以经典、求真、向善的图画书为载体，通过多途径、多形式的倾听与阅读后，内化与理解，在多元、开放的环境中创意表达，注重"悦读"的全过程，最终为幼儿的精神成长和全面发展奠定基础。

三、从重视语言教育活动转向关注领域之间的整合与渗透

以往，幼儿园通常将阅读活动仅仅局限于语言领域。湖南师范大学幼儿园"悦读"课程在深挖绘本价值和阅读重难点的基础上，结合幼儿已有经验和学习的特点进行领域间的整合。我们可以看到呈现的系列活动中阅读活动与各领域活动之间的融合。例如：在健康领域阅读有关良好习惯培养的绘本，在科学领域阅读中对科普读物绘本等相关内容的有机整合；用阅读的形式渗透其他领域的学习，如按照动作顺序图进行动作的表现；巧妙提取图画书中的部分情节和元素用于其他领域的教学，重新进行课程设计；等等。因此，早期阅读与其他领域的融合并不是简单的堆砌，这类活动设计需要教师将各领域的目标融会贯通，通过自己的挖掘和创新进行领域间的整合。在领域间整合时，教师关注幼儿的亲身体验，关注幼儿的现实生活，注重阅读材料与生活经验的连接，引导幼儿认识生活，理解世界，理解人与生活、世界的关系，帮助幼儿形成对自然、社会、自我的内在联系的整体认识。

四、从重视教师导读转向以多种方式支持幼儿自主阅读

儿童在日常生活中已经形成了对某些事物的具体经验，是儿童感知世界并习得新经验的重要支撑。因此，要激发儿童的阅读兴趣，培养儿童的阅读能力就必须为儿童提供更多的自主阅读机会，在阅读实践中发展幼儿的自主性和能动性。我们欣喜地看到，湖南师范大学幼儿园的"悦读"课

程实践取代了传统的阅读，打破了单纯由教师导读的局面，充分体现了以儿童为中心，了解幼儿、尊重幼儿、满足幼儿需要的自主阅读理念。"悦读"课程一方面从对幼儿的阅读指导入手，对幼儿的阅读行为进行观察与分析，从看、讲、编、画、自制图书、规则遵守等方面对幼儿的行为进行全面分析，有意识地鼓励幼儿依据看到的图画内容完整叙述故事、想象故事情节，旨在锻炼儿童的观察能力与想象能力，体验语言叙述的内在逻辑顺序，达到思维训练的目的。另一方面则更为注重对幼儿自主阅读能力的培养，在对儿童的阅读行为进行观察与分析的基础上，有意识地鼓励幼儿自主阅读和自由表达，激发和保持幼儿的阅读兴趣，引导幼儿感知和理解作品的形式和内容，从而提高幼儿的阅读能力，让幼儿真正成为主动探究的学习者。在潜移默化中，幼儿自身的学习方式发生了从"知识的获得"到"个人意义的经验建构"的转变。

多年来，湖南师范大学幼儿园徐惠园长团队一直立足本园，坚持理论学习与实践反思、专家引领与同伴互助，在扎扎实实的实践与研究基础上撰写了这部沉甸甸的书稿，形成了大量富有启发性、可供其他幼儿园借鉴参考的引导幼儿阅读绘本的应用性成果——"悦读"课程。该"悦读"课程优化了学前儿童语言教育，以早期绘本阅读为切入点，用"悦读"来诠释早期阅读的价值，将阅读与各领域教育活动相互渗透，回归儿童生活，追求儿童的整体发展。经过一轮又一轮反复研究，得以从"散点"走向"整合"、从"浅表"深入"内涵"、从"活动"形成"特色"。该"悦读"课程以各年龄阶段幼儿语言学习与发展的核心经验为基础，以培养幼儿持续的阅读兴趣、艺术审美素养和全面的阅读能力为目标，形成了一套极具价值的早期阅读特色资源，是基于儿童立场的极有意义的阅读课程的实践探索，此番探索对于儿童绘本阅读在园所的落地实践极具借鉴意义。该"悦读"课程对幼儿园如何挑选绘本、开展阅读课程以及促进教师专业成长等方面形成了有益的经验，同时也为家园共育提供了新途径。更为重要的是，该"悦读"课程的实施可以帮助幼儿在阅读中实现个人意义的经验建构，进而构建对世界的认知和实现精神世界的完善，帮助幼儿打开世界之门！

湖南师范大学博士生导师：杨莉君

2020 年 10 月 8 日

目　录

第一章 幼儿园"悦读"课程理论

现阶段，绘本作为优秀的儿童阅读素材，其蕴含的丰富价值已经被广泛认识。因此，在幼儿园，绘本已经成为经常被使用的教学素材。在挖掘绘本价值的过程中，教师是否能正确认识绘本的价值，把握绘本选择的方法，在实践中有效地运用绘本以及如何让幼儿多渠道去感知、丰富和拓宽绘本的价值，加深幼儿的经验积累是当前值得研究的议题。

第一节 "悦读"课程的产生背景

一、响应社会"全民阅读"的号召

2015 年 3 月 5 日，第十二届全国人民代表大会第三次会议，国务院总理李克强向大会作政府工作报告时指出，要让人民群众享有更多文化发展成果，"倡导全民阅读，建设书香社会"。绘本作为幼儿阶段主要的阅读材料，是幼儿爱上阅读、发展语言的重要工具之一。与此同时，我园是湖南师范大学的附属单位，受到大学良好书香氛围的熏陶，课程内容与湖南师范大学推广的"一校一书——经典、精读、经世"活动相呼应。

二、幼儿语言教育的重要性

语言是交流和思维的工具。幼儿期是语言发展，特别是口语发展的重要时期。幼儿语言的发展贯穿于各个领域，也对其他领域的学习与发展有着重要的影响：幼儿在运用语言进行交流的同时，也在发展着人际交往能力、理解他人和判断交往情景的能力、组织自己思想的能力。幼儿语言发展与其他方面的发展存在着相互促进、共同发展的关系。如图：

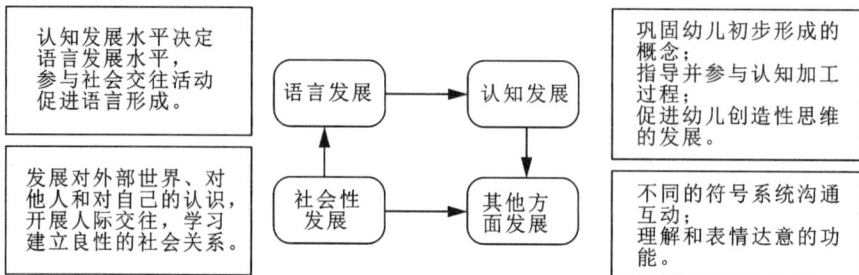

认知发展水平决定语言发展水平，参与社会交往活动促进语言形成。	语言发展 → 认知发展	巩固幼儿初步形成的概念；指导并参与认知加工过程；促进幼儿创造性思维的发展。
发展对外部世界、对他人和对自己的认识，开展人际交往，学习建立良性的社会关系。	社会性发展 → 其他方面发展	不同的符号系统沟通互动；理解和表情达意的功能。

三、绘本作为载体的可能性

绘本作为一种图文并茂的儿童文学样式，"依靠文字语言和视觉图片的相互关系来共同讲述故事情节。图作为书的内容在每一页出现，对故事叙述的完整性起到不可缺少的工具性作用"。绘本画面的主体叙述性，弥补了幼儿书面文字经验的不足。换言之，幼儿读绘本时，"看画儿就能明白故事"。绘本阅读容易引起幼儿共鸣，激发幼儿阅读乐趣，加深幼儿对文本的互动，培养幼儿前阅读能力。利用绘本作为材料，开展契合幼儿兴趣及发展需要的幼儿园绘本阅读教育，让幼儿在绘本阅读教育实践中体验到阅读的乐趣、爱上阅读，促进幼儿前阅读能力、思维与想象能力、听说表达能力、审美感知能力及社会性的全面和谐发展。

四、基于对绘本已有研究的文献梳理

通过"中国知网""谷歌学术"等学术文献搜索软件分别以"绘本的价值""绘本在语言教育活动中的作用""绘本教学的组织形式"为主题进行文献检索，得出近900篇文献，说明学术界对绘本的研究还是比较多。已有研究主要集中在以下几个方面。

1. 关于绘本价值的研究

通过文献的梳理，对绘本价值的研究主要集中在以下几个方面：

李春光认为，绘本的价值主要体现在两个方面：感受快乐，享受幸福的娱乐价值以及提高能力；促进发展的教育价值（包括健康教育的价值、语言教育的价值、社会教育的价值、艺术教育的价值）。

蔚一潇认为，绘本最大的价值体现在审美价值上。他觉得不同风格的绘本带给孩子们丰富各异的审美体验，满足孩子们的审美与心理的需要。绘本的风格是在艺术家深思熟虑之后，形成内容与形式的有机统一，因而众多的绘本表现出多种多样的艺术风格来。也正是这种多样的风格大大拓展了孩子们的审美范围，也提高了孩子们感受美的能力。

刘江艳认为，绘本的价值体现在能够培养孩子们的语言涵养，增加对孩子的审美熏陶，给予孩子生活的启迪，滋养孩子的情感，激活孩子的思维以及开拓孩子的视野。

以上研究对绘本的价值分析得比较透彻，包含了审美价值、情感愉悦价值以及促进幼儿各方面发展的价值，从宏观上给予了"悦读"课程很好的思路与方向。

2. 关于绘本在语言教育活动中的作用的研究

随着国内外学者对绘本的关注度越来越高，关于绘本在语言教育活动中的作用，学者也有较为一致的看法。

刘丽春认为绘本能够结合自身画面生动、色彩鲜明、语言简洁、内容有趣的特点，有助于学前儿童愉悦情绪的调动。在发掘儿童记忆潜能的同时有利于语言学习能力的提高。同时，有利于培养幼儿的阅读兴趣。

吉喆认为绘本在语言教育活动中拥有以下几点价值：第一，提高幼儿的语言理解水平；第二，增强幼儿的前阅读和前书写能力；第三，提升幼儿的语言表达能力。他还指出，绘本是幼儿园提高幼儿语言能力的最佳路径、幼儿园语言复述教学的重要"教材"、幼儿园最便于精加工的语言"母本"。从已有研究中可以看出，绘本是幼儿语言学习的重要载体之一，运用绘本组织语言教育活动是一种提高幼儿语言能力的有效手段。

3. 关于绘本教学组织形式的研究

在已有的研究当中，绘本教学的组织形式主要是两种。一种是传统的绘本集体教学活动的开展，通过教师说、幼儿听的形式让幼儿了解绘本文字的内容。另一种是将绘本教学的形式渗透在五大领域中，除了语言教学外，还会将绘本的内容渗透在科学、健康、社会、艺术领域的活动中。

4. 对已有研究的述评

从现有的研究中，我们可以看出，绘本对于幼儿语言的发展有着不可替代的作用。于幼儿而言，绘本不仅能够愉悦情感、提高审美情绪，更能提高幼儿的语言表达、倾听以及初步的阅读理解能力。所以，绘本作为幼儿语言的载体拥有很强的理论依据。利用绘本组织语言教育活动，在已有的研究中主要集中在传统的、单方面的语言集体教学活动，部分扩充到五大领域的渗透中。但如何在一日生活中的集体教学活动、区域活动、游戏活动以及生活活动深入挖掘绘本的价值，多角度提高幼儿语言能力，尚没有系统的研究成果。本研究将在前人研究的基础上，进一步深挖绘本的价值，以绘本为载体多途径开展发展幼儿语言能力的系列活动。

第二节 "悦读"课程的理论基础

一、全语言教育理论

全语言又被称为"整体语言"，20 世纪中期，兴起于美国的语言教育思潮，同时也带来了一场关于语言教学的改革。全语言教学是一种基于将儿童语言发展和语言学习视为一个整体的思维方式而开展的教学。全语言教学并不是某一种具体的教育教学方法，而是一种全新的语言教学理念。全语言教学将传统的"师传生受"的语言教学模式转变为教师和儿童合作学习的过程，提倡开放式的教与学。开放式的语言教学中，所学习的语言是完整的，不是支离破碎的，不是简单地将语言教学分解为某种"技能"的教、"被动的学"。在全语言教学法之中，教师通常要围绕某一个特定的主题进行教学，根据主题选择教学活动所用的材料，学生要在真实的情境中实践语言，同时也鼓励学生主动地学习，制订学习计划。全语言教学作为一种重要的教学策略，强调听、说、读、写活动的整合，并且打破学科界限，进行学科统整的语言教学。这既加强了语言学习的现实意义，又增加了学科之间的相互联系。全语言理论从语言及与幼儿交流的方式、思维、意义、过程、内容、个体差异、评价等关系中的分析中进一步把握全语言的概念，不仅强调了语言的习得应该在丰富的情境中进行，同时也强调了语言包括了用以交流的各种形式。

学前阶段是儿童语言发展的敏感期，抓住语言发展敏感期的有利时机，可以促进幼儿语言乃至其他方面迅速发展。绘本作为幼儿语言发展的重要媒介，通过深入分析绘本、拓宽绘本的组织形式，可多维度促进幼儿倾听与表达、阅读与书写准备等方面的深度学习，促进幼儿语言发展。

二、深度学习理论

深度学习是指在理解学习的基础上，学习者能够批判性地学习新的知识和思想，并将新的知识和思想融入已有的认知结构中，能够在众多的思想间进行联系并能够将已有的知识迁移到新的情境中，作为决策和解决问题的一种学习方式。① 深度学习更加关注学习者学习的过程与状态，关注对知识核心概念和原理的深层次理解，关注学习者自身对学习意义和知识的协同建构。结合"悦读"课程中的相关内容，即为充分挖掘一本绘本的多元价值，在与幼儿互动体验的过程中，不断产生火花，感受绘本带来的无穷魅力。

第三节 我们眼中的"悦读"课程

一、"悦读"课程的内涵

在解读"悦读"课程之前，我们需要了解课程是什么？冯晓霞教授的《幼儿园课程》一书中指出：课程即学习科目和教材。课程即儿童在校获得的学习经验。课程即学校组织的学习活动。课程即教学计划。课程即预期的学习结果或目标。② 这些对课程的定义有着不同的背景、理论基础，有着各自的优势与不足，我们在界定课程时，要吸取每种定义积极、合理的一面，以此来定义我们自己的课程。

幼儿园课程可分为普适性课程与园本课程。普适性课程具有一般课程的基本特点，能够满足大部分幼儿园的基本需求，能够在幼儿园广泛使用。而园本课程具有园所特殊性，主要是根据园所自身发展的实际需要、园所

---

① 孙银黎. 对深度学习的认识 [J]. 绍兴文理学院学报，2007（4）.
② 冯晓霞. 幼儿园课程 [M]. 北京师范大学出版社，2001：2-5.

特有的文化环境、师资队伍的素养、周边可挖掘的资源等内容而形成的适用于本幼儿园的课程模式。湖南师范大学幼儿园的"悦读"课程是在长期文化积淀的基础上，结合大学良好的书香氛围所构建的园本课程。

我们对"悦读"课程的基本定义为："悦读"课程是以幼儿语言全方位发展为基础，以幼儿经验的联系和延续为线索，以教学、游戏、个别化学习、家园共育等为途径，努力促进幼儿的语言能力在原有水平的基础上得到全方面提升的各种活动的总和。

二、"悦读"课程的特点

1. 预设与生成相结合

"悦读"课程内容既有预设的，也有生成的。在选择绘本时，教师除了会分析作者创设绘本的背景以及作者通过绘本想传递的价值，还会站在成人的视角，从绘本中的画面、图文，以及图文关系出发，解读绘本的内容，预设相关活动，与幼儿共同学习绘本中的核心价值。在与幼儿互动的过程中，教师会根据本班幼儿的兴趣、经验和需要，灵活选择和调整主题的内容，注重课程内容的生成，让活动更加充满活力。

2. 活动性与情境性

幼儿"悦读"的学习方式与特点是直接感知、亲身体验与实际操作，幼儿的学习是在交往、操作、游戏中进行的。幼儿园的"悦读"课程主要是以游戏的方式进行，创设一定的情景，让幼儿在情境中与教师、同伴、物质材料充分互动，在活动中徜徉在绘本的海洋中。

3. 整体性与动态性

"悦读"课程将幼儿一日生活都看作课程内容的实施载体，充分发挥幼儿一日生活中潜在的课程价值。课程的呈现方式除了集体活动、区域活动、游戏活动外，还会在过渡环节、午睡环节等生活环节有所体现。"悦读"课程的实施结构也不是一成不变的，而是动态的。在充分挖掘绘本的活动价值的基础上，选择的活动的形式、数量都会存在差异性。对课程的研究遵循"从实践中来，回实践中去"的原则，发现问题—解决问题—再发现问题—再解决问题，在这样一个不断循环往复、螺旋上升的过程中发展和提升。

三、"悦读"课程的研究思路

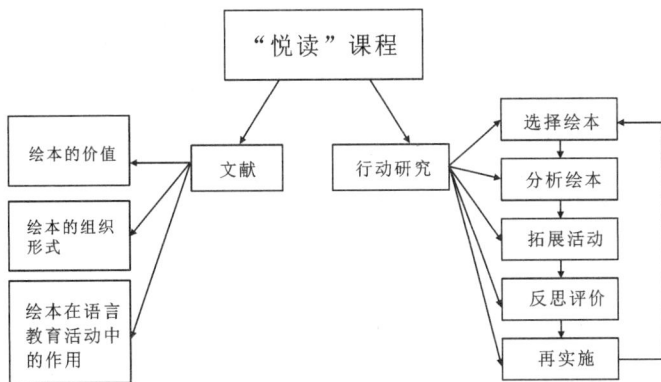

```
                    ┌─────────────┐
                    │ "悦读"课程  │
                    └─────────────┘
                   ↙              ↘
        ┌────────┐              ┌────────┐      ┌──────────┐
        │  文献  │              │行动研究│  →   │ 选择绘本 │ ←┐
        └────────┘              └────────┘      └──────────┘  │
      ↙    ↓    ↘                ↓  ↓            ┌──────────┐  │
┌────────┐ ┌────────┐           ↓   ↘          │ 分析绘本 │  │
│绘本的  │ │绘本的  │                            └──────────┘  │
│价值    │ │组织形式│                            ┌──────────┐  │
└────────┘ └────────┘                           │ 拓展活动 │  │
┌──────────┐                                    └──────────┘  │
│绘本在语言│                                    ┌──────────┐  │
│教育活动中│                                    │ 反思评价 │  │
│的作用    │                                    └──────────┘  │
└──────────┘                                    ┌──────────┐  │
                                                │ 再实施   │ ─┘
                                                └──────────┘
```

四、"悦读"课程的架构

构成课程的五要素为：课程理念、课程目标、课程内容、课程实施以及课程评价。我们认为"悦读"课程的构建应该是一个整体推进的过程。在课程理念的指导下，确定课程目标、课程内容、课程实施和课程评价等相关内容。随着研究的不断深入，初步建立了"悦读"课程的整体框架。

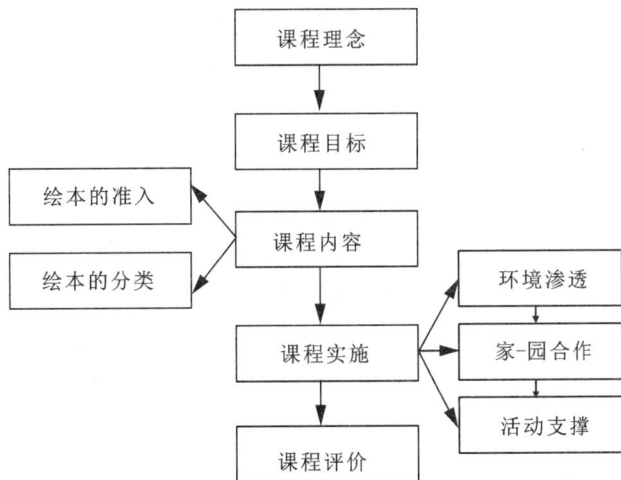

```
                    ┌──────────┐
                    │ 课程理念 │
                    └──────────┘
                         ↓
                    ┌──────────┐
                    │ 课程目标 │
                    └──────────┘
                         ↓
┌──────────┐        ┌──────────┐
│绘本的准入│ →      │ 课程内容 │
└──────────┘        └──────────┘      ┌──────────┐
┌──────────┐        ↑    ↓        →   │ 环境渗透 │
│绘本的分类│ →      │              ↗  └──────────┘
└──────────┘        ↓                  ┌──────────┐
                    ┌──────────┐   →   │家-园合作 │
                    │ 课程实施 │ →     └──────────┘
                    └──────────┘       ┌──────────┐
                         ↓          ↘  │ 活动支撑 │
                    ┌──────────┐       └──────────┘
                    │ 课程评价 │
                    └──────────┘
```

"悦读"课程框架图

（一）课程目标

"悦读"课程以"让孩子爱上阅读"为目标，依托"悦读"课程的理念基础，结合《3－6岁儿童学习与发展指南》的各年龄阶段幼儿的典型表现，在目标设置时关注幼儿情感态度、能力知识等多项指标的整体发展，同时，关注各领域之间的整合与渗透，形成"总目标、各年龄阶段目标"两级目标体系。

1. 课程总目标

（1）喜欢听故事、看绘本，对围绕绘本开展的系列活动感兴趣。

（2）能大胆表达自己对绘本认识，具有初步的阅读理解能力。

（3）在系列活动中，初步养成良好的阅读、倾听习惯。

2. 各年龄阶段目标

（1）小班

①喜欢教师分享的绘本故事，愿意参与由绘本延伸出来的系列活动，有主动要求成人讲故事、读绘本的愿望。

②能够看懂绘本中画面，知道画面中有什么、发生了什么事，并能口齿清楚地表达自己的想法；能用多种形式表现绘本的故事内容。

③能爱护图书，不乱扔、乱撕；养成在集体活动中倾听别人讲话的习惯。

（2）中班

①愿意与同伴分享自己听过的故事或看过的图书，积极参与由绘本延伸出来的系列活动，感受绘本故事带来的愉悦情绪。

②能够根据绘本提供的信息，基本完整地、较为连贯地讲述故事的主要情节；能基本完整地讲述自己看过的绘本和参与过的绘本系列活动。

③在提醒下，阅读时能保持正确的坐姿，能积极主动回应别人。

（3）大班

①能够大胆与同伴讨论绘本故事中的主要内容与情节，对绘本中的文字符号感兴趣，主动要求组织绘本延伸的活动。

②能有序、连贯、清楚地讲述绘本故事内容，讲述时使用一些常见的形容词、同义词等，语言较为生动；能够根据绘本的部分线索猜想或续编、创编故事情节。

③阅读和写写画画时姿势正确，能根据不同情境使用恰当的语言。

（二）课程内容

"悦读"课程的内容选择来源于绘本，什么样的绘本能够成为"悦读"课程的内容是我们在研究过程中非常关注的一个问题。在绘本进入到课程之前我们要考虑以下几个方面：

1. 前期：了解绘本的分类形式

从内容上来看：绘本主要可以分为情绪管理类、科普类、人际交往类、亲情类等几大类。每一类绘本都围绕一个核心的价值点设计画面与故事情节，让幼儿得到相应的发展。

从画面上来看：从色彩构图方面可分为黑白与彩色绘本，从绘本制作方面有立体绘本与平面绘本，从绘本画面的表现形式可分为简笔画、油画、漫画、水墨画、水粉画绘本。

从材质上来看：绘本有布类、纸质类、电子类（有声书）、木质类等。

从绘本的来源看：有幼儿园收集并购买的绘本、家长自愿捐助绘本、幼儿自制绘本、家长推荐幼儿园购买的绘本等。

2. 绘本的准入原则

在选择绘本时，应综合考虑以下原则：

第一，符合幼儿兴趣。在选择绘本时，首先要考虑绘本的内容是否是幼儿感兴趣的。主要通过以下几种途径：一是通过网络搜索"最受幼儿喜欢的绘本"，了解绘本的基本情况；二是通过家长对幼儿平时阅读绘本的观察，推荐相关绘本；三是通过教师在阅读区中对幼儿的关注。

第二，符合幼儿年龄特点、发展水平。选择绘本时，要关注绘本的画面与文字，看画面与文字的内容是否符合本年龄阶段幼儿的发展水平。比如：画面较为简单、图片较大、文字较少的绘本，比较适合在小班进行拓展活动；画面比较丰富，需要很强观察力的绘本，比较适合在大班进行相关的拓展活动。

第三，内容积极向上，符合国情。现阶段，市场上的绘本量非常大，很多均来自国外，特别是西方国家。西方国家和我国的基本国情不一样，在选择绘本时，要注意考虑其核心价值观是否符合中国的国情。与此同时，还有很多绘本的内容存在消极厌世的内容，这样的绘本也是不能进入到我们的"悦读"课程之中的。

第四，贴近幼儿生活经验。绘本传递的价值应该是幼儿在生活中能够感受到的，更多的是来源于幼儿的生活，又能回到幼儿的生活中去的。

（三）课程实施

"悦读"课程以整体教育观来指导实践，将幼儿的一日生活作为课程内容实施的载体。在课程实施的过程中教师遵循目标推进、均衡发展、审议在前的原则，通过观察、倾听、讨论来了解幼儿，通过反思总结、团队研讨等方式加深对课程的理解。本课程实施主要以环境渗透、活动支撑以及家-园合作等三个途径来开展。

1. 环境渗透

幼儿园成立以"我们的书吧"为主、五大阅读公共区为辅的阅读空间，充分结合园所实际情况，开拓幼儿的阅读区，尽可能满足幼儿的阅读需求。在幼儿园的走廊以及各个班级的阅读区的环境中都会渗透优秀绘本的相关内容，有的是推荐绘本书名和推荐理由，有的是精选绘本的故事内容，等等。

2. 活动支撑

"悦读"课程主要围绕专门性的语言教育活动和渗透性的语言教育活动

来开展（见表1-1）。专门性的语言教育活动包括文学作品学习、讲述活动、听说游戏活动、早期阅读活动；渗透性的语言教育活动分为其他领域的集体教学活动的渗透、区域活动的渗透、游戏活动的渗透以及一日生活的渗透。

表1-1 "悦读"课程活动设计

名称	类型			实践探究内容
"悦读"课程	专门性语言教育活动			以绘本内容为主设计生成的文学作品学习活动
				以绘本内容为主设计生成的讲述活动
				以绘本内容为主设计生成的听说游戏活动
				以绘本内容为主设计生成的早期阅读活动
	渗透性语言教育活动	其他领域的渗透	各领域集体教育活动	以绘本为载体拓展生成的健康活动（心理健康、体育）
				以绘本为载体拓展生成的艺术活动（音乐、美术）
				以绘本为载体拓展生成的科学活动（科学、数学）
				以绘本为载体拓展生成的社会活动
		游戏活动的渗透	绘本游戏	以绘本为载体拓展生成的各类游戏活动（音乐游戏、体育游戏、智力游戏等），深入了解绘本传递的价值
		一日生活的渗透	绘本故事（音频）	从幼儿园绘本馆选择适宜的绘本,录制成音频,利用中午午睡或者餐前、餐后的活动进行分享,让幼儿通过听、说的方式了解绘本内容。（教师录音故事、幼儿录音故事、亲子录音故事）
		区域活动的渗透	绘本制作（美工区）	从幼儿园绘本馆、班级教学内容中选择适宜的绘本进行拓展或者创编制作,幼儿在教师的指导下进行美工区装饰及美化。绘本制作是表达绘本的一种重要形式,在制作绘本的过程中,伴随着幼儿对绘本的理解。
			绘本表演（表演区）	以每月绘本内容为载体,通过教师的指导以及美工区的道具、服装装饰及美化,幼儿在表演区结合绘本内容自主进行故事创作表演。表演是幼儿对绘本主要情节再现的一个过程,包括了对绘本的理解和表达。
			绘本音乐	以绘本为载体拓展生成的音乐活动或音乐游戏,提取其中的歌曲旋律,录音制作,放置于音乐区便于幼儿自主进行音乐表演或演奏打击乐器。

3. 家 – 园合作

为了能让"悦读"课程辐射范围更广，我们积极探索家 – 园合作来支撑课程的开展。家 – 园合作主要在以下几个方面：第一，保障亲子共读时间。我园幼儿每周拥有一次借阅绘本的机会，回家后与父母进行亲子共读。第二，进行亲子绘本剧表演。依托"悦读"课程的相关内容，邀请家长和幼儿共同商定角色，进行绘本剧表演。第三，成立家长绘本分享师。每周一次的"阅读大本营"，让家长绘本分享师在自己的"小天地"与幼儿分享绘本故事。

（四）课程评价

"悦读"课程的评价是通过资料的收集、实地考察等方式，科学地判断"悦读"课程对幼儿、教师以及家长等参与者产生的价值和效益的过程。所以在评价课程时，我们会从幼儿的角度、教师的角度以及家长的角度三个方面进行。第一，"悦读"课程实施以来，幼儿的阅读习惯、阅读能力均得到了显著提升，特别是读图能力。幼儿在拿到一本绘本时，会更多地去关注画面中的细节并引发很多思考。第二，通过系列拓展活动的开展，幼儿理解能力也得到了全面锻炼，会深入分析绘本中出现的对话、人物关系以及绘本潜在的价值。第三，幼儿的语言表达能力得到提升，幼儿变得更爱说了，说的内容更广了。

与此同时，在落实"悦读"课程时，我园教师的专业能力得到了进一步的提升，对绘本的价值挖掘、活动的设计以及活动的组织能力都得到了提升。通过与家长的交流发现，家长的教育观念也在改变，之前在进行亲子共读时，家长更多的是关注绘本中的文字，只会跟幼儿讲里面简单的故事，到现在能够关注画面，拓展画面的内容，让幼儿从被动地"听"过渡到积极主动地思考中来。

（五）课程保障

1. 绘本配置的保障

湖南师范大学幼儿园成立了专项经费购买绘本。现阶段幼儿园总绘本量达到5000余册（不包括班级绘本数量），其中情绪管理类绘本600余册、人际交往类绘本500余册、亲情类绘本800余册、科普类绘本700余册、其他类绘本1200余册、主题系列绘本1200余册。

2. 时间的保障

（1）一年一度的主题阅读节

通过每年一届的阅读节主题系列活动，进一步凸显我园"悦读"课程特色，在听、说、读、看、画、玩等过程中，培养幼儿的阅读兴趣及阅读能力，逐步提高幼儿运用语言、动作、绘画、表演等多种形式的表现力。

（2）一月一次的"悦读"大本营

通过每周一次的"悦读"大本营活动，让全园幼儿在看看、听听、说说中了解并与同伴分享绘本内容，同时在家长导读、幼儿混龄阅读的氛围中，体验自主阅读的快乐。

（3）一周两次"悦读"课程的组织与实施

每周周计划安排两次园本课程的相关内容，教师有计划、有组织地实施活动，让幼儿充分感受绘本带来的乐趣。

（4）一周一次的借书时间

我园规定：每周三上午8：00—8：30、下午5：10—5：30为小班组的借书时间，每周四上午8：00—8：30、下午5：10—5：30为中班组的借书时间，每周五上午8：00—8：30、下午5：10—5：30为大班组的借书时间，每周一上午8：00—8：30、下午5：10—5：30为全园还书时间。通过把绘本借回家，养成亲子共读的好习惯。

借书时间		
小班	每周三	上午8：00—8：30，下午5：10—5：30
中班	每周四	上午8：00—8：30，下午5：10—5：30
大班	每周五	上午8：00—8：30，下午5：10—5：30
还书时间		
全体幼儿	每周一	上午8：00—8：30，下午5：10—5：30

（5）"悦听故事时光"

我园的"悦听故事时光"分为"悦听故事午后时光"和"悦听故事周末时光"。"悦听故事午后时光"的内容向全园亲子征集，选择优质的故事存入资源库中，根据不同季节、主题选择故事于午睡前播放给幼儿听，定期更新故事内容；"悦听故事周末时光"在周末通过微信公众号推送悦听周末故事，营造良好的阅读氛围。

3. 人员的保障

我园专门成立了"悦读"课程教研团队。以徐惠园长为课程教研组长，教学副园长、保教主任、年级组长为课程教研副组长，各班教师为教研成员。教研组每周定期开展相关教研活动，包括绘本内容的确定、活动内容的设计以及活动的组织形式的选择等。

绘本的管理。幼儿园安排一名专职体能教师负责绘本管理，主要负责绘本的整理、目录的编码及幼儿的绘本借阅。

4. 制度的保障

（1）绘本的准入制度

在选择绘本时，充分考虑绘本的价值，考虑绘本的主题和内容应符合社会主义核心价值观，应适合幼儿的年龄特点等。

（2）绘本的借阅制度

我园制定了完善的幼儿借阅书籍的相关制度。如，为了培养孩子的独立能力，请家长让孩子自主排队借书、还书；本馆阅览室仅对本园读者开放，凭本人借阅证入室借阅；每位读者一次只能借阅一本图书（如有前期未归还图书不得再借新书）；请爱惜图书，如有损坏或遗失照价赔偿，并需要收取 10 元工本费；请妥善保管好自己的借阅证，如有遗失，需交 20 元进行补办。

（3）绘本的定期更换制度

每学期由专职图画书管理员，广泛收集家长意见以及关注国内外最新绘本动态，及时添加绘本，"我们的书吧"图画书藏书从最初的 500 多本、1000 本到现在的 5000 多本。每个学期的第一个月是绘本更新与添加月，并在学期中根据需要随时补充。

（4）"悦读课程"实施的教研制度

每周进行一次围绕"悦读课程"实施的教研，单周为集体大教研，双周为年级组小教研。每次教研由一位主要组织者提前了解现阶段课程实施的困惑以及遇到的问题，搜集相关资料，整理教研内容，然后召集相关人员相互研讨。

（5）奖励制度

每学期根据班级幼儿的借阅量以及幼儿的参与人数评出 4 个"书香班级"以及多名"阅读小达人""阅读小明星"。

第二章 小班"悦读"主题系列活动

第一节 绘本《好饿的毛毛虫》"悦读"主题系列活动

一、绘本介绍

　　绘本《好饿的毛毛虫》讲述的是一只很饿的毛毛虫去寻找食物吃，最后慢慢长大、破茧成蝶的故事。月光下，一个小小的卵躺在树叶上，暖暖的太阳升起来了。啪！从卵壳里钻出一条又瘦又饿的毛毛虫。他四下寻找着可以吃的东西。星期一，他啃穿了一个苹果。可他还是觉得饿。星期二，他啃穿了两个梨子，可他还是觉得饿。星期三……毛毛虫不停地寻找自己喜欢吃的东西，慢慢长胖，然后吐丝成茧，最后终于变成了一只美丽的蝴蝶。

艾瑞·卡尔 文/图　郑明进/译　明天出版社

二、绘本价值分析

《好饿的毛毛虫》故事内容简单，情节生动有趣。绘本中毛毛虫的造型夸张、形象，能很快吸引幼儿的注意。故事通过描绘毛毛虫吃不同食物长大的情景，不仅向幼儿传达了注意养成健康饮食习惯的知识，也蕴含着数概念的教育价值。且绘本中图画的色彩搭配与独特的绘画风格也为幼儿展示了不一样的艺术美。绘本文字简单，非常适宜小班幼儿阅读。

绘本的画面。《好饿的毛毛虫》这个绘本画面十分饱满，色彩鲜艳。此绘本绘画风格独特，毛毛虫与其他物品的形象生动、夸张。且绘本中每个被毛毛虫咬过的物品中间都会有一个小洞，这样别具匠心的设计，着实吸引幼儿，让其产生浓厚的阅读与探索兴趣。

绘本的文字。绘本中文字简短易懂，个别句式有所重复，读起来朗朗上口，像一首有趣的诗歌，便于小班幼儿理解与学习。整篇绘本还运用了拟人、比喻、夸张等修辞手法，故事情节生动活泼，毛毛虫扭动着胖胖的身体大口吃食物的形象跃然纸上，为绘本增添了不少乐趣。

三、幼儿阅读绘本观察记录

在绘本《好饿的毛毛虫》主题活动实施前，教师提前两周请幼儿每人带一本自己喜欢的绘本到幼儿园并将其投放在语言区中，在幼儿自主阅读的过程中，教师发现幼儿对绘本《好饿的毛毛虫》一书兴趣较为浓厚，教师观察孩子自主阅读情况，并记录在表格中（见表 2 - 1）。

分析：

1. 幼儿对绘本中的角色与鲜艳的色彩有较大的兴趣，喜欢绘本故事的情节发展与变化，教师可通过语言、艺术、科学等不同领域类型的活动，帮助幼儿熟悉故事情节。

2. 关键词：星期 ×、好饿好饿、啃穿了。

表 2 - 1　幼儿阅读绘本《好饿的毛毛虫》观察记录表

幼儿姓名	幼儿阅读情况观察			
	阅读全书时间	关注点、兴趣点（文字或图片，可以从幼儿阅读停留地方的时间长短、神情、交流或讲述的内容判断）	其他阅读行为（比如：是否按顺序读、是否与同伴交流、先看文字还是先看图等）	幼儿阅读中存在的问题
王子睿	5 分钟	王子睿小朋友对绘本非常感兴趣。在绘本最后一页毛毛虫变成蝴蝶这一图片停留大约 2 分钟的时间，并对老师提出问题："老师，为什么毛毛虫最后会变成蝴蝶呀？你觉得这只蝴蝶漂亮吗?"	王子睿小朋友喜欢选择自己感兴趣的图画看。并且喜欢与身边的老师或同伴交流自己的想法与感受。	王子睿小朋友在阅读的过程中对自己感兴趣的地方阅读时间较长，而对自己不感兴趣的画面"一扫而过"，并且喜欢大声与同伴讲话。
邓伊宸	10 分钟	邓伊宸小朋友对故事中毛毛虫吃各种各样食物的画面非常感兴趣，并且会简单重复与画面相对应的故事中的文字。"星期一，它啃穿了一个苹果，可还是好饿好饿。"	邓伊宸小朋友在阅读的过程中能够逐页对绘本进行翻看。她大概记住了故事内容，在阅读绘本的过程中会重复观看自己喜欢的段落。并喜欢学着毛毛虫的样子假装吃着图画中的食物。	邓伊宸小朋友在阅读过程中的行为与习惯需加以改进，如：翻看书籍过于用力造成书籍损坏。

四、教研活动实例

教研活动详见表 2–2。

表 2–2　教研记录表

时　间	2017.9.29	主持人	小班组年级组长
参加人员	小班组全体教师		
教研主题	小班"悦读"课程：好饿的毛毛虫		
教研实录	一、确定绘本及适合的领域活动 　教师 1：基于小班幼儿对《好饿的毛毛虫》表现出浓厚的阅读兴趣，我们根据幼儿的兴趣点，确定选《好饿的毛毛虫》为第一次研讨会的绘本。 　教师 2：通过对绘本价值的挖掘，我们可以开展艺术、健康、语言、数学领域的教学活动。 　教师 3：梳理活动如何去开展组织，是否充分挖掘领会了绘本的核心价值，要以绘本为基础，确定该领域活动的定位，不是简单的分配任务。可以采取分班讨论或者分小组讨论去思考活动如何开展实施，然后去分享，利用集体智慧去明晰活动。 　教师 4：我们先进行分班研讨，一个班主要负责一个领域的教学活动的研讨，要写出详细的教案，包括活动目标、活动准备、活动过程等。待会儿我们集体研讨时，大家再针对每个教案，提出自己的疑问与建议，将其进行优化。 　教师 3：好的，好主意，这样能够提高效率！那我们负责艺术领域的活动吧！ 　教师 1：我们负责语言领域活动。 　教师 3：我们负责科学领域活动。 　教师 2：我们负责健康领域活动。 　二、分班讨论（略） 　三、分享讨论成果及提出建议 　1. 小一班：美术活动（手指拓印）——好玩的毛毛虫 　根据教师的观察，发现幼儿对毛毛虫的身体结构很感兴趣，于是决定将毛毛虫作为这次活动的主角。并根据小班幼儿的年龄特点和动作发展水平，确定采用较简单的拓印方法完成作品。		

（续表）

教研实录	（1）提出疑问：拓印毛毛虫哪个部分？提供的半成品是怎样的？小班在没有模仿的基础上，是否能拓印出毛毛虫的外形？ （2）建议明确活动的重点，可以根据班级幼儿年龄特点，分层次进行材料投放，分层拓印。 　2. 小二班：语言活动（早期阅读）——好饿的毛毛虫 　绘本故事内容简单，情节生动有趣，绘本画面十分饱满、生动形象，非常适宜小班幼儿阅读。 （1）疑问：怎样才能营造好的阅读氛围？阅读时间怎样把握？师幼共读的时候要不要重点阅读几页？ （2）建议：幼儿自主阅读时，教师要交代清楚：从封面开始看，一页一页翻看，直至封底；能够安安静静地进行阅读。 　3. 小三班：数学活动——点数 　绘本故事中，数概念一直贯穿其中，我们选取最符合小班幼儿年龄特点的一段：毛毛虫星期一吃了一个苹果，星期二吃了两个梨，星期三吃了三个李子，星期四吃了四个草莓，星期五吃了五个橘子。幼儿可以结合数字 $1\sim5$ 与图片进行点数。 　建议：点数的方法，尽量从上到下、从左到右。准备卡片给幼儿点，要掌握点数的方法。点数 $1\sim5$ 的卡片从绘本中提炼出来，让幼儿自己上来点数。 　4. 小四班：健康活动 　绘本故事中，毛毛虫星期一到星期五都是吃水果，身体很健康，而周六吃的是各种零食，所以毛毛虫肚子好痛，星期天他吃了一片又嫩又绿的叶子身体才舒服。三种不同的食物，也对应着幼儿的饮食，可以让幼儿将零食、水果、蔬菜进行简单分类并了解营养均衡的重要性。 （1）疑问：对零食、水果、蔬菜进行分类，是否适合小班幼儿？ （2）建议：通过对毛毛虫表情的观察去了解应该多吃水果和蔬菜。 四、讨论下次园本课程教学内容 （1）美术活动 （2）科学活动（观察认识） （3）音乐活动 （4）游戏活动

五、思维导图

经过前期绘本投放，结合观察记录，以及教研活动，教师充分结合幼儿已有经验及发展目标，以相关理论为依据，经反复讨论，预设出以下活动：

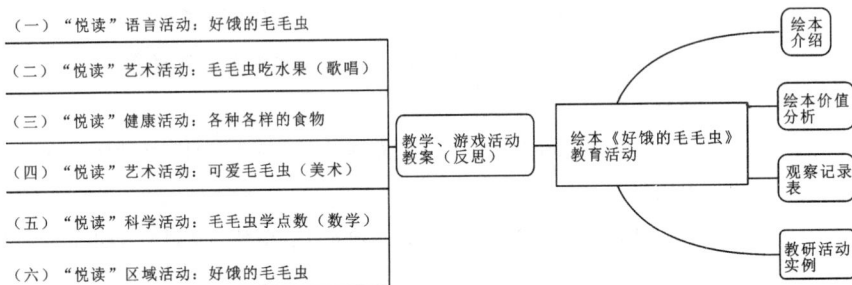

六、教学、游戏活动实例

（一）"悦读"语言活动：好饿的毛毛虫（早期阅读）

☞ **活动目标**

1. 喜欢绘本《好饿的毛毛虫》，有良好的阅读习惯。

2. 能够根据图画内容清楚地说出"星期×吃了×个××"。

3. 知道从封面逐页进行阅读，并能在阅读过程中保持安静。

☞ **活动准备**

1. 经验准备：幼儿有自主阅读图书的经验。

2. 物质准备：故事PPT，毛毛虫图片。

☞ **活动过程**

1. 创设情境，利用毛毛虫手偶导入活动，引出故事。

（1）出示毛毛虫手偶，创设"毛毛虫很饿"的情境。

提问：看看这是谁？

（2）出示封面，观察封面，了解毛毛虫。

提问：这是一只怎样的毛毛虫？

2. 幼儿自主阅读，熟悉故事内容。

提问：猜猜这只可爱的毛毛虫它会吃到什么东西？

（1）教师交代要求：从封面开始看，一页一页地翻看，直至封底；能够安安静静地进行阅读。

（2）幼儿自主阅读《好饿的毛毛虫》

（3）梳理评价幼儿的阅读习惯及阅读内容。

3. 师幼共同阅读，用"星期×吃了×个××"的语言进行表达。

（1）教师阅读1~3页画面，共同阅读4~8页。

提问：毛毛虫星期一吃了几个什么？星期二吃了几个什么？……

（2）重点阅读4~8页，尝试用完整的语言进行表达。

提问：谁能用"星期几吃了几个什么"这样的语言说一说毛毛虫都吃了什么？

（3）师幼完整阅读。

3. 出示PPT，结合课件说一说，并迁移到生活中。

提问：今天你们吃了几个什么？

小结：今天我们阅读了一个非常有趣的绘本故事，它名字叫做《好饿的毛毛虫》，老师会把绘本放在阅读区，你们在参加区域活动的时候可以拿这本绘本再看一看，也可以讲给自己的朋友听一听。

（陈琴）

（二）"悦读"艺术活动：毛毛虫吃水果（音乐）

☞ **活动目标**

1. 愿意主动参与歌唱活动，体验创造性歌唱活动的乐趣。

2. 能够熟悉歌曲旋律，学习演唱歌曲。

3. 尝试对歌词中的吃水果部分进行改编。

☞ **活动准备**

1. 经验准备：幼儿有认识各种常见水果的经验。

2. 物质准备：自制毛毛虫和水果图片、黑板、音乐。

☞ **活动过程**

1. 出示毛毛虫图片，问题导入。

教师出示毛毛虫图片，引导幼儿回顾绘本情节。

2. 初步欣赏乐曲，理解歌词内容。

（1）教师完整播放乐曲，引导幼儿初步感知歌词内容。

提问：听完这段乐曲，你听到毛毛虫在干什么？吃了哪些水果？

（2）再次播放乐曲，引导幼儿体验节奏和旋律。

引导语：音乐里藏着一条毛毛虫，它正在吃水果。

提问：你听到毛毛虫吃了哪些水果？你听到毛毛虫吃水果时发出了什么声音？

教师结合幼儿的回答出示相应图谱，帮助幼儿记忆歌词。

3. 学唱歌曲，能随乐进行完整演唱。

（1）教师结合图谱，带领幼儿演唱歌曲。

（2）采用藏图的方式，调动幼儿兴趣并再次演唱歌曲，巩固歌词内容。

（3）幼儿随乐进行完整演唱。

4. 迁移经验，尝试创编歌词内容。

（1）教师提问：毛毛虫还会吃哪些水果呢？会发出什么声音呢？

（2）幼儿自主讨论，教师引导幼儿将歌词融入歌曲进行演唱。

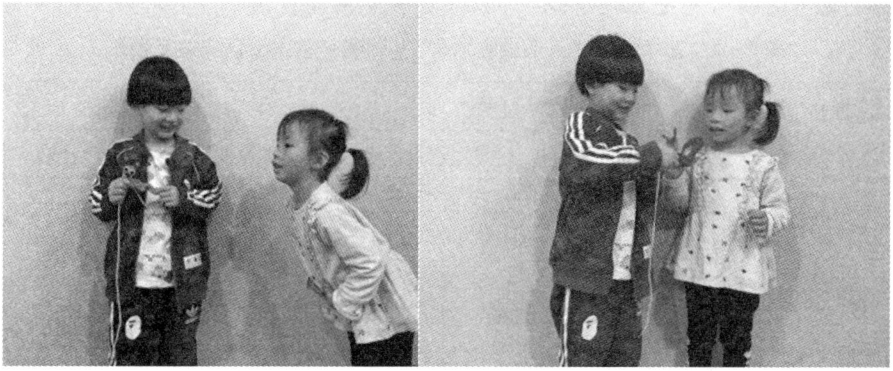

5. 师幼共同小结并自然结束活动。

【附】歌曲

毛毛虫吃水果

1=C 2/4 欢快地

词曲：覃左昆

```
5  5  3  | 5  5  3  | 5  6  5  3 | 5   —  |
毛 毛 虫   毛 毛 虫，  爬 呀 爬 呀  爬。

5  5  3  | 5  5  3  | 2  1  2  3 | 2   —  |
毛 毛 虫   毛 毛 虫，  肚 子 好 饿  呀！

1  2  3  4 | 5   —  | 5  6  5  3 | 5   —  |
啦 啦 啦 啦 啦，      吃 的 什 么  呀？

5  6  5  4 | 3   —  | 2  1  2  3 | 1   —  ‖
啦 啦 啦 啦 啦，      吃 的 大 西  瓜。
```

（贺继旺）

☞ **艺术活动"毛毛虫吃水果"（歌唱）教学活动反馈**

表2-3　艺术活动"毛毛虫吃水果"（歌唱）教学活动实施反馈表

活动名称	活动重点	活动初次实施情况		调整后的实施情况	
		活动亮点	实施建议	调整改进	实施效果
歌唱活动：毛毛虫吃水果	能用好听的声音演唱歌曲，尝试对歌词中的吃水果部分进行改编。	教师自编的歌曲好听且趣味性强，幼儿参与积极性高。教学准备充足，图谱制作形象生动，吸引了幼儿的注意，并以具体形象的图画帮助幼儿更好地理解了歌曲内容。活动的组织形式多样，方法新颖。幼儿的参与性强，通过多渠道、多感知让幼儿熟悉歌曲，理解歌曲。	建议让孩子们用毛毛虫吃水果的说唱部分进行练声。孩子们对表现歌曲情节环节兴趣浓厚，可适当延长幼儿表演环节的时间。可将图谱放置表演区和语言区，将活动延伸到区域里面。	1. 利用说唱部分进行练声增加趣味性。2. 增加说唱环节的时间，让孩子有充足的时间去创造。3. 增加创编水果的图片，帮助孩子拓宽创编的思路。	1. 孩子在演唱环节表现出了非常大的兴趣，几乎每个孩子都在认真、专注地演唱。2. 幼儿的创编效果非常好，而且创编兴趣也非常高。

（三）"悦读"健康活动：各种各样的食物

☞ **活动目标**

1. 对各种食物感兴趣，喜欢吃营养的食物。

2. 认识蔬菜、水果及零食三大类食物，并尝试进行分类。

3. 知道不挑食的好处，愿意营养均衡地摄取食物。

☞ **活动准备**

1. 经验准备：幼儿有认识蔬菜、水果及零食三大类食物的经验。

2. 物质准备：绘本图片截取，食物图片，篮子，PPT，音频。

👉 **活动过程**

1. 倾听"哭声"的录音，激发幼儿兴趣，导入活动。

（1）倾听"哭声"录音。提问：谁在哭脸？他怎么了呢？

（2）出示好饿的毛毛虫图片。提问：有什么办法可以帮助毛毛虫呢？

小结：毛毛虫哭了，它饿了，需要食物补充能量，所以我们要给毛毛虫喂好吃的食物。

2. 认识各种食物，知道不同的食物有不同的特征。

（1）逐一出示食物图片，幼儿观察并讲述。

提问：这是什么？是什么味道的？你喜欢吃吗？

（2）观察不同类型的食物，认识蔬菜、水果及零食三大类食物。

小结：蔬菜是需要洗的，洗了之后要把它炒熟才能吃；水果不需要炒熟，一般需要剥皮或者洗干净才能吃；零食大都是有包装袋的，不需要洗也不需要炒，直接就可以吃。

（3）逐一出示食物图片，巩固幼儿对三大类食物分类的认知。

3. 尝试将食物进行分类。

（1）分发食物图片，请幼儿认识自己手中的食物。

（2）尝试将食物按照水果、蔬菜及零食进行分类。

提问：请你们看看你们手中的食物，该把它放到哪一个"家"里呢？

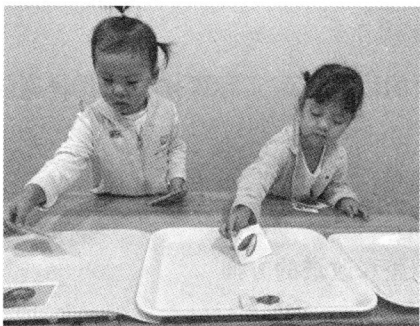

（3）师幼共同检验，了解幼儿操作情况。

4. 知道食物有不同作用。

（1）倾听毛毛虫吃了蔬菜、水果和零食之后的不同反应，知道应该多吃蔬菜和水果，少吃零食。

（2）观看毛毛虫变成蝴蝶的图片，了解不挑食的好处。

（刘慕殷）

☞ **"悦读"健康活动"各种各样的食物"反思**

1. 活动开展前的思考

（1）对绘本内容的再思考

《好饿的毛毛虫》故事简单生动，讲的是一条毛毛虫从出生到蜕变成蝴蝶的过程，故事有节奏，又充满了小悬念。毛毛虫最后吃饱了没有？一直吸引着孩子看下去。其次，绘本也像一个会动的玩具，互动性特别强，书上的小洞洞，毛毛虫穿页而过，符合孩子抠洞的欲望，也激发了孩子"玩"的愿望。绘本看似简短，实则内容丰富无比。作者趣味化的描述也让孩子们毫无疑问地喜爱这本绘本，而毛毛虫的经历也侧面反映出了"饮食均衡"问题，通过阅读轻易便可知该绘本所要表达的教育意义，孩子们意识到，生活中过于暴饮暴食不利于身体健康，就好似绘本中的毛毛虫会"肚子疼"。而多吃蔬菜却是有利于我们身心健康的。利用毛毛虫"吃叶子"后身体的好转引导教育孩子们绿色食品对我们人体的益处。

（2）对材料准备的思考

为了方便小朋友充分了解蔬菜、水果以及零食的区别，正确进行区分，执教者刘老师打印了各种各样的小图片，最后一个环节进行实际检验，帮助幼儿进行巩固。

2. 活动中幼儿的表现

（1）活动过程中幼儿对各种各样的食物有比较浓厚的兴趣，参与度较高。

（2）通过刘老师的讲解以及实际操作，幼儿普遍能够准确地说出食物的名称，大致了解食物的属性。

（3）存在个别差异，个别幼儿不清楚食物的分类，或者思考的时间较长，需要教师多多关注。

3. 活动后需要调整和改进的方向

（1）活动最后的环节，幼儿进行分类，但是幼儿人数较多，教师的关注度没有很全面，不能及时发现部分幼儿对于分类的疑惑进而进行个别指导。

（2）活动材料是使用的黑白图片，在一定程度上给幼儿增加了辨别的难度，建议使用彩色图片。

（饶欢）

（四）"悦读"艺术活动：可爱的毛毛虫（美术）

☞ **活动目标**

1. 感受用不同材料作画的乐趣，乐意尝试不同的作画方式。

2. 了解毛毛虫的外形结构特征。

3. 掌握手指点画和印画的方法，并能用正确方法表现毛毛虫。

☞ **活动准备**

1. 经验准备：幼儿有玩过颜料的经验。

2. 物质准备：颜料、马克笔、瓶盖若干、PPT、印有毛毛虫脑袋的半成品、不同形态的毛毛虫图片。

☞ **活动过程**

1. 欣赏绘本《好饿的毛毛虫》封面，观察毛毛虫的外形特点，了解毛毛虫的外形。

提问：毛毛虫由哪几部分组成？是什么样的？

2. 欣赏毛毛虫不同的形态，掌握手指点画的要点。

（1）出示不同形态的毛毛虫图片，开阔幼儿思路。

提问：图片中的毛毛虫是什么样的？（有弯曲着身体的、抬起头的、直直的）

（2）介绍操作材料：欣赏半成品、颜料、瓶盖。

交代手指点画的要求：食指轻轻地沾一点颜料，用力点在作品纸上；毛毛虫的身体是紧密连接在一起的，所以点出来的手指印也要紧密连接在一起。

演示瓶盖拓印的方法：拿起小瓶盖，轻轻地沾上颜料，在纸上压一下，拿起来，毛毛虫的一节身体就画好啦！

交代注意事项：颜料一次点一点，不宜过多；不能将颜料弄到自己或者同伴身上。

3. 幼儿操作，教师巡回指导观察。

（1）幼儿自由分组进行操作。

（2）教师巡回指导。

4. 欣赏幼儿作品，教师小结。

（1）欣赏幼儿作品。

将作品展示在黑板上，师幼一同欣赏并提问：你觉得谁做的毛毛虫最像？为什么？

（2）师幼互评，结束活动。

（刘艾欣）

（五）"悦读"科学活动：毛毛虫学点数（数学）

☞ **活动目标**

1. 乐于参与活动，体验数学活动的乐趣。

2. 学习手口一致点数 5 以内数的方法，正确说出总数。

3. 感知 5 以内的数量，尝试用图片手口一致数物。

☞ **活动准备**

1. 经验准备：幼儿有认识常见水果的经验。

2. 物质准备：实物图卡若干份、教学 PPT。

☞ **活动过程**

1. 情景导入：快乐的毛毛虫，激发兴趣。

提问：早晨暖暖的太阳升起来了，卵壳里钻出来一条又瘦又饿的毛毛虫，四下寻找着可以吃的东西，它会找到什么呢？

2. 寻找食物，感知 5 以内的数量。

（1）提问：毛毛虫找到了什么？有几个？一起数一数。

（2）依次出示食物图片，鼓励幼儿尝试手口一致数食物的种类。

小结：毛毛虫宝宝通过自己的努力找到了苹果、梨子、李子、草莓、橘子，共五种水果。

3. 欣赏故事，拓展对数量的认知。

（1）出示图片，边讲述故事边引导幼儿数一数毛毛虫每天找到的不同食物。

（2）提问："今天毛毛虫找到的是什么？有几个？请你数一数。"教师将食物图片从左到右、从上到下摆放，引导幼儿初步感知点数的不同方法，每找到一种食物就巩固点数。(引导幼儿观察并手口一致地点数图片中的食物数量,鼓励幼儿大胆表述。教师重点关注能力较弱的幼儿,让他们也能准确点数出图片中的食物数量,获得成功的体验。)

(3)小结:小朋友刚刚和毛毛虫宝宝找到许多好吃的水果,学习了从左到右、从上到下的方法帮助毛毛虫宝宝数数每种水果有几个,还能一边数一边说,学会了好多本领。

4. 实物卡找朋友,幼儿使用点数的方法手口一致地找食物宝宝。

(1)分发实物卡并讨论:你的食物是什么?有几个?

(2)请部分幼儿上台分享自己的食物,大家一起手口一致地数一数。

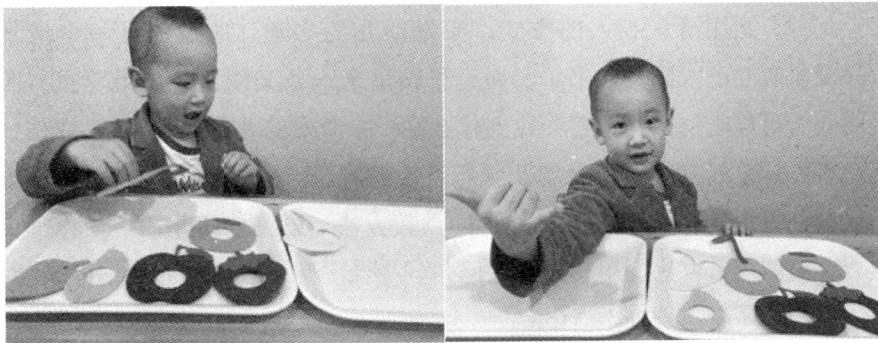

(3)小结:小朋友们真能干,能够从左到右、从上到下手口一致地点数食物宝宝,毛毛虫都夸你们能干呢!

5. 师幼一起收整活动材料,活动自然结束。

(贺佩)

☞ **"悦读"科学活动"毛毛虫学点数"反思**

1. 活动开展前的思考

(1)绘本的分析

这本书描绘的是一只蝴蝶从卵到茧到蛹再到蝴蝶这么一个蜕变过程。从一只破壳而出的小毛毛虫,每天吃不一样的水果、不同数量的食物,长成了又肥又大的毛毛虫,然后它吐丝成茧,最后蜕变为一只漂亮蝴蝶。这本书极富冲击力的色彩、具有数字序列和圆圆的虫子洞的设计,让幼儿爱不释手!在这本书中,毛毛虫在5天吃了5种不同类型不同数量的水果,而且每天都比前一天多吃一个,最后通过这种递进的方式来剪裁拼贴在一起,又是一幅完整的画面了,我们可以一目了然地看到毛毛虫一共吃过几种水果，这可以很好地培养孩子对于数字的概念，同时能让幼儿很快记牢1、2、3、4、5这几个数字的含义。

根据小班幼儿年龄发展特点，并结合绘本内容和绘本的特点，将本次活动设计为以"感知5以内的数量，尝试手口一致地点数5以内数的方法并正确说出物品总数"。为目标的一次数概念方面的教学活动。

（2）材料的准备

为了保证幼儿通过本次活动学会手口一致地点数方法，本次活动为每位幼儿准备了一份不同数量（5以内）实物的图卡，以供幼儿操作。

（3）运用的策略

第一，运用情景导入的方式，激发幼儿的兴趣。通过创设一个情景——早晨暖暖的太阳升起来了，卵壳里钻出来一条又瘦又饿的毛毛虫，四下寻找着可以吃的东西，它会找到什么呢？来激发幼儿探究的欲望。第二，运用教师示范的方式，帮助幼儿学习点数的方法。教师通过在前面边讲解边示范的方法教幼儿学习手口一致的点数方法。第三，幼儿动手操作，将手口一致的点数方法运用起来并且回归到生活实际，点数幼儿周围的物品，真正做到将所学运用到生活中。

2. 活动中幼儿的表现

活动中幼儿能跟着教师一起手口一致地点数绘本中出现的水果，基本学会手口一致的点数方法。活动中教师请幼儿代表进行手口一致的点数，幼儿也能正确地点数出来。但是因为教师并未给每个幼儿准备操作图卡，所以对于每个幼儿是否都学会独立完成手口一致地点数并掌握其方法还有待考证。

3. 活动后需要调整和改进的方向

（1）教师需要按照教研时的教案来准备活动，不要随意修改活动流程。（如果教案设计和班级幼儿已有经验的确存在较大差距，教师应在备课时及时提出，请所有教师一起帮忙设计出更合理的教案。）

（2）教师可以将操作图卡投放至班级区角——益智区，供幼儿在区域活动时进行游戏，巩固手口一致的点数方法。

（刘梦池）

（六）"悦读"区域游戏：好饿的毛毛虫

表2-4　"悦读"区域游戏：好饿的毛毛虫

<table>
<tr>
<td>活动
名称</td>
<td colspan="3">好饿的毛毛虫</td>
</tr>
<tr>
<td>设计
思路</td>
<td colspan="3">　　《好饿的毛毛虫》讲述了一只毛毛虫从卵变成蝴蝶的故事，这只瘦小饥饿的毛毛虫从周一到周五吃的食物数量都在逐一递增，幼儿通过点数水果的数量，建立简单的数与量的关系，直到周六这只毛毛虫吃了很多好吃的食物，导致肚子痛，周日吃了树叶才恢复。小班幼儿在进餐中遇到爱吃的菜就多吃，不爱吃的菜就少吃、不吃，有的幼儿遇到不吃的蔬菜甚至还会吐出来。所以为了让幼儿发现挑食对身体的危害，了解食物与健康的关系，通过听、说、读、画、做等形式，帮助幼儿知道身体需要各种营养，每个人都应该养成良好的饮食习惯，让幼儿在活动中感受健康生活、健康成长的快乐。</td>
</tr>
<tr>
<td rowspan="7">活动
名称</td>
<td rowspan="2">语言区</td>
<td>阅读区</td>
<td>好饿的毛毛虫</td>
</tr>
<tr>
<td>讲述区</td>
<td>好饿的毛毛虫（重点指导区）</td>
</tr>
<tr>
<td rowspan="3">美工区</td>
<td>手工区</td>
<td>圆圆的毛毛虫</td>
</tr>
<tr>
<td>绘画区</td>
<td>可爱的毛毛虫（重点指导区）</td>
</tr>
<tr>
<td>剪纸区</td>
<td>我喜欢的食物</td>
</tr>
<tr>
<td rowspan="2">益智区</td>
<td>数学区</td>
<td>毛毛虫学点数</td>
</tr>
<tr>
<td>建构区</td>
<td>我喜欢的毛毛虫</td>
</tr>
<tr>
<td rowspan="3">活动
目标</td>
<td>语言区</td>
<td colspan="2">能自主阅读《好饿的毛毛虫》，自主阅读图片；能够根据图片并结合自身的经验用正确的语言讲述《好饿的毛毛虫》故事，了解食物与健康的关系。</td>
</tr>
<tr>
<td>美工区</td>
<td colspan="2">能自主选择合适的材料，通过搓、团、圆、印画、点画、剪纸、撕纸等方式制作表现毛毛虫，感受毛毛虫的外形特点。</td>
</tr>
<tr>
<td>益智区</td>
<td colspan="2">能够自主选择材料，搭建毛毛虫的家；能够手口一致点数5以内的数，感受数学的快乐。</td>
</tr>
</table>

（续表）

活动准备	语言区	阅读区	《好饿的毛毛虫》绘本。
		讲述区	《好饿的毛毛虫》绘本操作卡。
	美工区	超轻泥区	彩色超轻泥，小手搓、团圆等图片。
		绘画区	印有毛毛虫脑袋的半成品，不同形态的毛毛虫图片，颜料，瓶盖。
		剪纸区	彩色纸，剪刀，胶棒，印有蔬菜、水果的半成品。
	益智区	数学区	水果实物图卡。
		建构区	乐高积木、子弹头等建构玩具，毛毛虫的成品图片。
活动过程	活动导入		(1) 师幼共同观察、了解区域活动的内容、材料等。 (2) 相互交流：还记得《好饿的毛毛虫》的故事吗？毛毛虫吃了什么？你会画毛毛虫吗？ (3) 根据已有经验，有目的、有计划地选择自己喜欢的区域，进行游戏。
	过程观察与指导要点	语言区	重点关注：幼儿是否能根据教师提供的材料，结合已有经验进行讲述；自主阅读《好饿的毛毛虫》。
		美工区	"超轻泥区"重点关注：幼儿能否掌握团、圆的方法，并制作毛毛虫。 "绘画区"重点关注：幼儿能否掌握手指点画和印画的方法，能用正确的方法表现毛毛虫的造型。 "剪纸区"重点关注：幼儿是否了解圆形的特点，会将纸剪或撕成圆形。
		益智区	数学区重点关注：幼儿是否能手口一致点数5以内的数，并正确说出总数。 建构区重点关注：幼儿能否根据图片，搭建一个封闭的结构。

（续表）

| 活动过程 | 分享与交流 | （1）提问：你今天玩了什么？你心情怎么样？
（2）教师拍摄一些幼儿游戏中的照片，并根据班级幼儿游戏情况，适时进行幼幼自评、幼幼互评。

（3）针对小班幼儿的年龄特点，运用提问、展示与分享等方法，让幼儿更清楚地了解食物与健康的关系，知道不挑食、不暴饮暴食。 |

（李飞）

第二节　绘本《小金鱼逃走了》"悦读"主题系列活动

一、绘本介绍

绘本扉页中有一条小金鱼在鱼缸里安静地游着，可后来小金鱼跳出鱼缸不断地逃跑到一个又一个的场景中，幼儿从一开始就在心里埋下一个小小的疑问：小金鱼为什么要逃走呢？小金鱼到底要逃到哪里去呢？这些疑问和好奇，不断促使幼儿去找寻答案。在每一次的寻找中，小金鱼不断地更换躲藏场景，而每次找到小金鱼后，幼儿都会很兴奋，兴趣度和专注度也会随之不断提高。在绘本的画面和内容中，渗透了认识颜色、认识数字、了解科学现象等方面的知识，可不断提高幼儿的想象力、观察辨识能力和语言能力。

[日] 五味太郎　文/图　　[日] 猿渡静子/译　　新星出版社

二、绘本价值分析

绘本《小金鱼逃走了》是一本视觉发现类绘本。作者五味太郎是日本最为畅销的绘本作家之一。绘本通过让幼儿在不同的画面场景中找到隐匿的小金鱼,可以提高幼儿的专注力和观察力。整个故事类似一个捉迷藏的游戏,画面生动有趣,在吸引幼儿眼球的同时,也在考验幼儿在生活中的观察能力。对于幼儿而言,游戏是跟他沟通、交流和学习最好的方式,整个绘本像跟幼儿做了一场游戏,幼儿都非常喜欢。

绘本的画面。绘本以白色为背景,加上鲜艳的画面,对于喜欢色彩的小班幼儿来说无疑是能够充分吸引其眼球的。

封面中的主角小金鱼颜色鲜艳,位于正中间,周围有玩具和图案,色彩丰富。小汽车、四个小星星、鸭舌帽、积木和球等,这些东西对幼儿来说都是日常生活中可以经常看到的东西,富有亲切感。随着小金鱼躲藏的场景画面越来越丰富,物品越来越多,让读者不断地追随画面信息,不断挑战在各个场景中去追随并寻找小金鱼躲藏的位置,充分地吸引了幼儿的注意力。

整个绘本以动静结合的方式呈现内容,封面中小金鱼在玩具堆里为静态,而封底却从椅子上跳了下来为动态。绘本中,小金鱼躲藏的地方为静态,逃走时又为动态。这种动静组合的方式,赋予了绘本更多的活力,似乎在以一种游戏的形式来帮助读者阅读绘本。

绘本的文字。绘本中的文字比较简单,在画面留白的地方出现一句简单的话:"小金鱼逃走了""这回躲在哪儿了呢?"这种简单重复的句式,可以让幼儿加深对语句的印象,在无形之中帮助幼儿学会用类似的句式进行完整表达。

三、幼儿阅读绘本观察记录

近段时间,班上有一位幼儿带了一本有趣的绘本《小金鱼逃走了》放在语言区。教师观察到,在区域活动中,很多幼儿都对这本绘本产生了浓厚的兴趣。于是班级教师将幼儿自主阅读情况记录在表格中(见表2-5):

表 2-5　幼儿阅读绘本《小金鱼逃走了》观察记录表

幼儿姓名	阅读全书时间	幼儿阅读情况观察		幼儿阅读中存在的问题
		关注点、兴趣点（文字或图片，可以从幼儿阅读停留地方时间长短、神情、交流或讲述的内容判断）	其他阅读行为（比如：是否按顺序读、是否与同伴交流、先看文字还是先看图等）	
成安雯	2分钟	小金鱼、窗帘、糖果罐、花朵等图片，阅读时无明显情绪波动，停留时间短。	无序阅读，阅读时比较安静，没有发生交流讨论行为。	阅读习惯有待提高，不能有序地翻阅图书。
周子诚	6分钟	小金鱼、窗帘、糖果罐、花朵等图片，每次找到小金鱼时很兴奋，停留时间长。	一页一页翻阅，会用手指找小金鱼，且能用语言简单描述发生的事情。	阅读时情绪高涨，影响到其他幼儿阅读。

四、思维导图

结合观察记录与讨论，教师充分结合幼儿已有经验及发展目标，经科学设计，预设出以下活动：

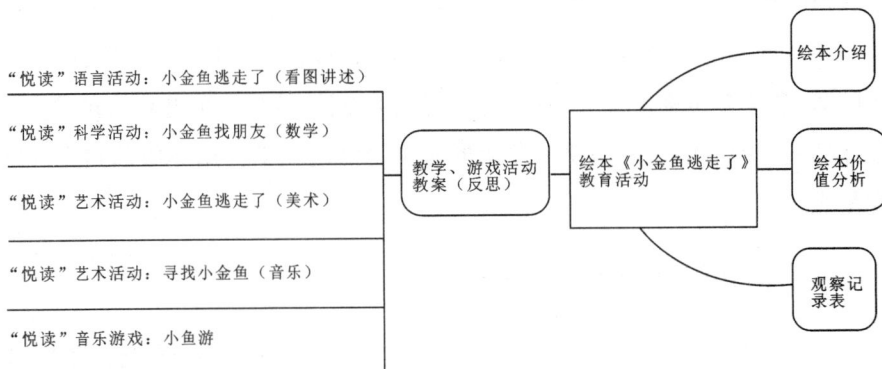

（贺诗婷、彭俏）

五、教学、游戏活动实例

（一）"悦读"语言活动：小金鱼逃走了（看图讲述）

☞ **活动目标**

1. 感受有朋友的快乐，体验边讲故事边找小鱼的乐趣。

2. 仔细观察画面，感知小金鱼逃离的场景和故事情节。

3. 能用句式"小金鱼躲在××地方，和××做朋友"表述小金鱼出逃的过程。

☞ **活动准备**

1. 经验准备：幼儿有一定的躲藏经验。

2. 物质准备：小金鱼躲藏的图片人手 1 份，PPT《小金鱼逃走了》，大图片《小金鱼逃走了》1 份。

☞ **活动过程**

1. 观察图片，激发幼儿兴趣。

（1）出示小金鱼图片和课件 PPT，激发兴趣。

提问：小金鱼是什么样子的？小金鱼生活在哪里？你觉得它一个人在鱼缸里快乐吗？

（2）制造悬念，引发幼儿猜测。

提问：它逃到哪里去了呢？

2. 逐一观察小金鱼躲起来的图片，看图讲述小金鱼躲藏的位置。

（1）逐一出示小金鱼躲在不同位置的图片，师幼共同讲述故事，能用"小金鱼躲在××（地方），和××做朋友"这样的句式表述图片内容。

提问：小金鱼又逃走了，这回它躲到哪里去了呢？它和谁成了朋友？小金鱼最后找到谁做好朋友？

小结：小金鱼逃到了不同的地方，和不同的物品成为了好朋友，最后小金鱼找到金鱼们做朋友，它再也没有逃走了！

（2）幼儿跟随 PPT、图片，完整讲述故事。

3. 游戏：幼儿玩"小金鱼找朋友"游戏，巩固学说句式。

（1）介绍游戏的玩法与规则。

玩法：所有幼儿分成 A、B 两组，A 组幼儿带着一条小鱼藏起来，说出句式："小金鱼逃到了××，和××成为了好朋友"，B 组幼儿根据回答的内容去找回小鱼，才能将小金鱼带回大海。

规则：A组的幼儿必须说出完整的句式；B组的幼儿只能根据A组幼儿的答案去找。

（2）师幼分两组交换进行游戏。

4. 引导幼儿联系自己的实际生活，感受有朋友是件快乐的事情。

提问：你是不是像小金鱼一样有好朋友呢？

小结：每一个小朋友都有自己的朋友，有朋友是一件很开心的事情。

（雷曼妮）

☞ "悦读"语言活动"小金鱼逃走了"（看图讲述）反思

1. 活动开展前的思考

（1）绘本分析：雷老师选择的这个绘本中简单重复的文字、可爱生动的小金鱼、小金鱼躲猫猫的游戏，符合小班幼儿的年龄和兴趣特点。特别是在玩躲猫猫的游戏中，引导幼儿关注小金鱼躲藏的场景，在找的过程中，老师鼓励幼儿大胆表达，使用短句讲述，体验讲述的乐趣。根据《幼儿园教育指导纲要（试行）》语言领域的总目标：提高幼儿语言交往的积极性、发展语言能力。结合小班幼儿的年龄特点，我们设计了本次活动。

（2）材料准备

①经验准备：幼儿有一定的躲藏经验。

②物质准备：PPT课件、小金鱼躲藏的场景大图片、自制讲述小操作卡。

（3）教学策略

为了完成活动目标，解决教学重点、突破教学难点。首先，雷老师引导幼儿通过观察画面中想要逃走的小金鱼，激起兴趣，为后面的讲述做铺垫。其次，欣赏 PPT 课件中小金鱼躲起来找好朋友的三个场景，雷老师根据小金鱼躲的位置，用"小金鱼躲在××地方，和××做朋友"的句式讲述，让幼儿熟悉绘本中重复出现的简单句式。雷老师在讲述完三个场景的图片后，提问：小金鱼都躲在哪里了？和谁成了朋友？请你用故事中的话来说一说！幼儿回忆教师讲述的内容，初步学会用固定的句式讲述简单画面。第三，尝试使用短句进行讲述，体验讲述乐趣。教师为幼儿准备图片，图片中都是小金鱼躲藏的位置图。提炼上述故事中的四个场景图片进行讲述，通过集体讲述、个别讲述等方式尝试学习短句"小金鱼躲在××地方，和××做朋友"。幼儿以不同的形式进行讲述，感知并体验图片中边找小金鱼边讲述的乐趣。最后，幼儿通过玩游戏，迁移讲述经验。本活动的核心目的就在于幼儿能够熟练使用短句讲述图片内容。雷老师提供讲述操作卡，让幼儿完全自主地观察图片、与同伴交流图片内容、自由讲述，鼓励每位幼儿大胆表达、讲述画面，将短句内化，提升幼儿的语言表达能力。

2. 活动中幼儿的表现

幼儿的学习动机和兴趣较为积极主动，对于图画书中小金鱼躲猫猫的游戏有极大的兴趣，教师融合故事情境、在个别讲述、集体讲述中，激起幼儿对讲述活动的兴趣与积极性，同时，大部分幼儿也能够达到重点目标——用短句讲述图片内容。

3. 活动反思

（1）归纳总结学习内容方面：教师在分环节教学时能够针对不同环节有意识地进行小结与归纳，但教师在语言使用的精练性、提升性方面有待改进，主要是过于重复幼儿语句，梳理总结时没有对幼儿的发展水平进行拔高。

（2）在迁移讲述经验方面：在最后环节中，虽然教师带领幼儿玩游戏"找朋友"，迁移了幼儿找朋友的快乐，属于情感方面的迁移，但是对幼儿讲述经验的迁移还不够，可适当设置游戏，让幼儿运用前面环节中所用的句式表述、迁移到身边的环境，这样会更加符合讲述活动的流程，有助于幼儿更加有效地练习讲述故事。

（贺诗婷）

（二）"悦读"科学活动：小金鱼找朋友（数学）

☞ **活动目标**

1. 愿意帮助小金鱼找朋友，感受帮助朋友的快乐。

2. 认识三角形、圆形、正方形，能够清楚地描述小金鱼的特点。

3. 能够不受大小、颜色及干扰图形的影响，将金鱼按形状进行分类。

☞ **活动准备**

1. 经验准备：已认识三角形、圆形、正方形。

2. 物质准备：《小金鱼找朋友》PPT、不同大小、不同颜色的三角形、圆形、正方形、长方形、椭圆形若干等。

☞ **活动过程**

1. 创设情境，引出主题。

教师播放课件，引导幼儿回顾《小金鱼逃走了》的故事情节，激发幼儿兴趣。

提问：这三条小鱼是什么形状的？（三角形、圆形、正方形）

2. 尝试不受大小、颜色的影响将金鱼进行分类。

（1）教师引导幼儿帮助小金鱼找朋友，并能够不受大小影响按形状进行分类。

提问：小金鱼找到窗帘上的点点做朋友，三角形（圆形、正方形）小金鱼喜欢和三角形（圆形、正方形）做朋友，这里有三角形（圆形、正方形）金鱼的朋友吗？他们有什么不一样的地方？

（2）帮助小金鱼找饼干朋友，尝试不受颜色影响按形状进行分类。

提问：三角形（圆形、正方形）小金鱼喜欢和三角形（圆形、正方形）

做朋友，这里有三角形（圆形、正方形）金鱼的朋友吗？他们有什么不一样的地方？

小结：三条小金鱼都找到了好朋友，虽然小金鱼的大小、颜色不一样，他们还是能找到自己喜欢的朋友。

3. 尝试不受大小、颜色及干扰图形影响，将金鱼按形状进行分类。

（1）教师交代操作要求，让幼儿将小金鱼按形状进行分类。

（2）幼儿操作。每个幼儿领取一个小金鱼，说说自己手上的小金鱼是什么样的，然后将小金鱼送到正确的鱼缸里。

（3）师幼共同检验、讨论、小结。

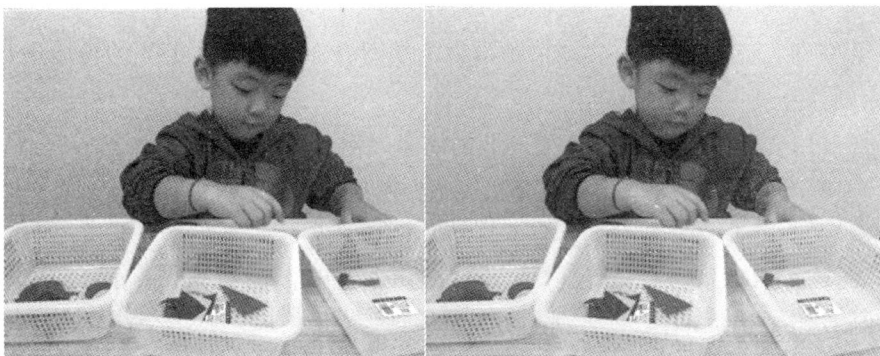

4. 小结并结束活动。

教师：小金鱼找到了许多朋友，小金鱼非常感谢小朋友，帮助朋友原来是一件这么开心的事！

（陈思）

（三）"悦读"艺术活动：小金鱼逃走了（美术）

☞ **活动目标**

1. 体验剪贴画的乐趣，萌发动手创作故事的兴趣。

2. 感知小金鱼的外形特征，掌握用圆形纸片剪出小金鱼的方法。

3. 尝试围绕"小金鱼逃走"的情境进行添画。

☞ **活动准备**

1. 经验准备：幼儿有一定的剪贴经验。

2. 物质准备：《小金鱼逃走了》PPT，彩色圆形纸片若干，剪刀，胶棒，白色卡纸，彩笔若干。

👉 **活动过程**

1. 出示绘本，回忆故事内容，了解小金鱼的外形特征。

提问：这是什么故事？故事里面有谁？小金鱼是什么样子的？

小结：小金鱼有圆圆的大身体，圆圆的小眼睛，三角形的尾巴，三角形的小嘴巴。

2. 观察教师示范，学习剪贴小金鱼的方法。

（1）教师出示圆形卡片，示范剪贴方法。

教师：小小剪刀手中拿，咔嚓咔嚓剪两下，剪出三角变嘴巴，小三角转个身，变成尾巴贴贴好，添上眼睛变小鱼。

（2）幼儿自主操作，教师巡回指导。

3. 自主选择材料，尝试粘贴小鱼，并围绕"小金鱼逃走"的情境进行添画。

（1）师幼共同讨论，激发幼儿的添画兴趣。

提问：你的小金鱼会逃到哪里去呢？那里会有什么呢？

（2）幼儿自主操作，教师巡回观察指导。

师：小朋友们，请你们先将自己的小金鱼贴在背景纸上，并尝试用笔添画小金鱼逃走的场景。

4. 展示并欣赏作品，评价，小结。

（1）展示并欣赏作品。

提问：你的小金鱼逃到了哪里？发生了什么有趣的故事？

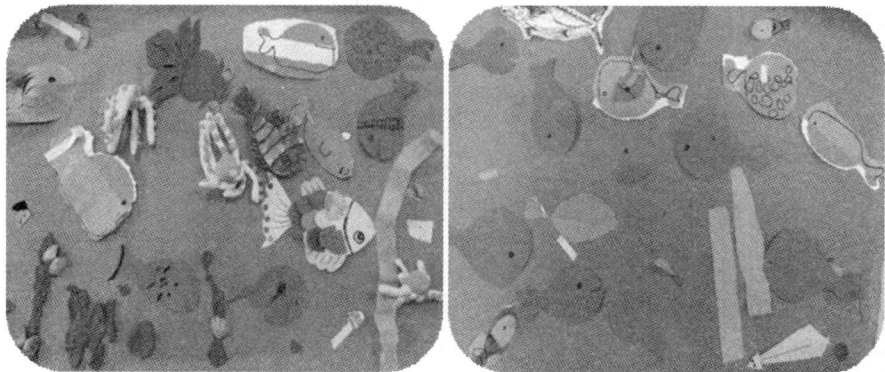

（2）评价，小结。

提问：你最喜欢哪一幅作品中的故事？

（宁顺琴）

☞ **"悦读"艺术活动"小金鱼逃走了"（美术）反思**

1. 活动开展前的思考

（1）绘本分析：《小金鱼逃走了》这本书，很考验幼儿的观察力，书中创造了许多和小金鱼在形体或颜色上都非常相似的背景，小金鱼被自然地融入背景中，成为整幅图画的一部分，增添了视觉游戏的趣味性。绘本插图简单且颜色非常鲜艳，有助于幼儿识别形状和颜色，于是，我们将"找朋友的快乐"这一核心价值挖掘出来，结合艺术领域中的美术活动，运用剪贴画的形式，设计了此次美术活动。

（2）在材料的准备上，教师提供了丰富的材料，准备了粉色纸、剪刀、双面胶、超轻泥、卡纸、制作好的"鱼"的半成品等，以此激发幼儿的兴趣。

（3）在活动策略中，教师采用了创设情境、观察、提问、示范、交流讨论、绘画、评价、小结等教学策略。

2. 活动中幼儿的表现

（1）学习情况。幼儿的学习兴趣浓厚，能积极参与活动，体验帮助小金鱼找到朋友的快乐，大胆尝试用添画形式表现小金鱼，并用剪刀剪下小金鱼，然后用不同材料制作小金鱼的朋友。本活动设置了比较好的情境，在绘画上进行了较细致的指导，让幼儿能够充分融入到故事中去，也能创作出精美的作品。

（2）学习能力。在出示添画图片时，幼儿非常好奇，在图片中寻找小金鱼的形状并用画笔大胆画了出来。幼儿通过观察鲜明的图画、倾听教师的讲解，感受小金鱼及其朋友的模样，萌发了表现创作的欲望。只有充分感受作品与故事才能萌发创作的欲望，只有在表现创造的亲身体验中才能领悟美的真谛，才能让幼儿喜欢动手，对作品产生浓厚兴趣。在《3－6岁儿童学习与发展指南》中艺术领域分为两个层面：感受与欣赏、表现与创造。在大自然和社会中丰富幼儿对美的感受和体验，提升其想象力和创造力，引导幼儿学会用心灵去感受和发现美，用自己的方式去表现和创造美，这就是艺术活动的核心价值所在。

（3）学习过程。教师出示材料并引导幼儿讨论自己的想法：什么材料可以制作小金鱼的什么部位？从而发挥幼儿想象。教师鼓励幼儿用不同艺术形式大胆地表达自己的情感、理解和想象，尊重每个幼儿的想法和创造，肯定和接纳他们独特的审美感受和表现方式，分享他们创作的快乐。

在整个活动过程中，教师给予孩子较多自主学习的机会，能让幼儿充分感受、大胆表现作品的美。艺术活动组织形式的多样化，也让幼儿创作出了很多不一样的作品。幼儿操作时，教师尊重幼儿个体差异，给每个幼儿自由的创作空间。教师在把握幼儿现有水平和每个孩子的特点的前提下，对个别幼儿适时、适当的指导可帮助幼儿提升其创作能力。如：有的幼儿不会画小鱼、剪小鱼，教师进行个别指导，为幼儿创造了更多取得成功的机会。

（4）出现的问题。教师设计的活动难度较大，对于小班幼儿来说，画、剪小鱼的轮廓有一定难度，整个活动过程中，基本是教师在帮助幼儿一起制作，没有很好地达成活动目标，而且活动时间较长，活动后期部分幼儿无法坚持完成作品。

3. 活动反思

（1）示范时，应请幼儿进行"书空"练习，使幼儿掌握画小鱼的方法。在幼儿绘画过程中，教师应多做随机指导，帮助能力较弱的幼儿学习怎样画小鱼；教师指导时应关注多数幼儿。

（2）降低活动目标难度，在分组操作的过程中，根据班级幼儿不同的发展水平提供不同难易程度的操作材料。比如：一组画小鱼、一组剪小鱼、一组用超轻泥制作小鱼，这样幼儿就可以自主选择材料进行制作。

（宁顺琴）

（四）"悦读"艺术活动：寻找小金鱼（音乐）

☞ **活动目标**

1. 感受音乐旋律，体验寻找小金鱼的乐趣。

2. 感知音乐的旋律和结构，学习寻找小金鱼的基本动作。

3. 尝试创编小金鱼逃走的动作，并能用动作完整表现"小金鱼逃走"的情境。

☞ **活动准备**

1. 经验准备：幼儿已阅读过绘本《小金鱼逃走了》。

2. 物质准备：PPT，音频。

☞ **活动过程**

1. 回忆故事情节，融入"找小金鱼"的游戏情境。

（1）观看 PPT 第一页。

提问：这是谁？小金鱼做了什么事情呢？

（2）观看 PPT 第三页。

教师：小金鱼今天又逃走了，我们一起去寻找它吧！请你看看我是怎样寻找小金鱼的，做了哪些动作？

2. 感知音乐旋律和结构，学习基本动作。

（1）教师示范律动，幼儿初步感知律动节奏和乐句的结构。

提问：在寻找小金鱼的过程中我做了哪些动作？你能学一学吗？

（2）教师再次示范律动，幼儿模仿学习。

提问：请你看看我还做了什么动作，每种动作做了几次？

小结：先游四次，然后吐四个泡泡，继续游四次，最后用眼睛来找。

3. 师幼随乐律动，寻找小金鱼。

（1）师幼共同律动。

（2）结合心情和表情再次律动。

提问：和小金鱼做游戏的时候你的心情怎么样？开心的表情是什么样子的？（眼睛笑眯眯的，嘴角弯弯的）这一次我们要带着愉快的心情和灿烂的笑容来寻找小金鱼！

（3）尝试创编寻找小金鱼的动作。

提问：刚刚我们用小眼睛寻找小金鱼的时候是怎么看的？还可以怎么看？

4. 教师小结，活动结束。

（饶欢）

（五）"悦读"音乐游戏：小鱼游

☞ **活动目标**

1. 在游戏中体验与老师、同伴进行身体接触的乐趣。

2. 大胆用手臂在身体不同部位摆动，表现小鱼游的动作。

3. 初步尝试按规则游戏，跟随音乐做小鱼游的动作。

☞ **活动准备**

1. 经验准备：幼儿观察并模仿过小鱼游的动作。

2. 物质准备：教学 CD。

☞ **活动过程**

1. 游戏导入。

师幼共同模仿小鱼，随着音乐边唱边做小鱼游的动作。

2. 交代游戏玩法及规则。

（1）教师示范游戏玩法。

两位教师分别扮演小鱼和鱼妈妈，音乐起，跟随音乐节拍做各种鱼游的动作，当唱到最后一句"我要抓住你"时，鱼妈妈迅速张开双臂抓住小鱼。

（2）用提问的方式提炼游戏规则：小鱼怎么样了？被谁抓住了？在音乐哪个地方被抓住了？

（3）教师或请个别幼儿尝试玩游戏。

3. 幼儿游戏。

（1）教师带领幼儿参与游戏，鼓励幼儿大胆地亲近老师。

（2）幼儿集体参与游戏，反复 1～2 次。

（3）请个别幼儿扮演鱼妈妈，其他幼儿扮演小鱼，跟随音乐游戏。

（4）视幼儿情况反复几次。

4. 游戏小结。

指导语：小鱼和妈妈玩得真高兴，现在我们在水草中休息一下，待会儿我们再去大海里跟更多的鱼宝宝玩游戏吧。

（付逸仙）

第三节 绘本《不是方的不是圆的》"悦读"主题系列活动

一、绘本介绍

绘本《不是方的不是圆的》讲述的是老鼠一家住在小娟家走道的夹层里，每天闻着小娟家厨房飘出的各种美味，很是羡慕。有一天，老鼠们闻到了从来没有闻过的味道，便循着味道发现了一个不是方的也不是圆形的东西，通过看一看、闻一闻、尝一尝，老鼠们品尝到了粽子的美味。绘本通过老鼠的视角，引导幼儿循序渐进地感知端午节的习俗。

文：郑春华 图：陈舒 天地出版社

二、绘本价值分析

绘本《不是方的不是圆的》一书从老鼠的视角出发，以味觉和视觉为切入点，抓住幼儿"爱吃"和"爱玩"两个典型特点，带领孩子们探索和发现这个节日的奥秘和乐趣，以幼儿乐于接受的方式来传达传统节日所蕴涵的特色和韵味。

绘本的画面。绘本画面颜色明亮、鲜艳，勾勒出老鼠一家卡通、可爱的形象，并通过细腻的笔触，刻画出老鼠闻到粽子香味的神态和动作，十分有趣。

绘本的文字。绘本中用夸张的形式表现"馋""香""好奇"等词语，激发幼儿对阅读绘本的兴趣。同时，绘本中还包含了关键词"形状""三角形""粽子""端午节""不是方的""不是圆的"等词语，有助于幼儿积累丰富的词汇。

三、幼儿阅读绘本观察记录

端午节是我国的传统节日。在端午节来临之际，教师在班级语言区中投放了绘本《不是方的不是圆的》一书，并利用餐后阅读时间，将幼儿对这本绘本的兴趣点记录在表格中（见表2-6）：

表2-6　幼儿阅读绘本《不是方的不是圆的》观察记录表

幼儿姓名	阅读全书时间	幼儿阅读情况观察		
		关注点、兴趣点（文字或图片，可以从幼儿阅读停留地方的时间长短、神情、交流或讲述的内容判断）	其他阅读行为（比如：是否按顺序读、是否与同伴交流、先看文字还是先看图等）	幼儿阅读中存在的问题
芃芃	3分钟	模仿"长得像山洞那么大的鼻孔"，对老鼠们一起讨论鼠爹带回来的粽子的图画看得很认真，粽叶打开后的画面会用手去比划。	一页一页地翻看，阅读习惯较好，每个页面停留时间不一，会和教师、同伴分享自己感兴趣的画面内容。	对图画书内容有初步的感知，可以尝试用自己的语言讲述画面内容。

（续表）

		快速翻阅到小老鼠们经过讨论之后才知道是香香的粽子，然后打开一起分享的部分。	能够看到其兴趣点和关注点，但忽视了其他的情节，没有将故事内容很好地联系起来。
嘟嘟	2分钟	迫不及待地想知道鼠爹到底带回来的是什么东西。	

分析：

1. 幼儿对绘本内容十分感兴趣，阅读中会根据自己的兴趣和关注点翻看图画书，基本了解故事内容。但由于故事情节较长，幼儿很容易丧失阅读兴趣，或者是快速翻阅，没有仔细阅读，影响对故事的整体感知。

2. 关键词：方的、圆的、端午节的习俗。

四、思维导图

经过年级组教师充分观察与研讨，我们结合幼儿的兴趣点，预设活动如下：

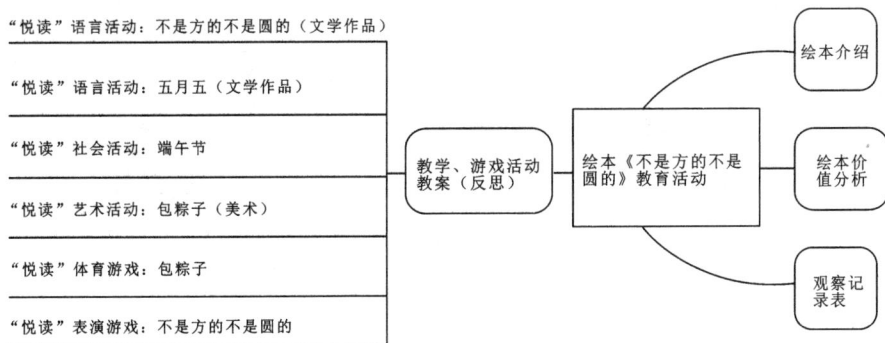

（刘梦池　陈思）

五、教学、游戏活动实例

（一）"悦读"语言活动：不是方的不是圆的（文学作品）

☞ **活动目标**

1. 乐于欣赏故事，感受端午节所特有的快乐氛围。

2. 理解故事内容，尝试模仿三只老鼠猜测物体的语言、动作与表情。

3. 能使用语句"大概是香香的××"句式说出不是方的不是圆的的物体。

☞ **活动准备**

1. 经验准备：幼儿有认识过不同形状的物体的经验。

2. 物质准备：教学课件 PPT、粽子、布条、小老鼠头饰。

☞ **活动过程**

1. 观察实物粽子，产生探究兴趣。

（1）提问：你见过不是方的不是圆的的物体吗？（出示包粽子）这是什么呀？

（2）幼儿自由发表想法，教师视情况小结。

2. 完整欣赏故事，初步感知故事内容。

（1）教师绘声绘色地讲述故事，幼儿认真倾听，完整欣赏。

提问：故事叫什么名字？故事里面都有谁？五月初五是什么节日？小老鼠在端午节吃了什么？

（2）幼儿相互交流，加深对故事内容的理解。

提问：你觉得哪一段最有趣？为什么？

3. 分段欣赏故事，进一步理解故事中的语言、动作和表情。

（1）教师逐页出示 PPT，帮助幼儿理解故事内容。

提问：故事里有几只小老鼠？他们分别说了什么？

（2）幼儿带上小老鼠头饰自主表演，并尝试使用小老鼠的语言、动作与表情进行表演。

4. 迁移经验，使用语句"大概是香香的××"进行自主表达。

（1）师幼共同交流，迁移生活经验。

提问：在生活中你们还看到过什么东西不是方的不是圆的？

（2）幼儿自主表达与分享，教师评价小结，结束活动。

（贺诗婷）

☞ **"悦读"语言活动"不是方的不是圆的"（文学作品）反思**

1. 活动开展前的思考

（1）对绘本内容的再思考

《不是方的不是圆的》这本绘本通过优美的图画、生动的故事向幼儿传达中华传统民俗文化的知识。看了之后幼儿对端午节的吃粽子、挂香包等的习俗也有了一定的了解。绘本中的内容、文字较多，需要教师帮助幼儿理解故事内容，因此设计了此次活动。

（2）对材料准备的思考

在活动的准备上，教师制作 PPT 课件、故事内容音频，以及老鼠一家的动物头饰，旨在帮助幼儿更好地理解绘本故事、表达故事中重要的角色对话。

（3）对幼儿年龄段的思考

小班幼儿的年龄特点是喜爱模仿，因此在阅读绘本故事中，幼儿对故事中的句式非常感兴趣，所以本次活动的重难点就落在理解故事内容，以及尝试模仿三只老鼠猜测物体的语言、动作与表情上。

2. 活动中幼儿的表现

（1）活动中的实录

第一，幼儿通过观察实物粽子，产生探究兴趣。第二，完整欣赏故事，初步感知故事内容。教师通过播放音频，让幼儿初步理解故事内容，了解故事中的角色以及故事的名字。第三，分段欣赏故事，进一步理解故事内容。幼儿通过观察画面内容大胆想象、表达自己的想法，并能够根据故事情境运用语言和动作大胆表现绘本中小老鼠的形态。第四，通过迁移经验，使用语句"大概是香香的××"进行自主表达。

（2）活动中我的发现

第一，幼儿能够认真倾听故事内容，通过倾听故事、观察画面、教师提问等多种方式理解故事内容，并用故事中的语言和动作大胆表现老鼠一家的角色特点。

第二，在活动中，幼儿能够学习用故事中的句式"大概是香香的××"模仿三只小老鼠的语言及动作，并迁移经验进行讲述。

第三，活动分为三个环节（完整欣赏、分段欣赏、完整欣赏），活动流程清晰，教师语言精练，能够充分吸引幼儿的注意力，调动幼儿的积极性。

3. 活动后反思

（1）教师活动设计还可更加清晰、有趣，如在学会用故事中的语言和句式讲述的环节中，教师可以适当准备一些老鼠的动物头饰，调动幼儿的学习积极性。

（2）在活动后，教师可将动物头饰的材料投放到表演区中，让幼儿在区域游戏时与同伴共同表现故事内容，学会用故事中的角色表达、表现故事内容。

（贺诗婷）

（二）"悦读"语言活动：五月五（文学作品）

☞ **活动目标**

1. 喜欢童谣"五月五"，愿意在集体中大胆表演。

2. 理解、学习童谣，知道端午节的习俗，如："插艾叶""挂香囊"等，对传统节日感兴趣。

3. 能根据图片或动作有节奏地朗诵童谣，感受童谣的韵律美。

☞ **活动准备**

1. 经验准备：幼儿有过端午节的经历，知道端午节的一些习俗。端午节期间，提前请家长带孩子去寻找艾叶和香囊。

2. 物质准备：童谣"五月五"内容，与端午节习俗相关的图片、实物等。

☞ **活动过程**

1. 谈话交流，产生兴趣。

提问：你知道端午节吗？端午节要做什么呢？

小结：每年农历五月初五是端午节，端午节是我国的传统节日，在这一天人们会用各种方式来庆祝和度过端午节。

提问：上次你们都和爸爸妈妈去找了艾叶和香囊吗？它们是什么样子的？（幼儿自由发言分享交流）。

2. 欣赏童谣"五月五"，理解童谣内容。

（1）提问：你听到了什么？你有什么听不懂的地方吗？（根据幼儿的讨论、交流情况出示图片，帮助幼儿理解什么是"插艾叶""挂香囊"等。）

（2）师幼通过改变音量、节奏等方法共同朗诵童谣。

3. 创编动作，表现童谣"五月五"的内容。

（1）提问：童谣中提到的这些事情可以用什么动作表示呢？

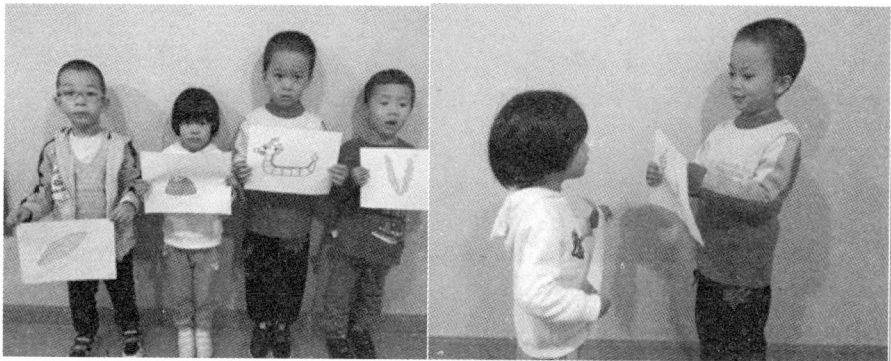

（2）教师梳理、提炼、美化动作。

4. 表演"五月五"，感受童谣的乐趣。

附童谣：

五月五

五月五，是端午。

插艾叶，挂香囊。

吃粽子，蘸白糖。

龙舟下水喜洋洋！

（周艳）

（三）"悦读"社会活动：端午节

☞ **活动目标**

1. 感受端午节的快乐氛围，体验过端午的快乐。

2. 了解端午节的由来，知道端午节是我国传统节日之一。

3. 能大胆表述端午节的习俗，在游戏中和同伴一起体验端午节的习俗。

☞ **活动准备**

1. 经验准备：幼儿已经有过端午节的经验，幼儿提前了解端午节的由来。

2. 物质准备：动画《端午节》，《端午节》PPT，不同口味粽子两个。

☞ **活动过程**

1. 观察实物粽子，产生探究兴趣。

提问：这是什么呀？你吃过粽子吗？什么节日里会吃粽子？除了吃粽子还会做什么呢？

2. 观看《端午节》视频和图片，了解端午节传统习俗。

提问：端午节是每年的什么时候？你知道端午节有哪些习俗吗？

3. 体验端午节的习俗。

（1）出示放艾草、做香囊的图片，了解传统风俗。

小结：在端午节，人们会在门窗上放上艾草，可以驱赶蚊虫；香囊，里面放各种香料，可以防虫驱病。

（2）出示包粽子图片，重点了解吃粽子的习俗。

小结：大家会在端午节包粽子，用粽叶和糯米将它包成不同的形状；人们会在端午节吃粽子，粽子里面会放白糖、蜜枣、红豆、咸肉等各种好吃的馅。

（3）出示划龙舟图片，玩赛龙舟游戏，体验赛龙舟的快乐。

小朋友们分组进行划龙舟比赛，根据教师的指令齐心协力向前划。

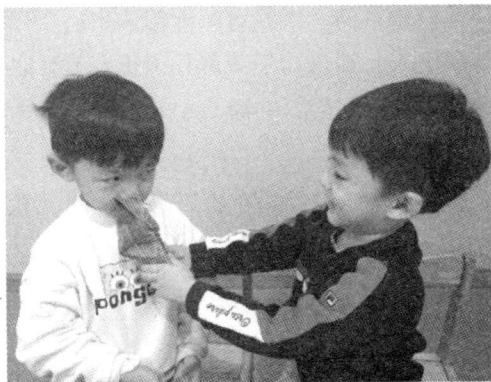

4. 品尝粽子，体验节日的快乐。

师：刚刚小朋友们划龙舟合作得特别好，我给你们带来了不同口味的粽子，大家一起尝尝吧！

（鲁媛）

（四）"悦读"艺术活动：包粽子（美术）

☞ **活动目标**

1. 乐于为小老鼠做粽子，愿意向同伴展示自己的作品。

2. 知道粽子的组成部分，并能用不同的材料制作粽子的馅。

3. 学习用线条画出粽子的纹路，用撕贴、粘、画、捏等方式制作自己喜欢的粽子。

☞ **活动准备**

1. 经验准备：幼儿已阅读过绘本《不是方的不是圆的》。

2. 物质准备：PPT 课件，教师示范画，水彩笔，超轻泥，彩纸，粽叶形状的绿色卡纸若干，黄色和绿色的三角形若干，盘子若干。

☞ **活动过程**

1. 回忆绘本内容，产生活动兴趣。

教师：今天我想请你们为小老鼠制作粽子，你们愿意吗？

2. 看一看粽子的图片，讨论作画的材料。

（1）提问：你吃过粽子吗？你吃的粽子是什么样的？

（2）观察粽子的图片，了解粽子的组成。（粽叶、粽馅、粽绳等）

（3）出示作画材料，说一说可以用什么材料表示粽子的内馅。

3. 学习粽子馅的制作方法和粽叶的表现方式，大胆尝试画粽子。

（1）制作粽子馅：自选材料来表现粽子的馅，如彩纸撕贴、超轻泥捏、画笔画等方式。（重点指导用超轻黏土制作粽子馅的幼儿。）

（2）添画粽叶：用画笔为粽叶画上纹路。（线条要从粽叶的一端到另一端连起来）

（3）装盘展示：将粽子粽叶贴在盘子上。

（4）幼儿作画，教师分组巡回指导。

4. 展示作品，评价小结。

（1）请幼儿向同伴介绍、分享自己的作品。

提问：请问你做了什么馅的粽子？你是用什么材料做的？怎么做的？

（2）教师进行小结，回归绘本。

师：今天小朋友们做了这么多美味的粽子，我们一起把它送给小老鼠吧。

（3）收拾材料，活动结束。

（周艳）

☞ "悦读"艺术活动"包粽子"（美术）反思

1. 活动前的思考

（1）对绘本内容的再思考

以绘本《不是方的不是圆的》为载体，以故事里小老鼠和粽子作为切入点，我们讨论出了美术活动——包粽子。通过为小老鼠做粽子，了解粽子的组成部分，幼儿可以用不同的材料制作粽子的馅，并学习用线条画出粽子的纹路，还可以用撕贴、粘、画、捏等方式制作自己喜欢的粽子，从而体验为小老鼠做粽子的快乐。

（2）对活动准备的思考

本次活动主要是采用超轻泥和彩纸表现粽子的基本形态，因为制作粽子的形状有难度，教师准备了三角形卡纸，简化操作难度。通过教师示范，便于幼儿熟悉制作过程，同时还提供了水彩笔，供幼儿进一步丰富粽子的细节。最后，将制作好的粽子作品摆放在纸盘中，更生动形象。

（3）对幼儿年龄段的思考

小班幼儿小肌肉发育还不够完善，无法用剪刀剪三角形、方形等表现粽子的基本形态，所以教师提供固定形态的卡纸，满足不同层次的幼儿需求。

2. 活动中的表现

（1）学习情况：幼儿对为小老鼠做粽子有极大的兴趣，大部分幼儿也能够通过撕贴、粘、画、捏等方式制作自己喜欢的粽子，能够用不同的材料制作粽子的内馅，能够感受帮助小老鼠的乐趣。

（2）存在的问题：第一，活动内容较多，活动时间较长，对于小班下学期的幼儿来说需要进行调整。第二，教师在分环节教学时能够针对不同环节有意识地进行小结与归纳，但教师语言不够精练，留给幼儿操作的时间不够充分。

3. 活动反思

1. 调整活动内容，缩减活动内容，控制活动时间。

2. 教师要提炼、精简语言，避免过多重复幼儿语言，留出更多的时间来给幼儿操作。

3. 可以将材料投放到美工区，让幼儿能够在区域活动中进一步提升锻炼手部精细动作，掌握撕贴、粘、画、捏等方法。

（周艳）

（五）"悦读"体育游戏：包粽子

☞ **游戏目标**

1. 愿意扮演"大米"和"粽叶"，体验包粽子的乐趣。

2. 在游戏情境中巩固练习滚动、定向滚动，提高动作的协调性和灵活性。

3. 能够遵守游戏规则，尝试与同伴合作包粽子。

☞ **游戏准备**

1. 经验准备：幼儿熟悉绘本内容；幼儿玩过"卷鞭炮"的游戏。

2. 物质准备：音乐《甩葱歌》；粽子一个；铃鼓一个；轻音乐；布绳

20根。

☞ **游戏过程**

1. 创设情境，随着《甩葱歌》的音乐做热身运动。

（1）教师带领幼儿跟随音乐进行包粽子的热身活动（摘粽叶、洗粽叶、装大米、包粽叶、切粽子等包粽子的动作）。

教师：今天老师要带着你们一起来玩包粽子的游戏，我们先跟着音乐来做包粽子的动作吧！（出示粽子）

（2）小结包粽子的材料，梳理包粽子的动作。

提问：我们刚才包粽子需要哪些东西？是怎么包的？如果你是粽叶，同伴是大米，要怎么包粽子？

2. 了解游戏玩法和规则，与同伴合作包粽子。

（1）玩法：2个幼儿为一组，自主商量谁是"大米"、谁是"粽叶"。两人牵绳，游戏开始后，扮演粽叶的幼儿将布绳朝一个方向，以"大米"为中心点来卷绕。一边有节奏地说："卷呀，卷呀，卷粽叶！卷呀，卷呀，卷粽叶！"幼儿一边转一边卷，团团相裹，团团相转，铃鼓响一声，教师说"老鼠来了"，两个幼儿抱在一起不准动。当说到"房东来了"时，立马暂停变成"木头人"。铃鼓声连续响起，游戏重新开始。

（2）规则：游戏中幼儿牵在一起的手不能松，铃鼓响一声抱在一起不动。

3. 师幼共同游戏，教师敲铃鼓并在游戏中巡回观察，指导幼儿用正确的方法"包粽子"。

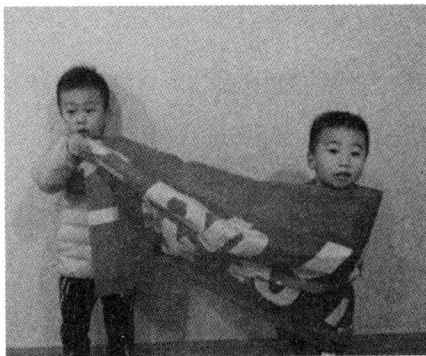

4. 评价小结，放松身体，活动结束。

教师引导幼儿用抱着、提着、挑着、抬着的方法把包好的粽子带回家。

（雷曼妮）

☞ **"悦读"体育游戏"包粽子"反思**

1. 活动开展前的思考

（1）对绘本内容的再思考

幼儿对绘本中老鼠一家打开粽子时的场景非常感兴趣，端午节的"粽子"也是幼儿喜欢的食物。剖析粽子的构成，是将糯米用长长的粽叶一层又一层地包起来，而打开粽子时，扯动粽叶会连带着整个粽子都旋转。如果把这一特点融入游戏中，让幼儿扮演"粽子"，幼儿一定会觉得新颖有趣，于是设计了此次体育游戏。

（2）对材料准备的思考

前期由于幼儿已经学习了绘本《不是方的不是圆的》，且已了解端午节的基本习俗和包粽子的基本步骤，故本次活动主要以游戏的形式引导幼儿掌握"包粽子"的方法。在游戏中，由幼儿自己扮演粽叶和馅，玩游戏时需要动感的背景音乐以及放松时的轻音乐，游戏中需要用到便于幼儿观察的真实粽子和用于绑"粽子"的布绳。

（3）对幼儿年龄段的思考

在游戏中，首先利用绘本故事预设了游戏主题，即"包粽子"。在明确游戏主题后，热身活动时，将包粽子的步骤转化为肢体动作并结合音乐展开热身；对于游戏时的规则与玩法，我采用了讲解法、示范法等，帮助幼儿听音乐进行游戏，并根据幼儿的具体实施情况增加游戏难度。

2. 活动中幼儿的表现

（1）活动实录

①因为在本次体育游戏中对游戏规则与玩法进行明确讲解，且幼儿也提前了解了故事内容，所以幼儿都能够主动、积极地参与到"包粽子"游戏中来。

②3~4岁的幼儿基本处于平行游戏阶段，但在此次包粽子游戏中，既有平行游戏也出现了两两合作、多人合作进行游戏。说明幼儿在这次游戏中不仅能够锻炼身体，同时也对幼儿的社会性发展和人际交往能力有一定

的提升。

（2）活动中我的发现

①在游戏开始之前，我请个别幼儿介绍并示范了包粽子的步骤，大部分幼儿都能够找到自己的好朋友，伴随着教师口令分角色进行合作游戏。

②部分幼儿在游戏后期失去了活动兴趣，游戏层次没有提升。

3. 活动反思

（1）在幼儿游戏开始前没有较好地提炼包粽子动作，导致分角色进行游戏时，幼儿的角色意识比较模糊，分不清楚"粽叶"与"馅"的动作要求。

（2）分组分角色进行游戏对于小班幼儿来说难度较大，需要老师降低游戏难度。

（3）在游戏后期，游戏层次没有提高。可以根据幼儿的游戏情况和能力水平加入横幅道具，增强游戏的层次性与趣味性。

（雷曼妮）

（六）"悦读"表演游戏：不是方的不是圆的

☞ **活动目标**

1. 愿意与同伴一起表演对话内容，感受角色扮演的趣味性。

2. 萌发角色意识，熟悉故事中不同小老鼠的语言、声音、动作和神情。

3. 尝试和同伴一起合作表演，生动表现故事人物及情节。

☞ **活动准备**

1. 经验准备：幼儿熟悉故事《不是方的不是圆的》。

2. 物质准备；小老鼠头饰若干，粽子模型若干；课件《不是方的不是圆的》。

☞ **活动过程**

1. 倾听故事，回顾故事内容。

（1）欣赏课件，回忆故事内容。

（2）重点关注故事中小老鼠的角色语言。

2. 分析角色表演方式，模仿对话。

逐一出示故事，模仿角色对话。

提问：老鼠一家都说了什么，谁可以学一学？（引导幼儿重点学习三只

小老鼠固定句式的对话：大概是××的××）

3. 自选角色，尝试表演。

（1）自愿选择角色。

（2）幼儿自主表演，（教师表演旁白部分，帮助幼儿串联起整个故事）教师鼓励幼儿相互评价。

提问：你喜欢谁的表演？为什么？

4. 自主分组，合作表演《不是方的不是圆的》。

（1）幼儿自行选择扮演的角色，并戴好相应头饰。

（2）分组合作表演，教师巡回观察，重点关注幼儿是否能完整地表现故事内容。

（3）师幼互评。

5. 共同收拾场地，活动结束。

（谭琦）

☞ "悦读"表演游戏"不是方的不是圆的"反思

1. 活动开展前的思考

（1）对绘本内容的再思考

绘本故事中聪明、可爱的老鼠一家深受孩子的喜爱，都想扮演小老鼠们进行游戏。基于孩子的兴趣且角色对话容易学习模仿这两点，谭琦老师设计了这个表演游戏"不是方的不是圆的"。

（2）对材料准备的思考

此前已经组织了该绘本拓展的语言活动"不是方的不是圆的"，幼儿对故事情节内容比较熟悉，这也为此次开展表演游戏做好了经验准备。同时在物质准备上，主要是故事课件、增强表演情境性的老鼠头饰、粽子等表演道具等，以促进幼儿表演时的投入和激发幼儿的表现力。

（3）对幼儿年龄段的思考

《不是方的不是圆的》故事内容较长，对于小班幼儿表演有难度，教师在引导幼儿表演的过程中要简化故事情节，主要让幼儿学会用固定句式"大概是××的××"即可。

2. 活动中孩子的表现

（1）活动实录

通过欣赏故事课件，谭琦老师引导幼儿回忆故事内容，重点关注故事中小老鼠的角色语言。接着，逐一出示故事，分析角色表演方式，通过提问："老鼠一家都说了什么，谁可以学一学？"引导幼儿模仿角色对话，并重点学习三只小老鼠讨论粽子时的固定句式对话：大概是香香的××。在熟悉角色对话后，幼儿开始自选角色进行表演，教师表演旁白部分，帮助幼儿串联起整个故事。最后所有幼儿自由分组选择角色，并戴好相应头饰，合作表演故事"不是方的不是圆的"，之后互相进行评价，收拾场地，结束游戏。

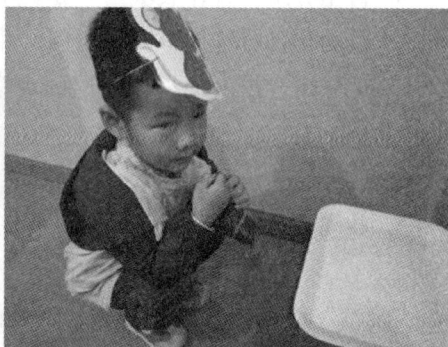

（2）活动中我的发现

①孩子们对这个故事很感兴趣，对故事内容较熟悉，幼儿对故事中一些有趣情节和对话会自发进行模仿，用动作加以表现，例如"小老鼠的鼻子张得像山洞那样大"，孩子们马上就张大自己的鼻孔，互相比比看谁的"山洞"大。

②故事偏长，孩子们较完整地进行呈现存在难度，需要老师的指导。特别是分组表演时，有的幼儿表现力受到了表达能力和理解能力的限制，比较茫然。

3. 活动后的反思

（1）活动设计时对这个表演内容是有侧重的，但实际游戏中却没有很好地引导幼儿去关注重点表演部分，幼儿虽然比较感兴趣，但会降低部分幼儿的参与度和积极性，所以在分析故事情节时，谭老师应重点引导幼儿熟悉老鼠一家讨论粽子的情节及对话，并让幼儿即时按照固定句式表达对话内容，这样幼儿在分组表演时难度会降低，也能将这部分情节呈现得更流畅完整。

（2）表演氛围的营造有所欠缺，情境性不够。比如提供的粽子模型过小，幼儿不好和其产生互动，限制了幼儿的表现力。可以换成一个大件物品，形状和粽子相似，包裹成粽子的外观，这样能更好地还原故事中的内容，幼儿兴致也会提高。

（陈思）

第三章　中班"悦读"主题系列活动

第一节　绘本《七只瞎老鼠》"悦读"主题系列活动

一、绘本介绍

绘本描述的是七只瞎老鼠在池塘边遇到一个怪东西，谁也不知道那是什么。于是，每一天，不同的老鼠轮流去"观察"，并回来向同伴报告他们的发现，但是每一次的答案都无法令人满意。最后一天，轮到白老鼠去了，他从怪东西的上下左右全跑了一遍，最后才下了一个结论：这个怪东西是一头大象。

文/图：［美］杨志成　翻译：王林　河北教育出版社

二、绘本价值分析

《七只瞎老鼠》绘本改写自印度民间故事《盲人摸象》。这是一个耳熟能详的故事，却又是一本清新脱俗的绘本，作者把"盲人摸象"的故事，做了相当程度的改编，使故事更切合幼儿的生活经验和心理发展。同时，作者在画面中采用拼贴技巧赋予传统故事"盲人摸象"新的视觉感受，给古典故事赋予新的艺术光彩，丰富了故事的阅读价值，是一本令人回味无穷的图画书。

绘本的画面

七只瞎老鼠各有各的色彩，红、绿、黄、紫、橙、蓝、白七种颜色，具有引导儿童认识颜色的功能，也便于孩子利用色彩辨识内容。颜色主导了全书单纯、干净的构图，符合幼儿读物设色简单、突出的原则。作者大胆地使用黑色作为全书的背景，除了暗示七只瞎老鼠的世界黑暗无光之外，也营造强烈的对比，凸显出七只老鼠身上的色彩，表现出作者在艺术上的设计与巧思。

绘本的文字

1. 丰富的数字：数字的运用非常丰富，如：七只老鼠，是数量的计算。第一个、第二个……第七个，可作为序数的反复练习。此外，星期一、星期二、星期天的安排，也帮助孩子认识一周七天的时间概念。

2. 丰富的量词：一根圆柱子、一条蛇、一根绳子、一把扇子、一支矛、一座峭壁等，可让孩子从故事里学习中国文字特有的计量单位词。

3. 造型的认知，如：对圆柱子、蛇、长矛、峭壁、扇子和绳子等的联想，都是用图像来比喻，有助于幼儿认知形状。

三、幼儿阅读绘本观察记录

中班幼儿好奇好问，喜欢观察与提问，但是对事物的认知还不够全面。绘本《七只瞎老鼠》生动地表达了老鼠们对事物认识不全面造成的困扰，幼儿在阅读绘本内容的基础上，其实也能潜移默化地学会整体观察事物的方法。因此，教师在班级语言区投放了6本《七只瞎老鼠》的绘本，并对幼儿阅读情况进行记录（见表3-1）。

表 3-1　幼儿阅读绘本《七只瞎老鼠》观察记录表

幼儿姓名	阅读全书时间	幼儿阅读情况观察		幼儿阅读中存在的问题
		关注点、兴趣点（文字或图片，可以从幼儿阅读停留地方的时间长短、神情、交流或讲述的内容判断）	其他阅读行为（比如：是否按顺序读、是否与同伴交流、先看文字还是先看图等）	
黄跃之	3分钟	跃跃小朋友阅读绘本时先关注到的是绘本中的图片，了解图片所传递出来的信息。在阅读中大多数时候眼神停留在老鼠摸物的形象上，如：矛、峭壁等。在阅读的过程中并未与其他人有过交流，有自我独白语言的产生。	跃跃小朋友在阅读绘本的过程中先阅读绘本的封面，接着随意翻至绘本中的一页进行阅读，依此反复，翻阅六次后结束阅读。阅读时自己将看到的图片信息转化为字词进行自我表述，但未与他人进行交流。	跃跃小朋友在阅读过程中不能保持较高的专注力，没有依照顺序进行阅读。同时在阅读时不与他人进行沟通与交流。
赵楚舒	8分钟	楚楚小朋友阅读绘本时先关注到的是绘本封面上的文字《七只瞎老鼠》，当在阅读绘本故事内容时关注点在绘本画面内容上。在阅读的过程中眼神一直停留在绘本角色与物体形象上，随着故事的发展，对画面具体内容表示新奇。阅读时会将自己了解到的绘本信息以句子的形式告诉同伴与老师。	楚楚小朋友在阅读的过程中先仔细地观察封面的文字，将文字念出。接着观察封面图片的信息，随即逐页开始进行翻阅，在每一页的阅读时会将自己看到的图片信息总结为一句话与同伴进行交流，阅读结束后主动向老师讲述故事大致的内容。	楚楚小朋友能保持较好的阅读习惯，专注于绘本阅读。但在阅读时还需要注意与他人交流的方式方法，降低音量，不影响他人。

分析：

1.《七只瞎老鼠》改写自印度民间故事——《盲人摸象》，用拼贴技巧赋予传统故事"盲人摸象"新的视觉感受，巧妙地帮助小朋友学会该如何认识并观察新事物。整本书都采用纯黑色做背景，老鼠鲜艳的颜色更是被烘托出来。教师根据幼儿兴趣和绘本延伸出语言、科学、艺术、社会等领域类型活动。

2. 关键词：七只瞎老鼠、七种颜色、量词、老鼠出场顺序、好奇心与探索。

四、教研活动实例

表 3－2　教研记录表

时　间	2018.11.15	主持人	中班组年级组长
参加人员	中班组全体教师		
教研主题	中班"悦读"课程：七只瞎老鼠		
教研实录	一、确定绘本 教师1：我通过观察幼儿在班级阅读区的阅读情况，发现在众多的绘本中，幼儿对《七只瞎老鼠》绘本特别感兴趣。 教师2：是的，我们班的孩子也是，对绘本中瞎老鼠表现出非常浓厚的兴趣。孩子们在阅读的时候非常专注，有时候还会拿着绘本过来和我一起分享。 教师3：既然孩子们对绘本《七只瞎老鼠》表现出了这么浓厚的兴趣，那我们就确定选取《七只瞎老鼠》为本次的研讨绘本。下面我们一起来分析绘本的核心价值有哪些。 二、讨论绘本核心价值 教师2：绘本中出现了比较多的量词，如：一根圆柱子、一条蛇、一根绳子、一把扇子、一支矛、一座峭壁等，我觉得中班的孩子可以试着让他们接触一些简单的量词，可以拓展出一个语言活动。 教师4：绘本以黑色为大背景，但是绘本中老鼠都是不同颜色的，这给了读者比较强烈的视觉冲击，是否可以根据这一点，拓展出一个艺术领域活动。		

（续表）

教研实录	教师5：绘本中的主人公——老鼠，他们的眼睛都是看不见的，所以他们只能通过摸来感知这个怪东西到底是什么。而幼儿在阅读绘本的时候对老鼠摸出来的东西觉得非常的新奇，是否可以设计一个类似"盲人摸象"的游戏呢？ 教师3：刚才老师们对绘本的核心价值进行了分享，对可拓展出来的活动也分享了思路。下面我们分班讨论，每个班负责一个领域活动，设计出相应活动的大概环节。一组老师在分享的时候，其他老师进行补充。 三、分班讨论（略） 四、分享讨论成果及建议 1. 教师1：社会活动——我的一周规划 （1）感知周一至周日的时间顺序规律。 （2）了解小老鼠每天做的事情。 （3）设计自己的一周计划。 2. 教师2：音乐欣赏——七只瞎老鼠 （1）完整欣赏音乐，可跟音乐拍打节奏并开放性提问。 （2）第二次完整欣赏音乐，结合音乐回顾绘本内容，教师可边听边引导。还可加图片（图片＋问题），引导幼儿了解音乐表达的内容。 （3）分段欣赏，引导幼儿用肢体动作表现主要内容。 （4）完整表现乐段。 （5）玩"木头人"游戏，完整表现音乐，分角色创造性表现。 3. 教师3：智力游戏——老鼠摸象 用不透明的箱子装火龙果或者别的，请幼儿分别来摸、猜想，并说说里面是什么。 4. 教师4：艺术活动（剪纸）——七只瞎老鼠 （1）刮画纸（教师画轮廓，幼儿刮开，剪下来贴眼睛）。 （2）剪纸（已经折好，幼儿只需剪）。 （3）剪纸＋自己折，然后再剪。 5. 教师7：语言活动——老鼠有几只 （1）复习量词，唤醒幼儿记忆。 （2）找一找。把绘本中的量词圈出来（结合图片）。 （3）分组讨论绘本中的量词还可以形容什么，并大胆表述，可加入鼓点或拍打身体形成节奏。 （4）结合生活，分享自己知道的量词。

五、思维导图

教师在对本年龄段幼儿充分观察了解的基础上，结合本年龄段幼儿的现有发展水平，预设出以下活动：

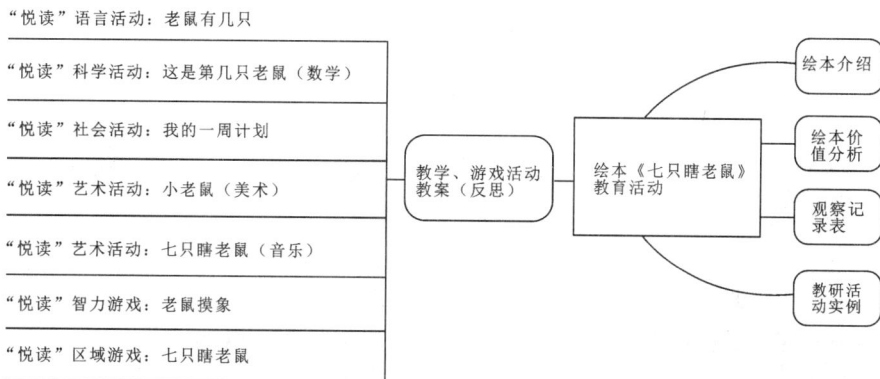

（刘慕殷、周乐）

六、教学、游戏活动实例

（一）"悦读"语言活动：老鼠有几只

☞ **活动目标**

1. 积极参与找量词的游戏，对量词感兴趣。

2. 能准确找出绘本中的量词，感知不同物品用到的量词会不一样。

3. 懂得量词的作用，学习使用绘本中的量词。

☞ **活动准备**

1. 经验准备：幼儿已熟悉绘本《七只瞎老鼠》，已经了解过简单的量词。

2. 材料准备：与绘本对应的量词文字和图片，苹果、小狗图片。

☞ **活动过程**

1. 复习量词，唤醒已有经验，导入活动。

出示苹果、小狗图片。

教师：这是什么？他有几个（只）？你们知道"一个"是什么词吗？这个量词还可以形容别的物品吗？

2. 游戏："放大镜"。找一找绘本中出现的量词。

玩游戏"放大镜"。幼儿找出绘本中的量词并根据幼儿所说内容逐一出示相对应的文字加图片。

教师：我们绘本中也藏着一些新的量词宝宝，让我们一起用放大镜来找一找吧！

教师：这是什么图片？用到了什么量词？

3. 分组讨论：绘本中的量词还可以形容其他哪些物品。

（1）教师：你觉得这些量词还可以形容哪些物品呢？跟旁边的朋友说一说吧。

（2）邀请幼儿上台分享自己想到的量词。

（3）引导幼儿总结讨论结果。

4. 迁移生活经验：结合生活和周边环境讲一讲身边的量词。

（1）游戏："找一找"。引导幼儿自主观察教室环境，说一说身边的量词。

（2）教师邀请幼儿自主分享。

（3）师幼小结，结束活动。

（贺佩）

👉 **语言活动"老鼠有几只"实施反馈**

语言活动"老鼠有几只"实施完成后，我们对活动进行了总结（见表3-3）。

表 3－3　语言活动"老鼠有几只"实施反馈表

活动名称	活动重点	活动初次实施情况		调整后的实施情况	
		活动亮点	实施建议	调整改进	实施效果
语言活动：老鼠有几只	能准确找出绘本中的量词，感知不同物品用到的量词会不一样。懂得量词的作用，学习使用绘本中的量词。	1. 幼儿能够在教师引导下回忆简单的量词，懂得量词的基本概念。 2. 幼儿能够较快识别并记住绘本中的相关量词。 3. 在"找找身边的量词"环节，幼儿能够准确又清楚地找到教室里"隐藏"的量词。	1. 实施过程中教师注意把握时间的分配。 2. 教师在引导幼儿找出绘本中的量词后，可适当解释一下量词的含义以及为什么要用这个量词形容此类物品，以帮助幼儿理解量词的含义，更加深刻地懂得如何使用此类量词。	重点在于让幼儿自主找量词。 通过了解绘本中的量词，幼儿对量词有了一定的概念，再延伸为找出活动室中的物体，并用量词表述。	1. 幼儿通过此活动，基本掌握了量词的概念。 2. 幼儿在找绘本中量词的过程中，积极开动脑筋，大胆表达自己的观点。 3. 幼儿能够将量词运用到生活中，能够在老师的引导下大胆用量词来表述教室里的物品。

（二）"悦读"科学活动：这是第几只老鼠（数学）

☞ **活动目标**

1. 积极参与"小老鼠找家"的游戏，体验游戏的快乐。

2. 认识 7 以内的序数，从不同的方向辨别数序。

3. 尝试理解事物减少后发生的数序变化，灵活运用序数。

☞ **活动准备**

1. 经验准备：幼儿已阅读绘本《七只瞎老鼠》。

2. 物质准备：绘本课件，椅子若干。

☞ **活动过程**

1. 回顾绘本《七只瞎老鼠》。

2. 观察七只老鼠不同排列顺序的图片，尝试分辨出不同老鼠的数序顺序。

（1）自主进行数序辨别。

师：请你看看这里有几只老鼠？红老鼠是第几只？

（2）按照固定方位进行数序辨别。

师：从左往右数，蓝老鼠排在第几？从右往左数，黄老鼠排在第几？

（3）小结：原来从不同的方向数数，物体排列的顺序也会发生变化。

3. 游戏：小老鼠找家。巩固对于7以内序数的掌握。

（1）把7张椅子一字排开，请7名幼儿扮演小老鼠，按照老师的指令，小老鼠住到相应的家里。

师：请长头发的小老鼠住在从前往后数的第3个家里。

（2）小老鼠自主住在不同位置的家里，再依次介绍自己家的位置。

4. 对比小老鼠发生数量变化的图片，感知数量变化后数序产生的变化。

（1）观看图片，集体学习数序在数量变化后产生的变化。

（2）7人一组分组开火车，巩固减少或者增加数量后小朋友所坐的位置序数发生的变化。

（刘慕殷）

☞ "悦读"科学活动"这是第几只老鼠"（数学）反思

1. 活动开展前的思考

（1）对绘本的再思考

七只瞎老鼠是绘画成彩色的，七只不同颜色的老鼠从星期一到星期日每天派出一只瞎老鼠去摸大象，绘本中七只老鼠的排列方式有从上到下、从左到右，还有数量上的增加和减少，非常适合设计科学活动。

（2）对材料准备的思考

本次活动的重点是引导幼儿学会7以内的单向序数，初步建立序数的概念，并能按从上到下和从下到上的顺序进行点数，所以在材料选择方面主要采用教室中常见的物品，通过生活化的情境，引导幼儿自然而然掌握 7 以内的单项序数概念。

（3）对幼儿现有年龄阶段的思考

这本书对数字的运用也非常丰富，如：七只老鼠，是数量的计算。第一个、第二个……第七个，可作为序数的反复练习。此外，星期一、星期二……星期天的安排，也帮助孩子认识一周七天的时间概念。

2. 活动中孩子的表现

（1）活动实录

首先，教师通过回顾绘本内容，引出本次活动主题，激发幼儿兴趣；其次，通过游戏的方式，让幼儿在自然、真实的情境中，自然而然掌握 7 以内数序的概念。对比小老鼠发生数量变化的图片，感知数量变化后数序产生的变化。

（2）活动中我的发现

通过本次活动，幼儿学会了 7 以内的单向序数，初步建立了序数的概念，并且能按从上到下和从下到上的顺序进行点数，为今后学习不同的方位序数奠定了基础，也为幼儿在生活中自己的位置找准了坐标。

活动过程中，先让幼儿通过"数数老鼠有几只"从左往右和从右往左按顺序点数，并学习 5 以内的序数。最后又通过"小老鼠找家"来巩固所学内容。整个活动，环节安排比较合理，思路也较清晰，幼儿学习效果较好。

活动中幼儿情绪高昂，很轻松愉快地进入课题，在教学中幼儿也比较积极。老师提供了教具让幼儿操作，即动手又动脑；幼儿在说说做做愉快的氛围中，轻松顺利地完成了任务；同时也让幼儿体会到帮助别人和成功所带来的喜悦心情。

3. 活动后需要调整和改进的方向

（1）教师语速较快，所选描述对象不太能贴近孩子的生活，幼儿不能够很好地接受，导致幼儿对个别问题回答不上来。

（2）在遇到幼儿不会的问题时，不要急于告诉他们答案，要多重复几遍，帮助幼儿理解，启发幼儿思考。

（3）要引导幼儿记住量词的运用，如一层楼，一只兔。

（4）如能添加"数空"来帮助幼儿认识数字，效果或许会更好一点。

(5) 将活动延伸到生活中，可在幼儿排队时，请幼儿说说自己排在第几个。

（刘慕殷）

（三）"悦读"社会活动：我的一周计划

☞ **活动目标**

1. 愿意积极参与设计"我的一周计划"。

2. 结合生活经验，感知星期一到星期日的时间顺序规律。

3. 尝试在表格里运用粘贴、绘画等形式学习制订自己的一周活动计划。

☞ **活动准备**

1. 经验准备：幼儿已阅读并熟悉绘本《七只瞎老鼠》。

2. 物质准备：《七只瞎老鼠》课件，七只老鼠图片，表格、记号笔、水彩笔、油画棒、胶棒、剪刀若干。

☞ **活动过程**

1. 回顾故事内容，了解七只瞎老鼠每天做的事情。

(1) 出示图画书封面，提问：故事中七只瞎老鼠分别看到了什么？它们是在同一天看到的吗？请用完整的话说出来。（教师适当引导，例：红老鼠在星期一看到了红柱子。）

(2) 小结：一周有七天，七只瞎老鼠分别从星期一到星期日看到了不一样的东西。

2. 游戏：对号入座。

(1) 出示一周表格和七只瞎老鼠图片，要求将图片放入表格中对应的位置。

(2) 幼儿观察并两两讨论，并分别请七名幼儿上前操作。

(3) 师幼共同小结。

3. 分组合作，制订一周活动计划。

(1) 出示表格，提问：七只瞎老鼠在一周七天的时间里看到了不一样的东西，做了不一样的事情，那如果给我们小朋友七天的假期，你会给自己制订怎样的一周活动计划呢？

(2) 分组进行操作，教师巡视并适当指导。

(3) 各小组分别进行展示，师幼共同评价。

4. 结合生活，感知一周的时间顺序规律。

（1）提问：在我们生活中，一周一共有几天？分别从星期几到星期几？每一周的第一天是从星期几开始的？

（2）师幼共同梳理小结。

（覃左昆）

（四）"悦读"艺术活动：小老鼠（美术）

☞ **活动目标**

1. 欣赏老鼠剪纸艺术，萌发对剪纸艺术的喜爱之情。

2. 能自选适宜的材料，通过绘画、涂色、剪切等方式完整表现老鼠形象。

3. 知道剪刀的正确使用方法，提高手指灵活性。

☞ **活动准备**

1. 经验准备：幼儿已阅读并熟悉绘本《七只瞎老鼠》内容。

2. 物质准备：画有完整老鼠轮廓的刮画纸与蜡光纸若干，需添画老鼠轮廓的折纸若干，剪刀、彩笔、白纸、胶棒若干。

☞ **活动过程**

1. 回顾绘本内容，欣赏老鼠剪纸作品，激发创作兴趣。

（1）出示绘本图片，回忆故事主要角色。

（2）欣赏老鼠剪纸作品，观察其主要特征。

2. 观察桌面材料与工具，明确"剪老鼠"的步骤及要求。

（1）观察桌面材料，猜测工具材料的使用方法。

提问：你看到桌上有什么材料？你觉得可以怎么使用它？

（2）学习材料的正确使用方法，通过工具使用表现老鼠形象。

3. 自取操作材料，运用多种材料完整表现老鼠形象。

（1）幼儿自取材料，进行老鼠剪纸的作品创作。

（2）教师巡回观察指导，重点关注幼儿材料的使用率以及操作方法是否正确。

4. 作品展示，分享制作方法，师幼共同评价。

（1）集中展示作品，分享作品的制作方法。

提问：谁愿意说一说你的小老鼠是怎样做出来的？

（2）欣赏作品，幼儿相互评价，教师小结。

提问：你喜欢谁的作品？为什么？

（3）收拾材料，结束活动。

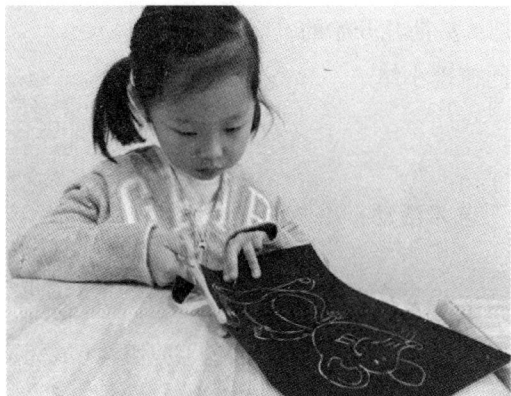

（易乐媛）

☞ "悦读"艺术活动"小老鼠"（美术）反思

1. 活动开展前的思考

（1）对绘本内容的再思考

《七只瞎老鼠》改写自印度民间故事——盲人摸象。绘本既用拼贴技巧赋予传统故事"盲人摸象"新的视觉感受，又巧妙地帮助小朋友学会该如何认识并观察新事物。整本书都采用纯黑色做背景，将老鼠鲜艳的颜色烘托出来。我们利用绘本材质及故事角色形象设计此次艺术活动——小老鼠，将剪纸艺术融入故事传递给幼儿。

（2）对材料准备的思考

为了满足幼儿艺术想象力与创造力的发展，教师准备的活动材料层级丰富、类型多样，如：有绘制一半的老鼠轮廓供幼儿进行添画并剪切、有完整老鼠形象的蜡光纸供幼儿剪切、有彩纸供幼儿自行绘画并剪切。幼儿可自行选择适合自己发展水平以及自己喜爱的方式进行作品创作。

（3）对幼儿现有年龄阶段的思考

在阅读的过程中，幼儿对绘本中的老鼠形象感到十分好奇。为了满足幼儿的好奇心，教师配合绘本画面特点并结合中国传统文化艺术——剪纸，将剪纸艺术融入到艺术活动中。

2. 活动中幼儿的表现

（1）幼儿对于老鼠这一角色形象有着极大的兴趣，教师通过绘本帮助幼儿建立起七只瞎老鼠中老鼠形象的情境，让幼儿对于老鼠的基本特征有了一定的了解。在观察图片时，能仔细观察并用一句话进行基本准确的概括，如：老鼠有尖尖的嘴，老鼠有几根胡须……

（2）在利用已画好的老鼠轮廓进行剪切这个环节中，幼儿能熟练地使用剪刀，并依照老鼠的黑色轮廓线进行剪切。但在剪切的过程中，有个别幼儿将老鼠剪切破损，影响老鼠造型的完整及作品的美观。

3. 活动后需要调整和改进的方向

（1）小部分幼儿在老鼠的绘画及剪的过程中表示困难，老鼠形象过于复杂。教师在老鼠形象的选择上可更多依据幼儿的发展水平将其形象进行简化，更适合幼儿的发展水平，方便幼儿创作。

（2）教师可将幼儿作品保留在美工区进行二次加工，将其变成手偶或者头饰，再将老鼠头饰投放于语言区，在后续游戏活动中可利用其进行故事表演。

（易乐媛）

（五）"悦读"艺术活动：七只瞎老鼠（音乐）

☞ **活动目标**

1. 感受音乐乐句的变化，体验师幼、同伴间共同游戏的快乐。

2. 能积极参与活动，用身体动作表现乐段中小老鼠摸到的物品。

3. 熟悉乐曲旋律，感知音乐的轻快、流畅，创造性地表现乐曲中的情节。

☞ **活动准备**

1. 经验准备：幼儿已阅读绘本《七只瞎老鼠》。

2. 物质准备：音乐《奥尔夫跳舞》片段、PPT。

☞ 活动过程

1. 完整欣赏音乐，初步感知音乐的旋律和节奏。

（1）初次欣赏音乐，幼儿可跟音乐拍打节奏。

提问：听到这段音乐你们感觉怎么样？如果把这段音乐和某个动物联系起来，你想到了谁？会发生什么事情？（引入七只瞎老鼠的故事藏在音乐中）

（2）再次完整欣赏音乐，结合音乐回顾绘本内容。

幼儿听音乐，教师边引导，加上图片和问号，引导幼儿了解音乐表达的内容。

2. 分段欣赏音乐。

幼儿感受音乐表现的不同内容，并用肢体动作大胆表现。

（1）欣赏 A 段音乐，引导幼儿用肢体动作表现小老鼠出门摸物的内容。

幼儿自由创编，关注幼儿大胆的表现，鼓励多种多样的肢体表现形式。

（2）欣赏 B 段音乐，引导幼儿用肢体动作表现问号里的内容。

幼儿自主创编，教师可出示图片提示模型，鼓励多种多样的肢体表现形式。

（3）结合音乐，分段表现音乐。

3. 师幼完整表现音乐。

（1）提升难度：幼儿在表现 B 段音乐中的事物时保持不动。师幼完整表现。

（2）幼儿自主创编小老鼠摸到的事物。

4. 活动自然结束。

（陈佳宾）

（六）"悦读"智力游戏：老鼠摸象

☞ **活动目标**

1. 乐意参与智力游戏，体验老鼠摸象的乐趣。

2. 通过用手触摸，大胆用语言描述物体的特征。

3. 能够遵守游戏规则，学会从别人的描述中进行分析。

☞ **活动准备**

1. 经验准备：幼儿已熟悉绘本《七只瞎老鼠》。

2. 材料准备：神秘的箱子5个、火龙果等。

☞ **活动过程**

1. 欣赏情景，导入活动。

师：七只老鼠的眼睛看不见东西，它们想请小朋友帮它们摸一摸，然后猜一猜这个神秘的箱子里有什么？

2. 了解游戏规则及玩法，体验老鼠摸象的乐趣。

（1）出示神秘箱子，激发幼儿兴趣。

（2）个别幼儿试玩游戏，感受游戏的神秘。

游戏玩法：摸物的幼儿通过用手触摸箱子里的物体，大胆的对物体进行描述，并告诉同伴，让其他幼儿猜一猜。

游戏规则：在游戏过程中，摸物的幼儿不能用眼睛偷看，在描述的过程中不能将物体的名字说出来。

（3）师幼共同游戏2~3次。

3. 分组游戏，教师巡回指导。

（1）幼儿分为五组，每组七人，自主进行游戏。

（2）教师巡回指导。

（3）师幼小结，结束游戏。

（周乐）

☞ "悦读"智力游戏"老鼠摸象"反思

1. 活动开展前的思考

（1）对绘本内容的再思考

在分析绘本的时候，我们通过了解绘本的背景得知，作者把"盲人摸象"的故事作了相当程度的改编，使故事更切合幼儿的生活经验和心理发展，为了让孩子更加真实地了解到盲人摸象的感受、理解绘本内含的道理，我们设计了智力游戏"老鼠摸象"。

（2）对材料准备的思考

为了让幼儿能更积极地参与这个智力游戏，我们在材料上进行大胆的投放。如：火龙果、红毛丹、刷子、沙锤、玩具蛇、带毛的娃娃、超轻泥造型的扇子、石头、核桃等。

2. 活动中幼儿的表现

（1）活动实录

导入环节，教师提问：七只老鼠的眼睛看不见东西，它们想请小朋友帮它们摸一摸、猜一猜，这个神秘的箱子里有什么？出示盒子后，教师用夸张的语气调动幼儿积极性，从而让活动更加充满神秘感。之后教师开始讲解游戏的玩法和规则。

接下来师幼试玩第一次，盒子里装的是火龙果，教师请了第一位小朋友豆豆来摸一摸，豆豆说："摸起来有点刺刺的，感觉有很多的脚。"第二位小朋友依依说："感觉是硬硬的，有点像椭圆形。"这时，幼儿惊讶的表情告诉我，他们已经迫不及待地想要知道答案了。第三个小朋友家伟一上场说："这个东西太奇怪了，摸起来还冰冰的。"幼儿充满着好奇，我对前面几个小朋友说的话进行了梳理，并给出了一点点提示：它是一种水果，必须要剥了皮才能吃的。我的话音刚落，幼儿便积极大胆地举手猜测。最后，肖子钺小朋友站起来大声地说："我觉得是个火龙果吧？"他说完之后，自己还有点不太确定，这时，我邀请肖子钺自己上台验证结果，当幼儿看到拿出来的是火龙果，他们高兴得不停地拍手。

（2）活动中我的发现

①幼儿能积极分析用手触摸到的物体，而且能大胆地描述这个实物，具有一定的分析能力。

②幼儿通过自己的努力获得成功，增加了自豪感。

3. 活动后需要调整和改进的方向

（1）在开展活动时，神秘盒子可以换成更大一点的，方便幼儿操作。

（2）在活动中发现幼儿的兴趣点没有进行更多的猜测，其实教师可以进行追问，引发积极性不高的幼儿也进行思考。可让幼儿在每一个环节中都能得到收获。

（3）在分组操作时，分为六人一组，导致人数太多，有个别小朋友没有进行触摸。可以将六人一组调整为五人一组，每组选择一个组长作为猜测的小朋友，教师适时提醒小朋友们不能直接将实物拿出来。

（周乐）

（七）"悦读"区域游戏：七只瞎老鼠

表 3-4　"悦读"区域游戏：七只瞎老鼠

活动名称	七只瞎老鼠		
设计思路	《七只瞎老鼠》故事内容描述的是七只瞎老鼠在池塘边遇到一个怪东西，谁也不知道那是什么。于是，每一天，不同的老鼠轮流去"观察"，并回来向同伴报告它们的发现，但是每一次的答案都无法令人满意。最后一天，轮到白老鼠去了，他从怪东西的上下左右全跑了一遍，最后才下了一个结论：这个怪东西是一头大象。 幼儿通过参与"七只瞎老鼠"主题系列活动积累了丰富的经验，在此基础上我们设计了本次区域活动。		
区角活动名称	语言区	阅读区	七只瞎老鼠
		讲述区	七只瞎老鼠
	美工区	手工区	可爱的小老鼠
		绘画区	可爱的小老鼠
	益智区	数学区	这是第几只老鼠
		建构区	小老鼠和大象
活动目标	语言区	能自主阅读《七只瞎老鼠》；能够根据图片并结合自身的经验用正确的语言讲述《七只瞎老鼠》的故事，了解食物与健康的关系。	
	美工区	能自主选择合适的材料，通过搓、团、圆、印画、点画、剪纸、撕纸等方式制作或表现老鼠，感受老鼠的外形特点。	
	益智区	能够给七只老鼠按照正确的顺序排序；能够手口一致点数 7 以内的数，感受数学的快乐。	

（续表）

活动准备	语言区	阅读区	《七只瞎老鼠》绘本。
		讲述区	《七只瞎老鼠》绘本操作卡。
	美工区	超轻泥区	彩色超轻泥，小手搓、团圆等图片。
		绘画区	印有小老鼠的半成品，不同形态的小老鼠图片，颜料，瓶盖。
		剪纸区	彩色纸，剪刀，胶棒，印有蔬菜、水果的半成品。
	益智区	数学区	水果实物图卡。
	建构区	建构区	乐高积木、子弹头等建构玩具，老鼠、大象的成品图片。

活动过程	活动导入		1. 师幼共同观察、了解区域活动的内容、材料等。 2. 相互交流：还记得昨天的故事《七只瞎老鼠》吗？小老鼠长什么样？ 3. 根据已有经验，有目的、有计划地选择自己喜欢的区域，进行游戏。
	过程观察与指导要点	语言区	重点关注：幼儿是否能根据教师提供的材料，结合自己的已有经验进行讲述；自主阅读《七只瞎老鼠》。
		美工区	"超轻泥区"重点关注：幼儿能否掌握团、圆的方法，制作小老鼠。 "绘画区"重点关注：幼儿能否掌握手指点画和印画的方法，能用正确的方法表现小老鼠。 "剪纸区"重点关注：幼儿是否了解圆形的特点，会将纸剪或撕成圆形。
		益智区	数学区重点关注：幼儿是否能手口一致点数 7 以内的数，并正确说出总数。 建构区重点关注：幼儿能否根据图片，搭建老鼠和大象。
	分享与交流		1. 提问：你今天玩了什么？你心情怎么样？ 2. 教师拍摄一些幼儿游戏中的照片，并根据班级幼儿游戏情况，适时进行幼幼自评、幼幼互评。 3. 针对中班幼儿的年龄特点，运用提问、展示与分享等方法，让幼儿用各种不一样的方式表现小老鼠。

（吴眯）

第二节　绘本《吃掉黑暗的怪兽》"悦读"主题系列活动

一、绘本介绍

《吃掉黑暗的怪兽》讲述了一位害怕黑暗的小朋友球球和怪兽的故事。球球总觉得在黑黑的夜晚藏着怪兽。果然，在床底下藏着一个怪兽，它最爱吃的就是黑暗。怪兽吃了整个地球的黑暗，只剩下刺眼的光明，世界的秩序也被打乱了。在这个时候，怪兽突然听到球球的哭声，因为地球上没有黑夜了，球球无法入睡。怪兽把球球抱在怀里，球球感觉到很安全，于是才终于睡着。而那些被怪兽吃掉的黑暗趁机释放出来，世界又回归了原来的样子。

［英］乔伊斯·邓巴/文　几米/图　彭倩文/译　出版社：新星出版社

二、绘本价值分析

《吃掉黑暗的怪兽》讲述了一个专吃黑暗的怪兽和一个男孩球球之间的故事。绘本构思巧妙，充满趣味。黑暗，无论是对于幼儿还是成人，都带有一丝神秘和未知的恐惧。绘本中，怪兽吃掉了黑暗，生活中只剩下刺眼的光明，人类和其他动植物的正常生活秩序被打乱，世界全都乱了套。绘本从另一个层面用儿童的口吻和视角告诉我们黑暗也是人们生活所必需的。绘本给我们以新的启示，让我们重新审视黑暗的同时也不再惧怕黑暗。

绘本的画面。绘本封面呈现的是：深夜的房间里，儿童床上有一个男孩正在熟睡，而床下则凌乱地堆放着男孩的各种玩具；在画面的中间，有一只浑身漆黑的小怪兽，与夜晚的黑暗交相呼应。这一切都让人浮想联翩：男孩与玩具之间是不是会发生一些不一样的事情呢？黑暗的小怪兽又会在黑夜里发生什么事情呢？

绘本的文字。绘本中的文字比较简单易理解，风趣可爱。绘本中伴随着每一页不同的事物，都会重复出现小怪兽吃黑暗的画面与文字。这些文字不仅仅是一个个简单的对话，它们更让幼儿加深了对动物角色的理解和记忆。

三、幼儿阅读绘本观察记录

随着幼儿自理能力的提高，部分家庭的父母开始引导幼儿独自入睡，在这个过程中，有的幼儿能够顺利独自入睡，但也有部分幼儿比较胆小，害怕黑暗，不愿意独自一人睡，为了更好地帮助幼儿顺利度过这个阶段，引导幼儿客观认识黑暗，我们将绘本《吃掉黑暗的怪兽》一书投放到班级语言区中，并对幼儿自主阅读的情况进行记录（见表3-5）：

表3-5　幼儿阅读绘本观察记录表

幼儿姓名	幼儿阅读情况观察			
	阅读全书时间	关注点、兴趣点（文字或图片，可以从幼儿阅读停留地方时间长短、神情、交流或讲述的内容判断）	其他阅读行为（比如：是否按顺序读、是否与同伴交流、先看文字还是先看图等）	幼儿阅读中存在的问题
苏钰涵	3分钟	对自己喜欢的画面看得比较仔细认真，停留时间大概为20秒，对于自己不感兴趣的画面停留时间只有2~3秒。	能够按顺序一页一页翻阅，但是对于文字不感兴趣，喜欢看画面。对不喜欢的画面翻阅的速度很快。	

（续表）

王家妮	5分钟	喜欢这一本书，每一页都认真翻阅，尤其最后一个画面，她看的时候笑了起来。	喜欢这个故事，能够根据文字复述故事内容。	以自主阅读为主，没有和同伴的交流。

分析：

1. 孩子们对这个绘本故事画面非常感兴趣，特别是对小怪兽吃黑暗的场景尤其感兴趣。

2. 故事欣赏完后，孩子们对这个怪兽的形象有了不一样的认识：原来爱吃黑暗的怪兽也有可爱的一面。

四、思维导图

在年级组的共同讨论下，教师结合幼儿的兴趣点，预设出以下活动：

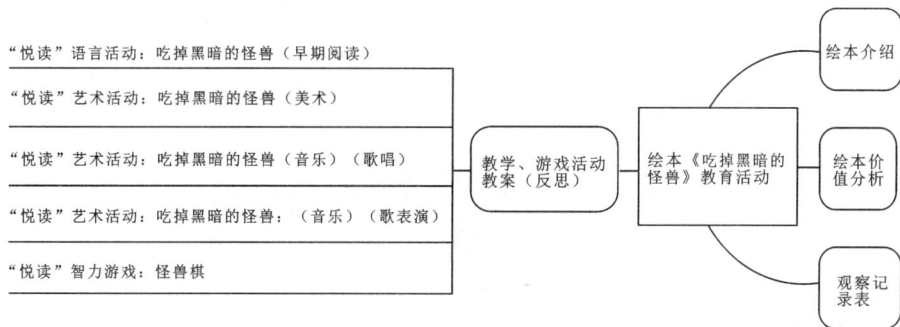

"悦读"语言活动：吃掉黑暗的怪兽（早期阅读）

"悦读"艺术活动：吃掉黑暗的怪兽（美术）

"悦读"艺术活动：吃掉黑暗的怪兽（音乐）（歌唱）

"悦读"艺术活动：吃掉黑暗的怪兽：（音乐）（歌表演）

"悦读"智力游戏：怪兽棋

教学、游戏活动教案（反思）

绘本《吃掉黑暗的怪兽》教育活动

绘本介绍

绘本价值分析

观察记录表

（刘梦池　谭琦云）

五、教学、游戏活动实例

（一）"悦读"语言活动：吃掉黑暗的怪兽（早期阅读）

☞ **活动目标**

1. 减少对黑暗的恐惧，愿意尝试适应黑暗环境。

2. 观察画面内容，在猜猜说说的过程中理解故事内容，增强语言表达能力。

3. 知道黑夜并不可怕，了解黑夜对人和动物的重要性。

☞ **活动准备**

1. 经验准备：幼儿对光明与黑暗有一定的认识。

2. 物质准备：绘本课件，《吃掉黑暗的怪兽》绘本人手 1 本。

☞ **活动过程**

1. 谈话导入，引出活动主题。

（1）教师：你喜欢白天还是黑夜？说说你的理由。

（2）幼儿自由表述，教师视情况回应。

小结：原来很多的小朋友都喜欢白天，今天老师给你们带来一个发生在黑夜的故事。听了这个故事，你们也许有新的想法。

2. 幼儿自主阅读，感知理解画面内容。

（1）教师交代阅读要求。

（2）幼儿自主阅读，教师巡回指导。

（3）提问：你看到书里有哪些内容？你能用自己的话来说一说吗？

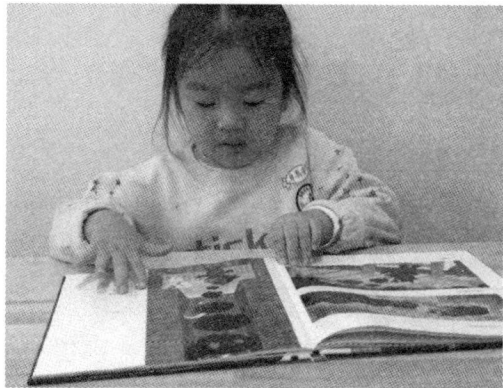

3. 师幼共同阅读，了解黑夜对人和动物的重要性。

（1）阅读 1~6 页。提问：瞧，在这个黑夜里，你看到了什么？小男孩是什么样的表情？你从哪里看出来的？小男孩在害怕什么呢？你觉得怪兽会到哪些地方去找黑暗？

（2）阅读 7~10 页。提问：你觉得怪兽的心情怎么样？你从哪里看出来的？看到这个画面，你有什么感觉？

（3）完整欣赏绘本内容

4. 回归生活，讨论黑夜对人和动物的重要性。

提问：你们知道有哪些动物或植物离不开黑夜？

小结：人和动植物都离不开黑夜，如果没有黑夜，整个世界就会很混乱，很多小动物比如猫头鹰就无法生存了。

（陈佳宾）

☞ **"悦读"语言活动"吃掉黑暗的怪兽"（早期阅读）实施反馈表**

表 3 - 6 　"悦读"语言活动"吃掉黑暗的怪兽"（早期阅读）实施反馈表

活动名称	活动重点	活动初次实施情况		调整后的实施情况	
		活动亮点	实施建议	调整改进	实施效果
语言活动：吃掉黑暗的怪兽	观察画面内容，在猜猜说说的过程中理解故事内容，发展语言表达能力。	1. 在活动内容的选择上，教师考虑到现在中班下学期幼儿所存在的现实问题：害怕黑暗、拒绝与爸妈分床睡觉。 2. 在前期调查了解后，以此为切入点进行活动。 3. 幼儿对怪兽以及黑暗有着极为强烈的好奇心与恐惧感，既渴望接近与了解，但又显示出一定的害怕，旨在通过此次活动让幼儿减少对黑暗的恐惧。	1. 教师在活动实施的过程中发现幼儿的兴趣度与专注力在不断地减少，原因是故事内容过于冗长、繁多，在进行故事内容的感知与理解上，幼儿很难长时间保持较高的专注力。 2. 教师重在幼儿对故事内容的感知与理解上，相对有所忽略幼儿通过故事所带来的情感上的感受与改变，让幼儿减少对黑暗的恐惧。	1. 教师在活动准备上进行了一定的调整，将教具 PPT 的页数进行了一定的删减。 2. 给予幼儿适当讨论的时间，相互表达自己的情感体验，进行一定的语言交流与分享。	1. 幼儿在活动的专注力上有了显著的提高，能够对于活动内容保持较高的兴趣与参与的积极性。 2. 在交流与讨论中逐步引发幼儿的思考，引起幼儿情感上的共鸣，激发幼儿减少对黑暗的恐惧。

☞ **"悦读"语言活动"吃掉黑暗的怪兽"（早期阅读）反思**

1. 活动开展前的思考

（1）对绘本内容的再思考

绘本《吃掉黑暗的怪兽》画面细腻温馨，故事生动而富有创意，讲述了一个专吃黑暗的怪兽和一个名叫球球的男孩之间的故事。怪兽因为饥饿吃掉了地球上所有的黑暗，最终只能寂寞地坐在一个没有黑暗的星球上，却听到了来自球球的哭声。怪兽不顾自己庞大的身躯给予球球温暖与爱，重新让自己与世界回归美好。活动的目的在于通过绘本内容的学习，让幼儿不再惧怕黑暗，并感受世界的美好。

（2）对材料准备的思考

《吃掉黑暗的怪兽》绘本画面色彩鲜明，浓墨重彩，风格鲜明。教师选择将绘本画面内容制作成PPT，以其独特的画面吸引幼儿的注意力，帮助幼儿对绘本内容进行感知与理解。

（3）对幼儿现有年龄阶段的思考

中班下学期幼儿在自主与独立上的发展水平较之前有了显著的提升，教师可以适当引导幼儿摆脱对父母、家长的依恋，尝试独立入睡或分房睡。而在活动前，教师在对本班幼儿独立睡觉情况的统计中发现，全班36个幼儿只有七个幼儿是分床睡的，绝大多数幼儿表示自己需要陪睡的原因是怕黑。针对本班幼儿需要达成的目标以及班级现有状况进行分析，我选择用《吃掉黑暗的怪兽》绘本开展一次语言活动教学。

2. 活动中孩子的表现

（1）活动实录

活动开始前，当教师提问："你们喜欢黑暗吗？为什么？"幼儿大多回答"不喜欢"，因为黑暗会使他们产生一种恐惧感。在了解并熟悉绘本内容后，教师再一次提问："你们喜欢黑暗吗？为什么？"部分幼儿的回答产生了变化，会说"我喜欢黑暗，因为许多动物、植物也需要黑暗，我们人类也需要黑暗"。由此可看出，幼儿在活动后，对于黑暗的看法产生了一定的变化，变得不那么惧怕黑暗。

（2）活动中我的发现

幼儿对于怪兽有着与生俱来的好奇心与极大的兴趣。活动伊始，幼儿的注意力便被绘本内容牢牢地抓住，同时黑暗对于幼儿来说本身也是极为神秘、极具探索性的事物，所以幼儿对于绘本故事以及活动都有着极强的兴趣。在活动中，大部分幼儿对于黑暗都是惧怕的，只有少数幼儿能战胜黑暗、接受黑暗。为了帮助幼儿克服惧怕黑暗的心理，教师需要更加专注于对怪兽、球球与黑暗的关系上，帮助幼儿了解到黑暗对于动植物的作用，让幼儿不再惧怕黑暗。

3. 活动后需要调整和改进的方向

绘本故事内容较长，PPT制作包含15页，由于内容过于繁多，影响幼儿对于活动本身的专注力与兴趣。在教师完整讲述故事内容时，有部分幼儿已经表现出不耐烦、注意力转移的情况。所以，教师在活动准备上应该对绘本内容进行一定的删减，既保持故事的完整性，又能体现其趣味性，还能保证故事内容的适宜性。

幼儿在活动结束后能够对绘本的故事内容有大致的感知与理解，能够跟随绘本画面信息较清晰地讲述故事的大概内容，较好地达成幼儿对绘本内容的熟悉与了解。但在绘本情感的感受与体验上存在一定的限制，教师在活动的设计上并未对绘本中怪兽与孩子球球的心理变化进行一定的阐述，了解其情绪的发展变化，从而对黑暗产生不惧怕的心理。所以，教师在活动的设计上可以增加幼儿对怪兽、球球心理发展变化的提问，帮助幼儿感受其情绪变化。

通过集体教学活动的开展，幼儿初步了解了动物的生活习性及生存环境。在活动结束后，我也对本次教学活动进行了反思，有以下几点不足：

（1）PPT中准备的夜间出行的动物种类不够丰富，没有充分满足幼儿的求知欲。

（2）活动中幼儿操作体验的机会太少。

（陈佳宾）

（二）"悦读"艺术活动：吃掉黑暗的怪兽（美术）

☞ **活动目标**

1. 积极发挥想象力，对黑夜中的事物产生创作兴趣。

2. 尝试利用多种材料创作黑夜中的事物，感受明暗对比。

3. 积极与同伴分享自己的作品，并尝试将画面内容编进故事。

☞ **活动准备**

1. 经验准备：幼儿已阅读绘本《吃掉黑暗的怪兽》，熟悉故事情节。

2. 物质准备：大的怪兽背景一张，超轻泥、亮色水彩颜料、吸管、亮晶晶的珠子、刮花纸、纽扣、胶水等。

☞ **活动过程**

1. 回顾《吃掉黑暗的怪兽》绘本情节，进一步了解黑暗中的事物。

提问：有哪些事物是出现在黑暗里的？这些黑暗都被吃到哪里去了？

2. 观看图片，自主讨论怪兽还会吃掉哪里的黑暗。

（1）观看黑暗中事物的图片，感受明暗对比。

师：这些黑暗中的事物是什么样子的？色彩有什么特点？还有什么是出现在黑暗中的？

（2）幼儿自主讨论如何利用不同材料表现黑暗中的事物。

师：怪兽吃掉的是哪里的黑暗呢？你想用什么材料来进行创作？

3. 出示制作材料，幼儿自主选择进行创作。

（1）熟悉提供的材料，幼儿感知创作方式。

（2）自主分组选择材料进行创作，教师巡回指导。

4. 作品分享，师幼互评。

（1）与同伴互相说一说自己的作品，尝试将作品内容编入故事中。

师：你的小怪兽吃掉的是哪里的黑暗？

（2）作品展现，幼儿集体欣赏，请个别幼儿进行介绍。

5. 活动结束，收整材料。

（刘慕殷）

（三）"悦读"艺术活动：吃掉黑暗的怪兽（音乐）

☞ **活动目标**

1. 乐于欣赏歌曲，能理解歌曲内容。

2. 愿意用肢体表现出怪兽吃掉黑暗的动作，体验与同伴边唱边跳的乐趣。

3. 尝试按原歌词的格式和内容创编新歌词。

☞ **活动准备**

1. 经验准备：幼儿已熟悉《吃掉黑暗的怪兽》故事内容。

2. 物质准备：绘本课件，歌曲《吃掉黑暗的怪兽》音乐伴奏，图谱。

☞ **活动过程**

1. 回顾绘本故事，了解怪兽吃黑暗的场景。

（1）提问：你们记得故事中怪兽分别在哪些地方吃掉黑暗了吗？

（2）回顾《吃掉黑暗的怪兽》绘本内容。

2. 欣赏并学唱歌曲《吃掉黑暗的怪兽》。

（1）教师声情并茂地范唱歌曲。

（2）提问：歌里唱了什么？怪兽为什么要吃黑暗？歌曲中怪兽是在哪个地方吃黑暗的？它是怎么吃的？

3. 幼儿边看图，边听教师完整范唱歌曲。

（1）出示相应图谱，引导幼儿用动作表现歌曲内容，再次演唱歌曲。

提问：我们应该用什么样的声音和什么样的动作来演唱歌曲呢？

（2）教师根据图片演唱歌曲，并请幼儿表演。

小结：这首歌的名字就叫《吃掉黑暗的怪兽》，我们在演唱的时候嘴巴要张得圆圆的，还可以配上好看的动作，这样我们的声音才好听，我们再来唱一唱吧！

4. 迁移经验，创编新歌词。

（1）幼儿迁移经验，说出怪兽还在哪些地方吃黑暗？故事中用了什么动词？编进歌曲里唱一唱。

（2）请幼儿将自己编的歌词唱出来，大家跟着学唱。

（3）用新编的歌词进行领唱、齐唱。

5. 活动结束，鼓励幼儿回家将歌曲唱给爸爸妈妈听。

【附】歌曲

吃掉黑暗的怪兽

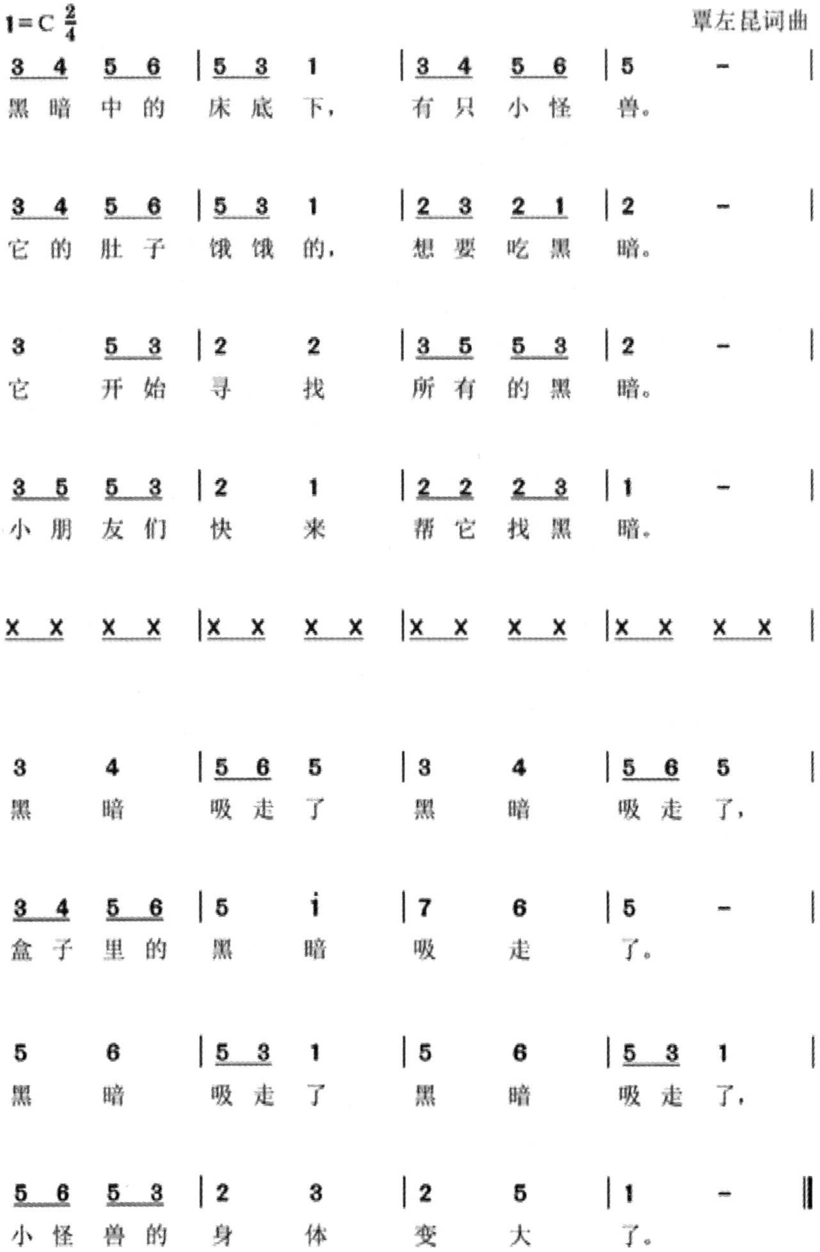

1=C 2/4

| 3 4 5 6 | 5 3 1 | 3 4 5 6 | 5 — |
黑 暗 中 的 床 底 下， 有 只 小 怪 兽。

| 3 4 5 6 | 5 3 1 | 2 3 2 1 | 2 — |
它 的 肚 子 饿 饿 的， 想 要 吃 黑 暗。

| 3 5 3 | 2 2 | 3 5 5 3 | 2 — |
它 开 始 寻 找 所 有 的 黑 暗。

| 3 5 5 3 | 2 1 | 2 2 2 3 | 1 — |
小 朋 友 们 快 来 帮 它 找 黑 暗。

| X X X X | X X X X | X X X X | X X X X |

| 3 4 | 5 6 5 | 3 4 | 5 6 5 |
黑 暗 吸 走 了 黑 暗 吸 走 了，

| 3 4 5 6 | 5 i | 7 6 | 5 — |
盒 子 里 的 黑 暗 吸 走 了。

| 5 6 | 5 3 1 | 5 6 | 5 3 1 |
黑 暗 吸 走 了 黑 暗 吸 走 了，

| 5 6 5 3 | 2 3 | 2 5 | 1 — |
小 怪 兽 的 身 体 变 大 了。

（覃左昆）

☞ **"悦读"艺术活动"吃掉黑暗的怪兽"（音乐）反思**

1. 活动开展前的思考

（1）对绘本内容的再思考

通过绘本学习，幼儿对绘本中小怪兽"吃掉"黑暗的本领非常感兴趣，并且很喜爱这只善良的小怪兽。于是，教师提取绘本故事的内容谱写歌词，设计了这个关于小怪兽"吃掉"黑暗的音乐活动。

（2）对材料准备的思考

在音乐的选择上，教师们一致决定创作新的歌曲，歌词则可以直接从绘本内容上延伸出来。一是能够更好地结合绘本开展活动，也能培养幼儿的创编能力；二是利用音乐进行游戏能够激发幼儿参与游戏的兴趣。

（3）对幼儿现有年龄阶段的思考

中班下学期的幼儿，喜欢唱歌和表演，并对故事中的怪兽非常感兴趣，所以我们选择《吃掉黑暗的怪兽》这个绘本，开展了音乐歌唱活动。这既符合《指南》中对于中班下学期幼儿"经常唱唱跳跳，愿意参与歌唱活动"的目标，也符合当前我们班孩子艺术表现和创造的最近发展区。

2. 活动中孩子的表现

（1）活动实录

在导入环节，我采用提问：你们记得故事中怪兽分别在哪些地方吃掉黑暗了吗？请你们相互说一说。目的是引导幼儿回顾与了解怪兽吃黑暗的场景，激发幼儿的兴趣。通过第一遍欣赏歌曲，并提问，让幼儿了解歌词内容。随后出示相应图片，引导幼儿用动作表现歌曲内容，再次演唱歌曲。最后结合图片和动作，共同演唱歌曲。让幼儿熟悉歌曲后，教师引导幼儿迁移经验，说出怪兽还在哪些地方吃黑暗，并且故事中用了什么动词，把这些内容编进歌曲里唱一唱，并学会用领唱、齐唱的形式进行歌曲表演。

（2）活动中我的发现

①孩子们参与唱歌活动的积极性很高。

②幼儿表演的欲望很强烈，由于孩子们都想表演，所以今天我们班的每一个孩子都上台进行了表演。

3. 活动后需要调整和改进的方向

（1）在幼儿熟悉歌曲后，教师鼓励幼儿结合故事内容仿编歌曲。

（2）利用视、听、动多渠道进行学习，让幼儿开阔眼界。

（3）设置故事中怪兽吃黑暗的不同的场景。

（覃左昆）

（四）"悦读"艺术活动：吃掉黑暗的怪兽（音乐）

☞ **活动目标**

1. 理解歌词内容，熟悉歌曲，能用好听而自然的声音初步学唱。

2. 能够根据歌曲创编简单的肢体动作进行歌表演。

3. 体验和同伴一起游戏的快乐。

☞ **活动准备**

1. 经验准备：幼儿已阅读绘本《吃掉黑暗的怪兽》。

2. 物质准备：音乐《吃掉黑暗的怪兽》、图片、歌曲。

☞ **活动过程**

1. 跟随音乐小声合唱，回忆歌词内容。

出示图片，帮助幼儿回忆歌词内容。

教师：还记得这个故事吗？还记得这首歌怎么唱吗？

2. 欣赏歌曲并回忆基本图片，激发创编兴趣。

（1）出示基本图片，引导幼儿创编。

提问：你在歌曲里听到了什么？你猜一猜它是怎样做的？

（2）幼儿再次欣赏歌曲，继续创编动作。

提问：除了小怪兽长大肚子饿，你还听到了什么，如果你是小怪兽会怎么做？

3. 根据歌曲内容自主创编肢体动作，进行大胆表演。

（1）跟随音乐自主表演创编动作。

教师：刚才每个小朋友都创编了不一样的动作，让我们跟着音乐表演吧。

（2）请个别幼儿上台展示自己的动作。

（3）师幼共同评价。

（谭琦云）

（五）"悦读"智力游戏：怪兽棋

☞ **活动目标**

1. 与同伴共同体验游戏的乐趣，根据游戏规则迅速反应。

2. 理解游戏玩法及规则，能自主商量获胜奖励、失败惩罚。

☞ **活动准备**

1. 经验准备：幼儿已阅读绘本《吃掉黑暗的怪兽》。

2. 物质准备：怪兽棋；自制骰子自编 1~6 数字。

☞ **活动过程**

1. 创设游戏语境，激发幼儿游戏兴趣。

（1）师幼谈话，唤醒幼儿对绘本的记忆。

（2）师：你还记得《吃掉黑暗的怪兽》这个绘本吗？故事里的小怪兽喜欢吃什么？今天我们一起和它去吃掉黑暗，会发生什么故事呢？

2. 教师交代游戏玩法及规则。

游戏玩法：幼儿 2 人一组，使用自制标有数字和图案的骰子，投掷至图案对应的数字，从怪兽棋起点出发对应步数，当停留在星星格则往前再走一步，当停留在月亮格则往前再走三步，当停留在太阳格则往后退二步，当停留在空白格则轮换另一位幼儿投掷，最先到达终点的幼儿获胜，对方失败。

游戏规则：必须根据投掷的图案点数行走，并按停留格获取相应任务。幼儿轮流投掷。

3. 幼儿自主找朋友，尝试怪兽棋的玩法。

4. 幼儿自由结伴进行分组，教师观察指导。

指导要点：检验幼儿游戏情况，及时小结游戏情况。

（陈佳宾）

☞ "悦读"智力游戏"怪兽棋"反思

1. 活动开展前的思考

（1）对绘本内容的再思考

幼儿总是害怕黑暗，总觉得黑暗的地方会有一只凶猛的怪兽，为了减少幼儿对黑暗的恐惧，变得更加勇敢，教师选取绘本中小怪兽的形象，以"吸黑暗"的故事情节为线索，创设了智力游戏"怪兽棋"。

（2）对材料准备的思考

为了融合绘本内容，方便回忆故事情节，我将怪兽棋放至进了怪兽肚中，更能激发幼儿的兴趣。

（3）对幼儿现有年龄阶段的思考

对于中班下学期的孩子来说，太过简单的绘本已经不能满足他们的阅读需求，《吃掉黑暗的怪兽》这一绘本故事情节饱满，故事内容不仅有趣且富有想象力，故事中也蕴含着许多道理。孩子们不仅仅是读到了一个有趣的绘本故事，而且还需要思考故事背后所包含的意义。这对他们来说既是一个挑战，也是一种阅读的乐趣。

2. 活动中孩子的表现

（1）活动实录

在引导幼儿回忆《吃掉黑暗的怪兽》中的经典片段时，幼儿能够立马说出这些片段的内容，如：小怪兽吃掉了床底下的黑暗，然后吃掉了烟囱里、阁楼上的黑暗……最后小怪兽吃掉了狐狸窝、山洞里的黑暗……

教师在引导幼儿观察小怪兽的外形时，幼儿能够清楚地说出小怪兽的外貌特征。如"它有着大大的脑袋，全身都是黑色的；它的脑袋上有一个尖尖的角；它的牙齿很锋利，因为是尖尖的；它的眼睛很大，眼睛下面还有一个红红的鼻子；它有着尖尖的爪子、短短的手臂和粗粗的腿"。幼儿把小怪兽的样子描述得淋漓尽致，在他们观察和讲述的过程中，我相信小怪兽已经牢牢地刻在了他们的脑海里。

　　活动中引入怪兽棋的挑战，能立即激发幼儿的积极性。有了前期的经验准备，幼儿对游戏玩法及游戏规则能够快速理解，并与同伴合作游戏。

　　（2）活动中我的发现

　　①幼儿对小怪兽棋的模板很感兴趣。

　　②幼儿能够根据骰子的数字来行走。

　　③幼儿能理解游戏情境及游戏规则，遵守游戏规则。

　　3. 活动后需要调整和改进的方向

　　（1）还可以提供无星星、月亮、太阳的怪兽棋给经验较欠缺的幼儿。

　　（2）练习时要提醒幼儿一格一格地行走，不可一次行走多格。

　　（3）在活动中要关注并引导幼儿合作，培养幼儿合作意识。

（陈佳宾）

第三节　绘本《月亮的味道》"悦读"主题系列活动

一、绘本介绍

　　"月亮，是什么味道呢？真想尝一小口啊！"夜里，动物们望着月亮，总是这么想。可是，不管怎么伸长了脖子，伸长了手，伸长了腿，也够不着月亮。一群小动物们采用"叠罗汉"的方式搭起了天梯，一点一点向月亮靠近……天梯每增高一节，月亮就会跳高一点。最终小动物们有没有吃到月亮呢？由于月亮的疏忽和大意，最顶端的小老鼠成功地够到了月亮，动物们如愿以偿地品尝到了月亮的美味，最后满意地睡着了。这时一条小鱼出乎意料地走进了故事，它在说出自己疑问的同时也把无数小读者引进了未完的思考中……

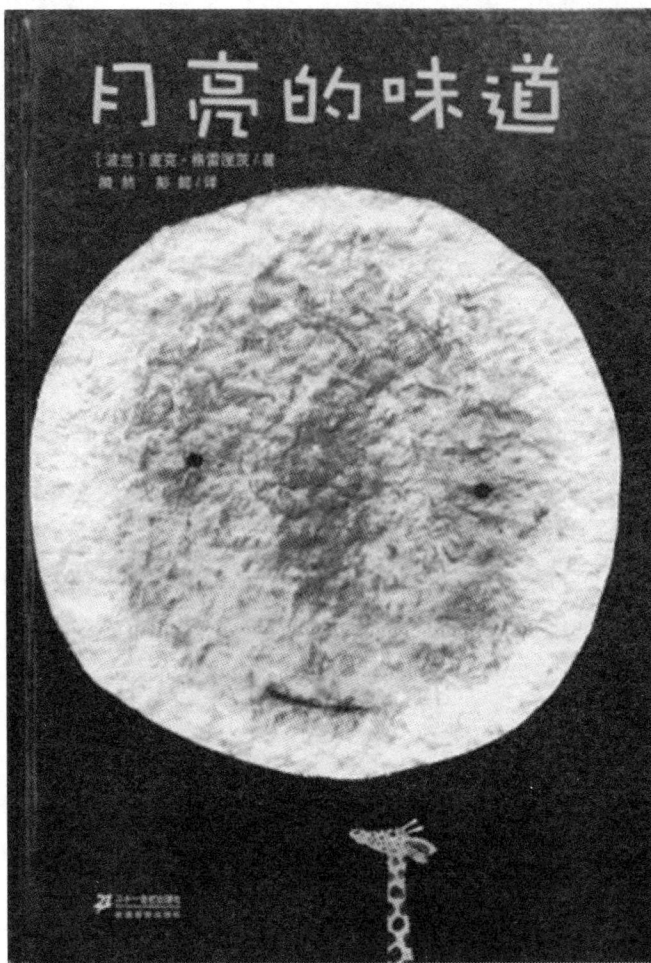

[波兰] 麦克·格雷涅茨/文　漪然　彭懿译　二十一世纪出版社

二、绘本价值分析

绘本《月亮的味道》是一本充满了童趣的书，它既"好吃"又好玩，既动手又动脑，能培养幼儿的观察力与想象力。读者在阅读时心里会有无限猜想：月亮到底是什么味道的呢？画面中的小动物们心中也有无限疑问，于是在小海龟的带领下，动物们开始了探索月亮味道的道路，探索的道路充满层层阻碍，但是小动物们并没有因此放弃，而是想尽一切办法，召唤了不少的小伙伴来帮忙，最后成功地品尝了月亮的味道。如果说想尝到月亮的味道是这群小动物的目标的话，那么他最终取得的胜利则是他们团结协作而得来的，所以可以从团结力量大这个点出发设计活动，让幼儿明白团队及合作的力量。小动物们这种团结协作、齐心协力、不放弃的精神也可以在无形中传递给幼儿，同时又让幼儿在故事中学会分享，体会团结协作、辛劳付出之后所得到的回报。

绘本的画面。封面就是一个很可爱的圆圆的月亮的脸，铜版纸的材质，反射着光，让人有种很想摸一摸的感觉。绘本以夜色为背景，凹凸不平的画面，色调比较厚重但版面很干净，除了主要人物形象以及夜色并无其他多余的杂物；绘本中的动物形象生动且幼儿也较为熟悉，而月亮的形象则比较拟人化；画面中动物们的每一次叠加，并不是简单地重现；每个动物，每一次变化都用不同的方向、不同的角度在释放着他们的力量，一起向上支撑着；随着动物们的不断叠加，月亮的表情也在跟随着变化；每一幅画面也都展现出无尽的细节，最后的结尾突兀而有趣，让幼儿有无限遐想的空间。

绘本的文字。绘本中的文字比较简单易理解，风趣可爱。伴随着每一页不同的动物出现，都会重复出现这个句式："×× ××，你快爬到我背上来，说不定就能够到月亮了。"这不仅仅是一个简单的对话，同样也让幼儿加深了对动物角色的记忆。

三、幼儿阅读绘本观察记录

在本月班级绘本更新过程中，我们投放了一本《月亮的味道》，班级的幼儿阅读后都纷纷说：这本书太有意思了！显然，幼儿对这本绘本很感兴趣，于是，教师将幼儿自主阅读的情况记录在表格中（见表 3 - 7），便于后续开展活动。

表 3-7 幼儿阅读绘本《月亮的味道》观察记录表

幼儿姓名	阅读全书时间	关注点、兴趣点（文字或图片，可以从幼儿阅读停留地方时间长短、神情、交流或讲述的内容判断）	其他阅读行为（比如：是否按顺序读、是否与同伴交流、先看文字还是先看图等）	幼儿阅读中存在的问题
		幼儿阅读情况观察		
毛梓嫣	2分钟	停留在图片中动物们都爬上大象身体够月亮这一页，停留观察了1分钟。	按顺序一页一页浏览图片，认识其中某些文字，边浏览边口中说着故事中的内容：猴子快来，到我背上来吧……狐狸快来，到我背上来我们摘月亮……小老鼠够了好久的月亮终于够到了……我追问："他们尝到月亮了吗？月亮是什么味道的呢？"幼儿回答："应该是甜的吧……"	"月亮是甜的"有可能是幼儿的经验，有可能是听过这个故事，对故事的内容还不太理解，不能理解小动物们通过合作来尝到月亮的味道。
李浩达	5分钟	月亮为什么从圆圆的变成弯弯的。	一页一页翻，中间跳过了1~2页。看到后面小动物们够到月亮后，月亮变成弯弯的了，他说："为什么月亮变成这样了？是不是刚才那个月亮？"	基本读懂了故事意思，但是对于小动物们是否把月亮咬弯了还不明白。
周嘉琪	10分钟	为什么月亮到了小河里。	随意翻阅，但是关注点在最后一页，并与同伴交流有关，水中的月亮倒影的内容。"水里的月亮在对着小鱼笑呢！"另一名幼儿说："这是倒影吧！"两名幼儿互相嬉笑着说着这个有趣的地方。	没有一页一页观察每一幅图片，而是选择自己最感兴趣的那一页。

分析：

1. 幼儿对本书有一定的兴趣，有些观察得不够仔细，不能理解小动物们是通过协作来吃到月亮的，基本不会读文字，图文联系不紧密。

2. 关键词：开心、协作、帮忙、月亮的变化、倒影。

四、思维导图

经过观察与讨论，教师结合幼儿兴趣点，预设出以下活动：

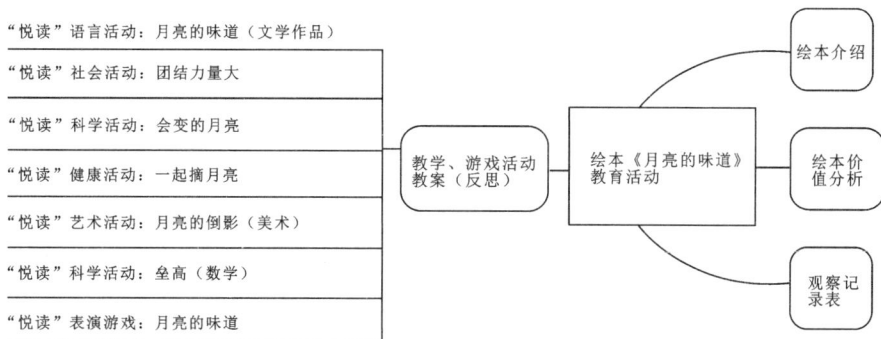

（刘梦池　郑亚妮）

五、教学、游戏活动实例

（一）"悦读"语言活动：月亮的味道（文学作品）

☞ **活动目标**

1. 乐于欣赏故事内容，感受与同伴合作共同完成一件事情的快乐。

2. 理解小动物们是通过合作来尝到月亮的味道，学习短句"xx，跳到我背上，说不定就能够到月亮"。

3. 勇于大胆尝试和同伴一起表演故事内容。

☞ **活动准备**

1. 经验准备：有和同伴一起合作表演故事的经验。

2. 物质准备：教学PPT、背景音乐、月亮及小动物图片、月饼。

☞ **活动过程**

1. 用月亮图片导入，引出故事内容。

提问：这是什么？什么时候会看到它？看到它你会想做什么？

2. 完整欣赏故事，理解小动物们是通过合作来尝到月亮的味道。

（1）带着问题，认真倾听教学课件：故事中有谁？它们做了一件什么事情？成功了吗？它们是怎么做到的？

（2）播放教学课件，幼儿安静欣赏。

（3）教师通过提问帮助幼儿回忆故事情节。

3. 再次欣赏故事，学说故事中的短句"××，跳到我背上，说不定就能够到月亮"，完整讲述故事。

（1）提问：这么多小动物，是谁第一个爬到最高的山上，要去摸一摸月亮？他叫来了谁？他是怎么对朋友说的？月亮怎么做的？

（2）教师通过示范、分组、分角色等策略，激发幼儿学说故事中的短句"××，跳到我背上，说不定就能够到月亮"的兴致，引导幼儿完整讲述故事。

4. 表演故事，尝试表演故事中的情节。

（1）自主选择角色，尝试表演故事。

提问：有没有人愿意当小动物也来尝尝月亮的味道？你想选择哪个角色？

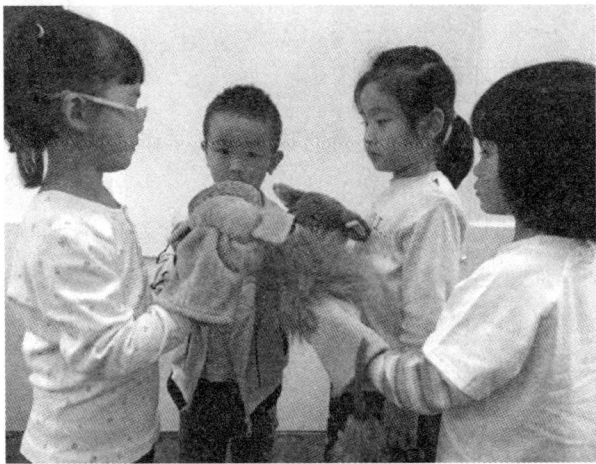

（2）师幼共同表演。

（谭琦）

☞ "悦读"语言活动"月亮的味道"（文学作品）反思

1. **活动开展前的思考**

（1）对绘本内容的再思考

《月亮的味道》是作者麦克·格雷涅茨先生的一册经典绘本，讲述了一群小动物与月亮之间的故事，动物们想尝月亮的味道，月亮是什么味道的？甜的？咸的？吊足了幼儿阅读的兴趣！符合中班幼儿的年龄特点和独特思维方式，使幼儿感觉到熟悉而奇特、新颖而有趣。《月亮的味道》有两个幼儿阅读想象的亮点：一个是吃，一个是玩。格雷涅茨笔下的月亮，画得特别"好吃"，凹凸不平的像"薄饼"的月亮，谁看了谁都禁不住想摸一把、咬一口，难怪那么多动物都想尝尝月亮是什么味道的。这本书也特别好玩。为了够到月亮，动物们想办法齐心协力一个叠一个，搭起了天梯，随着书本一页一页地翻过，由于月亮的疏忽和大意，最顶端的小老鼠成功地够到了月亮，动物们如愿以偿地品尝到了月亮的美味，最后满意地睡着了。故事本该就此结束，偏偏这时一条小鱼出乎意料地走进了故事，小鱼的疑惑感给幼儿留下了无尽的猜测。

（2）对材料准备的思考

幼儿对于色彩鲜艳的图画肯定非常感兴趣，为了加深幼儿对绘本的理解，我使用了PPT形式展现绘本。

（3）对幼儿现有年龄阶段的思考

考虑到中班幼儿不仅喜欢模仿并且能够自己创编动作与语言的特点，此次活动通过扮演绘本中的动物角色进行对话，不仅能增强幼儿的自信心，还能帮助幼儿提高语言表达能力。

2. 活动中幼儿的表现

（1）活动实录

我在导入环节问幼儿："你们知道月亮是什么味道的吗？是甜的还是咸的呢？"有的幼儿会说："月亮是没有味道的。"有的会说："月亮是甜的。"他们对这个没有答案的问题很好奇，老师抓住他们的好奇心导入故事，以神秘的口气对他们说："在森林里有一群小动物也想知道月亮是什么味道的，所以他们决定去尝一尝，我们一起来听一听，他们觉得月亮是什么味道的。"这个故事本身就很有意思，幼儿这么一听就更想要知道月亮的味道，也就会安静地倾听故事。第二次听故事时我结合了PPT进行讲述，有了图片，幼儿能更加清晰地了解这个故事中的人物和情节，PPT中还结合了老鼠摘下一小片月亮的声音，幼儿对这个声音很是惊奇，他们似乎觉得很神奇，月亮就这样被撕下了一小块。

（2）活动中我的发现

①幼儿对摘月亮这种新奇的方式特别喜欢，所以对今天的活动很感兴

趣，活动中积极性很高。

②在"够"月亮的过程中，小动物们"叠罗汉"的执着和合作精神对幼儿来说具有积极的教育意义。

中班的幼儿大多都知道天上的月亮是不可能吃到的，但他们又相信故事中的小动物们确确实实吃到了月亮，这就是童话故事的奇思妙想带给幼儿的无限乐趣。在这次教学活动中，我把握故事的主旨，力求让幼儿体验故事的情趣。

3. 活动后需要调整和改进的方向

（1）在逐页讲解绘本环节，教师讲解过程较长，幼儿虽能更好地理解故事内容，但过多的讲解限制了幼儿的想象及表达的欲望。

（2）挖掘作品的内涵不够，只关注到小动物在探索月亮的味道过程中的不同心理变化，而忽略了月亮本身对小动物们不同举动内心的感受。阅读绘本所给予的不仅是视觉的享受，更多的是细节的领悟和心灵的体会。

（3）不能较好地引导幼儿去欣赏这个故事所要表达的一种情感。

（4）在语言组织方面，引导幼儿欣赏时语言太过于死板，灵活性不够。

（5）故事的欣赏少了教师小结和幼儿表达的机会，这样就成了幼儿单纯地听故事，少了语言交流的机会。要避免语言表达的局限性，多给幼儿表达、表现的机会，这样才能有与幼儿互动的机会。

（谭琦）

（二）"悦读"社会活动：团结力量大

☞ **活动目标**

1. 欣赏故事，理解故事内容，懂得团结力量大的道理。

2. 通过参与"身体力量大"和"集体智慧力量大"的游戏，体验团结互助的成功与喜悦。

3. 感受团队的力量，逐步养成团结互助的精神。

☞ **活动准备**

1. 经验准备：幼儿有过合作的经验。

2. 物质准备：PPT《团结力量大》；绳子。

☞ **活动过程**

1. 绘本故事导入，懂得团结就是力量的道理。

欣赏绘本前半部分。

提问：小海龟遇到了什么问题？它是怎么做的呢？

小结：小动物们互相团结合作，终于尝到了天上月亮的"味道"，这就是团结的力量。

2. 游戏：身体力量大，感受团结的力量。

（1）第一次拔河，一名幼儿与老师拔河。

（2）第二次拔河，将所有幼儿分为两组与老师拔河，感受团队的力量。

提问：第一次拔河谁的力量大？第二次谁赢了？为什么你们会赢？

小结：一个人的力量很小，当你们都来帮助他时力量就变得很大，所以很快战胜了我。因此当我们遇到困难的时候一定要互相团结、互相帮助。

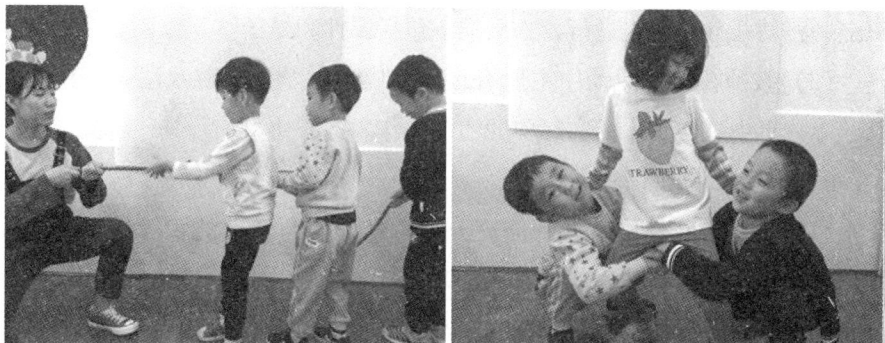

3. 游戏：搭轿子，体验团结协作共同完成任务的快乐。

（1）了解游戏玩法与规则。

玩法：3人为1组，其中2个人双手交叉抓握手腕处，另外1名幼儿坐在"轿子"上。看看谁的"轿子"搭得最久。

（2）第一次游戏，重点熟悉游戏规则。

教师帮助 2~3 组幼儿进行示范搭轿子。

提问：刚才游戏中我们发现了什么问题？怎么解决？

（3）第二次游戏，运用刚刚想到的方法尝试进行游戏。

小结：团结力量大不仅体现在身体力量上，还体现在智慧上。一个人想出的办法有限，大家团结一心就可以想出很多的办法。

4. 欣赏图片，迁移经验。

（1）结合生活经验，大胆表达自己的想法。

提问：生活中什么事情需要大家一起合作，事情才能做得又快又省力呢？

（2）欣赏图片，了解周围生活中能体现团结的图片。

（雷曼妮）

☞ "悦读"社会活动"团结就是力量"反思

1. 活动开展前的思考

（1）故事中的小动物们为了吃到那美味的月亮可谓不惜一切代价，在"够"月亮的过程当中，小动物们"叠罗汉"的执着和合作精神令人感动，故事中的小动物们那"坚韧不拔""坚持到底"的精神对幼儿来说具有积极的教育意义。

（2）教师在材料的准备上主要是场地的准备，因为教室场地有限，所以老师将幼儿分成两组进行，物质准备包括课件和绳子。

（3）教师在这个活动中主要有运用多媒体教学法、游戏法等，让幼儿从绘本故事中延伸到生活实际中的团结协作、齐心协力。

2. 活动中幼儿的表现

（1）活动游戏性强，教师能充分调动幼儿参与活动的积极性。通过拔河游戏和搭轿子游戏，在游戏中幼儿能够一起想办法去解决问题，从身体和智慧两个方面，幼儿充分感受到团结力量大的道理。

（2）幼儿对拔河这个活动很感兴趣，特别是对挑战老师与老师进行比赛表现出了很强的参与度和积极性，连平时比较内敛的幼儿都举手上来参加。通过幼儿与老师的比赛，让幼儿建立了集体的意识。

（3）教师在每个环节的重点提问一定要把握好，在回应幼儿的追问时也要引导幼儿紧扣活动重点说。

3. 活动反思

（1）在搭轿子活动中，隐藏的危险比较大，幼儿没有头绪，也没有合作搭轿子的经验，许多幼儿由于用力不均或者方法错误，导致部分小朋友摔倒在地，有些甚至会头着地，因此，在集体游戏前，建议老师组织2~3组幼儿进行尝试体验，再提出问题，小结游戏的正确方法，当幼儿有了一定的经验之后，再全体合作游戏。

（2）情境的设置应当加强，将园本课程的故事首尾呼应，才能更好地与绘本相结合。

（3）在教师进行梳理小结时，应该要结合绘本中的情节来进行总结，这样会使绘本贯穿于整个活动，也能更好地体现出园本课程的意义。

（谭琦云）

（三）"悦读"科学活动：会变的月亮

☞ **活动目标**

1. 对生活中的自然现象感兴趣，能关注月亮的变化。

2. 通过观察及儿歌的学习，知道月亮是不断变化的，初步感知月亮的变化规律。

3. 能积极分组合作，思考月亮在不同时期的样子，并在集体前进行演示。

☞ **活动准备**

1. 经验准备：对月亮有一定的认识，

2. 物质准备：月亮变化的视频，PPT，月相图片。

☞ **活动过程**

1. 通过看一看、画一画，知道生活中月亮的基本特征。

观察月亮的图片，说一说自己认识的月亮是什么样子的？

提问：这是什么？你知道他有什么特点？

2. 观看视频，进一步了解月亮是不断变化的。

（1）在视频中进一步丰富对于月亮的了解。

（2）学习儿歌，理解儿歌内容，初步感知月亮的变化规律。

提问：有一首儿歌把月亮的变化说得很好听。我们一起来听听，听完后说说你听到了什么呢？

（3）教师根据幼儿的回答一一出示图片，及时帮助幼儿梳理，巩固月亮变化规律方面的知识。

3. 游戏活动"月亮变一变"，加深对于月亮变化的理解。

（1）幼儿自主分成六人一组。

（2）听教师的指令摆出月亮相应的形状，看哪一组又快又准确。

4. 师幼小结，结束活动。

儿歌：初一看，一条线。初二看，眉毛弯。初五六，挂眼帘。初七八，像小船。初九十，切半圆。十五六，像玉盘。

（李芳菲）

☞ "悦读"科学活动"会变的月亮"反思

1. 活动开展前的思考

幼儿有一颗好奇心，很多事情都会吸引他们去探索。教师对其应该给予肯定和鼓励，并向幼儿学习。科学活动《会变的月亮》，主要是让幼儿认识月亮形状变化的规律，知道自然界中的事物会发生变化。幼儿在生活中有这方面的经验，知道月亮有时圆、有时弯，知道月亮一直在变。在中秋节的时候，我们让幼儿做过观察记录，月亮有时像月牙，有时像镰刀，有时又变成圆盘，让幼儿感知月亮是每天都在变化的。通过本节课，让幼儿进一步了解月亮会有些什么样的变化，会变成一些什么样子，激发幼儿的想象力和创造力。

2. 活动中幼儿的表现

在创作的过程中，幼儿能用简单的线条表达出自己心目中关于月亮的想象画。活动结束后，幼儿用一句或两句话，描述出自己的画面。本次活动中，李老师给幼儿呈现的画面上只体现了四种形状的月亮。其实月亮每天都在变化，还可以有很多种形状，所以教师出示图片时给幼儿的想象空间带来了局限性。本次活动还有很多欠缺的地方，以后在课中教师还要不断地进行优化。

导入部分，老师利用手偶兔妈妈和小兔的生动形象来激发幼儿的学习兴趣，教师声情并茂地完整讲述故事时，幼儿专心致志、鸦雀无声。充分利用操作月亮变化的图片，让幼儿形象直观地了解半个月中月亮的变化过程，使抽象的知识变得简单、易于理解和接受。

完整欣赏部分，通过教师声情并茂地完整讲故事，再进行简单提问，引导幼儿回忆故事的主要内容。在这个环节中，注重了幼儿倾听习惯的培养。当老师讲故事时，幼儿都特别安静，专心致志地倾听故事的每一个环节，这对于故事内容的理解起着很重要的作用。

　　活动中通过操作月亮变化的图片，使幼儿更加形象直观地了解半个月中月亮的变化过程，使抽象的知识变得简单，幼儿能轻松地说出故事情节，较容易理解月亮的变化特点。比如老师提问：兔妈妈走后头几天，小兔看到的月亮是什么样的？（老师演示挂图中的月亮变化）幼儿兴奋地说："月亮缺了一些。""七八天过去了，月亮变成了什么样？""变成了半圆。""小兔把圆圆的大饼吃掉了多少？""吃掉了一半……"

　　3. 活动反思

　　（1）教师的随机反应能力很重要，幼儿的回答有些是我们能预想到的，但有些回答是我们所想不到的。教师要不断积累自己的经验，给予幼儿正确的引导，使他们得到提升。

　　（2）拓展与调查，教师要引导幼儿回家之后继续探究、查找相关资料。月亮绕地球转一圈用了多长时间？（一个月）月亮这样的变化一年有几次？（12次）师：月亮还有很多的秘密，如月亮上有水、动物、人类吗？我们可以通过观察、看书、查电脑、问问爸爸妈妈来了解，把你发现的秘密带来与老师、小朋友共同分享，好吗？

（谭琦云）

　　（四）"悦读"健康活动：一起摘月亮

☞ **活动目标**

　　1. 乐于参与体育游戏，感受团结合作成功尝到月亮味道的快乐。

　　2. 探索"品尝"月亮味道的方法，练习攀爬和高跳下的能力。

　　3. 尝试通过将物体叠高，品尝到"月亮的味道"。

☞ **活动准备**

　　1. 经验准备：幼儿熟悉《月亮的味道》故事内容。

2. 物质准备

场地准备：宽敞的四条跑道的场地。

材料准备：将幼儿分成四组，每组贴有动物图片的轮胎4个，共16个；垫子4~5张；用卡纸做的月亮悬挂在轮胎前上方；可调节的悬挂杆、悬挂绳。

☞ **活动过程**

1. 回顾绘本内容，做热身运动。

（1）教师：还记得我们看过的绘本《月亮的味道》里面，小动物们是用什么方式品尝到了月亮的味道？

小结：小动物们通过把身体一个一个地往上叠加，最终尝到了月亮的味道。

（2）听音乐进行热身运动。

抬抬头—扭扭脖子—动动手—弯弯腰—踢踢腿—压压腿。

2. 游戏：站在地上摘月亮，练习双脚弯曲向上纵跳的动作。

（1）教师：小动物们想邀请小朋友们去摘月亮，谁愿意来帮忙？要怎么样才能摘月亮呢？

（2）教师讲解游戏玩法与规则。

游戏玩法：月亮放置在幼儿跳起来能摘到的高度，教师将幼儿分成四组，每组排在第一位的幼儿站在起点处跑向有月亮的地方，跳起来碰到月亮后，绕回到队伍最后排队。

游戏规则：跳起来摘到月亮后要跑到队伍最后重新排队。

3. 游戏：爬上高处摘月亮，练习攀爬、高跳下的动作。

（1）教师：月亮很调皮，它又升高了！你们试一试跳起来还能摘到月亮吗？摘不到怎么办呢？（幼儿观察后自由回答：可利用轮胎、垫子），你们觉得可以怎么利用轮胎和垫子来摘月亮呢？

（2）教师讲解游戏玩法与规则。

游戏玩法：将幼儿分成四组，每组先放一个轮胎，根据幼儿游戏的情况，加大难度，逐一叠加轮胎、升高月亮的位置，幼儿爬上轮胎摘到月亮，跑到队伍最后继续游戏。

游戏规则：幼儿摘到月亮后，需要在队伍最后排队。

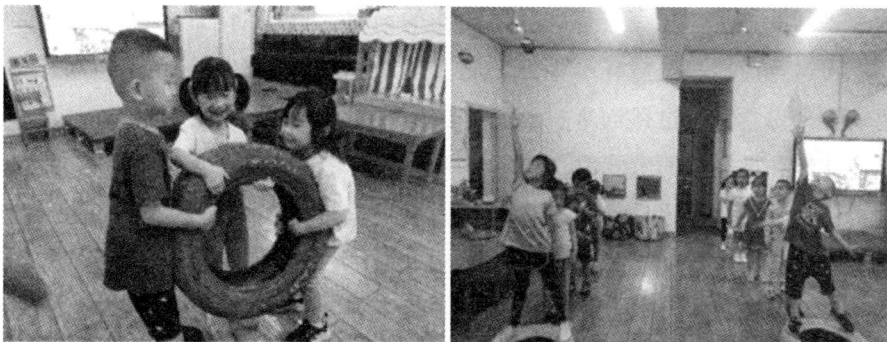

4. 听音乐跟随老师放松身体，整理器材，收拾场地，活动结束。

（贺诗婷）

☞ **"悦读"健康活动"一起摘月亮"反思**

1. 活动开展前的思考

（1）绘本分析：《月亮的味道》这本图画书中，在黑黑的安静的夜晚，圆圆的月亮高高地挂在天上，凹凸不平的画面，色调比较厚重但版面很干净，引发了大家的无限遐想，月亮的味道是什么样子的呢？幼儿跟着故事中的小动物们充满好奇地探索月亮的味道。小动物们通过团结合作、不断叠加的方式，最后摘到了月亮、尝到了月亮的味道。小动物们这种团结协作、齐心协力、不放弃的精神也可以在无形中传递给幼儿。

（2）材料准备：在本次活动中，我为幼儿提供了轮胎8个、海绵垫2块、悬挂的月亮2个。充分的材料准备是游戏顺利开展的物质基础和前提，给幼儿准备适合其年龄的材料为幼儿充分探索与尝试，并在这个过程中锻炼幼儿的平衡能力、协调能力和发展基本动作技能——高跳下。

（3）教学策略：在游戏中，我首先利用了绘本故事进行了导入活动，引出本次活动的主题——一起摘月亮。然后给幼儿提供了材料，讲清楚要求和规则后，让幼儿自主探索与尝试。在探索的过程中，我发现了幼儿的问题，及时挑出来进行总结，并适时示范，让幼儿重新学习并掌握"高跳下"的动作技能。最后再让幼儿进行探索与尝试，分别指导、支持幼儿的探索过程。

2. 活动中幼儿的表现

（1）幼儿对"一起摘月亮"的体育活动很感兴趣，喜欢参与到探索摘月亮的游戏中，而且站在有弧度的轮胎上从上往下跳锻炼了幼儿的平衡能力，平衡能力是幼儿完成各种身体动作的前提，也有助于让幼儿在安全的状态下进行活动。虽然在不平稳的轮胎上站稳并挪动有一定的难度，但是对幼儿来说尝试通过跳起来摘到月亮的方式也很有吸引力，所以在这个充满趣味性和挑战性的游戏中，幼儿的积极性很高。

（2）在这个游戏中，幼儿跳起摘月亮的高度是层层递进的，先是原地跳起来摘，再是借助轮胎搭建出不同的高度去探索、尝试摘到月亮的方式。而幼儿对于高度的不断叠加，并没有胆怯和畏缩，而是愿意大胆去尝试，这都是非常棒的。

（3）活动中，有极小部分幼儿不知道跳起来摘东西时要眼看着物体去碰，我在活动中发现了这个问题并在游戏小结时提出来进行总结、讲解和示范。在我的介入和指导后，在后面的游戏中，大部分幼儿有改进，会手眼协调地去摘月亮。

（4）幼儿做往前跳的动作与幼儿自身的协调能力、灵敏性以及耐力密切相关。我班幼儿的跳跃能力还需加强培养，有个别幼儿连跳起来摘物都不会。

（5）在活动中发现，当轮胎叠加到一定高度时，因轮胎中间是镂空的，有些幼儿有点胆怯，而且轮胎上不是平整的地面，有一定的弧度，幼儿很不容易踩稳。

3. 活动反思

（1）为增加游戏的情境性，可在每一层的轮胎上贴上绘本中不同动物的图片，体现站在动物背上一步一步往上爬的情景，能够更好地激发游戏的兴趣。

（2）教师准备材料时，需要进行考虑、尝试。如固定月亮的地方相对稳固、轮胎也需要相对稳固以防侧翻。在游戏当中，可轮流让幼儿站在轮胎旁边扶住轮胎，防止侧翻。

（3）轮胎旁加入动物图片。

（4）增加材料的稳固性，包括选用的轮胎和固定月亮的地方。

（5）可根据幼儿人数合理分组，减少等待的时间。

（贺诗婷）

（五）"悦读"艺术活动：月亮的倒影（美术）

☞ **活动目标**

1. 喜欢用水粉颜料作画，体验用水粉画出夜空中月亮的倒影的乐趣。

2. 知道通过将画纸对折，能够印出月亮的倒影。

3. 能大胆、自主地用水粉表现出不同形态的月亮。

☞ **活动准备**

1. 经验准备：幼儿阅读绘本《月亮的味道》，知道什么是倒影。

2. 物质准备：黑色卡纸、水粉颜料、抹布、颜料盘、水粉笔若干只、黑色水彩笔、水粉画作品、蜡笔。

☞ **活动过程**

1. 回顾故事内容，引出活动主题。

（1）教师提问：在《月亮的味道》这个绘本里，月亮被小动物们大口大口吃掉后变成了什么样子？最后为什么小鱼说月亮就在它身边呢？

（2）教师提问：你觉得什么地方会有倒影出现？为什么会出现倒影呢？我们今天就一起来画一幅月亮的倒影吧！

2. 观察水粉画作品《月亮的倒影》，感知水粉颜料作画的特点。

（1）教师提问，引导幼儿观察交流：你们喜欢这幅画吗？为什么？你们觉得水面上除了月亮，还可以出现什么倒影？

（2）教师出示水粉画工具材料，引导幼儿交流水粉的用法。

教师提问：你们用过这种材料画画吗？在用的时候要注意些什么？

（3）教师演示画画的步骤与方法：①先将画纸对折后打开；②在纸的下半部分用水彩笔画好波浪线表示水面，在纸的上半部分画出月亮的形状；③添上其他会出现在夜空里的景物；④将水粉笔蘸完颜料后，在颜料盘的边上轻轻刮一刮，避免颜料浸湿画纸；⑤用水粉笔把画出来的景物刷好颜色后，将纸的下半部分往上对折，轻轻按一按后打开，作品就完成了。

3. **讨论交流，自主创作。**

（1）引导幼儿讨论、交流要画出倒影的内容。

教师提问：你们都看过什么形状的月亮？你觉得在夜空里除了有月亮，还会有什么？你能一起画出来吗？

（2）幼儿自主选择材料，进行创作。教师巡回观察，重点指导幼儿使用水粉颜料，并在画好后将纸进行对折印出倒影；可鼓励幼儿为夜空中增添更丰富的景物。

4. 欣赏作品，交流作画感受。

（1）教师提问：今天我们学习了用水粉颜料来画出月亮的倒影，你们感觉怎么样？除了画出月亮的倒影，你们还画出了什么倒影？谁愿意来介绍自己的作品？

（2）幼儿相互交流画出月亮倒影的感受，相互评价，收拾材料，结束活动。

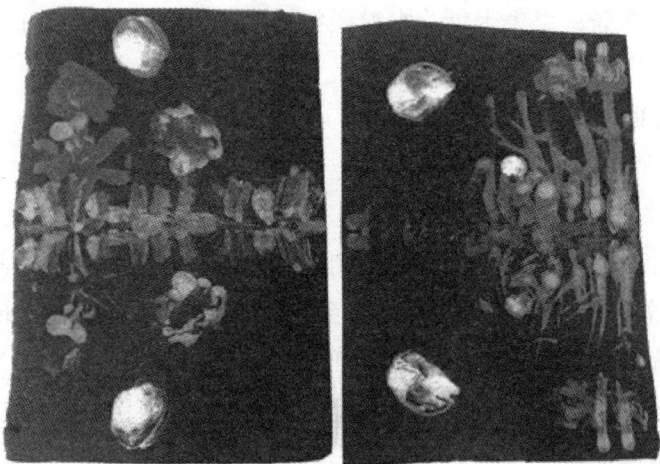

（吴让）

☞ **"悦读"美术活动"月亮的倒影"反思**

1. 活动开展前的思考

（1）绘本分析

绘本的名字叫做《月亮的味道》，让幼儿对绘本的内容产生无限猜想，激发幼儿探究的欲望，月亮到底是什么味道的呢？画面中的小动物们心中也有无限疑问，于是在小海龟的带领下，动物们开始想尽一切办法，召唤了不少的小伙伴来帮忙，最后成功地品尝了月亮的味道。小动物们这种团结协作、齐心协力、不放弃的精神也可以在无形中传递给幼儿。

绘本中的文字比较简单易理解、生动有趣。"×× ××，你快爬到我背上来，说不定就能够到月亮了。"这不仅仅是一个简单的对话，同时还让幼儿加深了对动物角色的记忆。绘本画面中每个动物的叠加，每次的变化都从不同的方向、不同的角度在释放着他们的力量，一起向上支撑着，月亮的表情也在跟随着变化。每一幅画面也都展现出无尽的细节，最后的结尾突兀而有趣，让幼儿有无限遐想的空间，小鱼的"月亮不是就在我的身边吗？"绘本中蕴含的倒影的科学道理，正好引申出了此次艺术活动。

（2）材料准备

①经验准备：知道什么是倒影。

②物质准备：黑色卡纸、水粉颜料、抹布、颜料盘、水粉笔若干只、黑色水彩笔、水粉画作品、蜡笔。

（3）教学策略

在活动中，我首先利用了绘本故事中最后一页的画面进行导入，引出本次活动的主题——水粉印画"月亮的倒影"。然后再边示范边讲解画倒影的步骤和要求：将黑色的卡纸对折，上面为天空，下面为大海，先用蜡笔画大海的波浪和小鱼，然后再用颜料画天空的月亮和地上的树，画好后再将画面对折，月亮的倒影就出现了。在讲清楚要求和规则后，幼儿选择材料进行操作。在操作过程中，我也不断地观察，根据大家的能力水平进行适当指导，发现好的作品，及时展示。给能力较弱的幼儿提供一些参考，鼓励不敢动手的幼儿大胆尝试。然后，将作品展示在主题墙上，供幼儿观赏和评价。最后，每位幼儿都能够大胆地用颜料印出月亮的倒影，个别幼儿还能通过自己的想象，用蜡笔画出鱼儿在水中看到倒影后发生的事情。

2. 活动中幼儿的表现

（1）我们班的幼儿对月亮的倒影非常感兴趣。在教师示范讲解的过程中，颜料、油画棒、剪刀、彩纸等材料的多样性引起了幼儿的注意和兴趣。特别是对于用颜料画月亮，再对折拓印出倒影这种绘画方式，幼儿感到非常新奇。

（2）在幼儿自主操作的过程中，大部分幼儿能够按照教师示范的步骤进行创作。但是在操作中，极少数幼儿出现争抢的现象，操作习惯还有待提高。

（3）个别能力较弱的幼儿，刚开始有些不敢动手，但是通过教师的个别引导，也能够动手尝试。

3. 活动反思

（1）材料准备多样化，种类较多，但彩纸颜色、颜料的颜色较为单一，供幼儿选择性不强，最后幼儿的作品整体颜色单一，色彩、艺术感不强。

（2）幼儿操作中，教师发放材料可以根据幼儿的完成情况，按照顺序逐一发放，这样有利于形成良好的操作习惯。

（3）因为时间原因，展示和评价的环节并没有进行。教师可以利用在活动后将作品粘贴在主题墙上的契机，让幼儿在活动后的观察过程中相互评价。

（吴让）

（六）"悦读"科学活动：垒高（数学）

☞ **活动目标**

1. 愿意观察学习他人的经验，感受合作搭建的快乐。

2. 尝试用不同的材料、方式进行垒高搭建，帮助小动物们尝到月亮的味道。

3. 懂得体积大且较重的物体摆在底层可以搭得更高、更加稳固的道理。

☞ **活动准备**

1. 经验准备：幼儿已熟悉绘本《月亮的味道》。

2. 物质准备：贴有小动物标志、大小不同的积木若干。

☞ **活动过程**

1. 回忆绘本内容，导入活动。

教师：你们还记得《月亮的味道》这本书吗？书里的小动物们是通过什么样的方法尝到月亮的味道的呢？

2. 熟悉建构材料，讨论：如何才能利用已有材料帮助小动物们尝到月亮的味道。

（1）介绍建构材料，创设小动物们想要尝月亮味道的情境。

教师：今天我们班也来了绘本中的动物。这是什么材料？代表哪只动物呢？你是怎么知道的。

教师：你有什么办法让它们也尝到月亮的味道呢？

（2）教师引导幼儿讨论垒高的方法。

教师：你觉得哪只小动物站在最下面会比较好一点呢？哪只动物可以在最上面呢？为什么？

（3）幼儿与同伴自由讨论，教师巡回观察倾听。

（4）引导幼儿讲述自己的猜测，师幼共同梳理提升。

教师：你觉得小动物怎样站比较好，为什么？怎样才能搭得又高又稳呢？

3. 分组尝试搭建，检验猜测结果。

（1）教师引导幼儿分成六组，一起合作帮助小动物们尝到月亮的味道。

教师：老师这里有六组材料，请你找到自己的朋友，六人一组一起想办法帮助小动物们尝到月亮的味道。

（2）幼儿分组操作，教师巡回观察指导。

教师：你这样搭够高吗？为什么会倒呢？怎样可以搭得又高又稳呢？

4. 作品展示交流，分享垒高经验。

（1）教师引导幼儿上台分享垒高经验。

教师：你的小动物能尝到月亮的味道，是怎样搭建出来的呢？哪只小动物站在下面，然后是哪只小动物呢？

教师：你们这组在搭建的过程中遇到了哪些小问题？你们是怎么解决的呢？

（2）教师小结：只有底下搭得牢固，才能搭得越高越稳；合作也很重要，遇到问题可以请同伴帮忙一同解决。

（陈思）

☞ **"悦读"科学活动"垒高"（数学）反思**

1. 活动开展前的思考

（1）对绘本内容的思考

《月亮的味道》画面内容、情节线索比较简单，富有童趣。图画书中，空中一轮明月与叠罗汉的小动物们都对幼儿很有吸引力。小动物们一个叠一个，越来越高，最后尝到了月亮的味道，这中间垒高的建构经验比较突出。于是我们以图画书中的垒高为切入点，讨论并实施了科学活动"垒高"。

（2）对材料准备的思考

为了挖掘幼儿的兴趣点，观察动物们垒高的过程，我们提前组织实施了语言活动"月亮的味道"，幼儿熟悉了故事内容，为本次活动开展做了经验准备。我们提前根据故事情节，选取了八种小动物的形象来辅助幼儿进行垒高经验的感知和运用。

从物质准备来说，我们用到了图书中的小动物图片，使活动和图画书内容紧密结合，除此之外，还选取了与小动物大小非常匹配的尺寸不同的圆柱体，鼓励幼儿在猜测后进行初步的验证。

（3）对幼儿现有年龄阶段的思考

结合幼儿的年龄特点及发展现状，我们发现，幼儿对于垒高具有一定的兴趣与经验；但是很多幼儿对于如何将积木垒得又高又稳缺乏思考。因此，我们认为，开展与垒高搭建有关的集体教学活动非常有必要，它能为幼儿在区域中的建构区游戏积累经验，从而提高幼儿的游戏水平。

2. 活动中幼儿的表现

活动的第一个环节，通过提问引导幼儿回顾已有经验，回忆感知小动物们尝月亮的过程，大部分幼儿都能清楚地说出小动物们叠罗汉的顺序。

活动的第二个环节，出示贴有小动物图片的建构材料后，幼儿的第一反应就是按照故事中动物的垒高顺序进行垒高，最后发现行不通，因为贴有乌龟图片的小积木无法撑起贴有大象图片的大积木。所以，问题就出现了：到底要不要按照故事中的排列顺序来进行垒高呢？要怎样垒高才能保证垒上去的积木不倒呢？幼儿展开了激烈讨论，有的幼儿说：小的放下面可以；有的幼儿又说：这样不可以，会倒。经过一段时间的讨论后，幼儿决定先试一试，于是幼儿分成了六个小组，自己讨论确定组长，然后分组搭建，看哪些积木适合放在下面，哪些积木又适合放在上面，怎样才能将所有积木都垒好让小动物们都"尝到月亮"。

活动的最后一个环节，请幼儿分享自己的建构经验，大家一致得出结论：比较大的、重的积木适合放在下面，比较小的、轻的积木适合放在上面，这样垒好的积木就不容易倒。

3. 活动反思

（1）中班幼儿的合作意识正在形成阶段，为了促进幼儿合作能力的发展，我们要多引导幼儿与同伴互动交流。对于合作经验少的幼儿，可以先从两人一组合作开始，保证充足的材料和时间。两人一组还可以引导幼儿比一比：看谁垒得高，这样做幼儿更有搭建积极性。不仅如此，在与同伴竞赛的过程中幼儿也能学会借鉴他人的建构经验，并为己所用。如果每组人数过多，可能会出现幼儿争抢积木的情况，不利于幼儿的经验获得。

（2）实施过程中教师注意把握时间的分配，可多留一些时间给幼儿分享自己与朋友垒高的经验和感受。

（陈思）

（七）"悦读"表演游戏：月亮的味道

☞ **活动目标**

1. 愿意与老师同伴一起表演故事内容，感受角色扮演的趣味性。

2. 有一定的角色意识，能大胆用声音、动作、神情表现故事中的角色。

3. 熟悉角色语言，运用对话进行表演。

☞ **活动准备**

1. 经验准备：幼儿熟悉绘本《月亮的味道》。

2. 物质准备：绘本《月亮的味道》PPT，乌龟、大象、长颈鹿、斑马、狮子、狐狸、猴子、老鼠手偶。

☞ **活动过程**

1. 听故事，回顾故事内容。

（1）欣赏课件，回忆故事内容。

（2）重点关注故事中请小动物来帮忙的角色语言以及小动物们摘月亮的动作。

2. 分析角色表演方式，模仿对话。

（1）逐一出示故事 PPT，模仿角色对话。

提问：小海龟是怎么对大象说的，谁可以学一学吗？（引导幼儿重点学习动物之间固定句式的对话：××，你跳到我的背上，说不定……）

3. 自选角色，尝试表演。

（1）自愿选择角色。

（2）幼儿自主表演，（教师表演旁白部分，帮助幼儿串联起整个故事）教师鼓励幼儿相互评价。

提问：你喜欢谁的表演？为什么？

4. 自主分组，合作表演"月亮的味道"。

（1）幼儿自行选择扮演的角色，并戴好相应头饰。

（2）分组合作表演，教师巡回观察，重点关注幼儿是否能完整地表现故事内容。

（3）师幼互评。

5. 共同收拾场地，活动结束。

（吴眯）

☞ "悦读"表演游戏"月亮的味道"反思

1. 活动开展前的思考

在阅读的过程中，教师发现幼儿的兴趣点一直在小动物们叠高搭天梯的过程中。他们虽然对小动物们叠高的危险动作产生了疑问，但又对小动物们的勇敢，团结一心，互相帮助，尝到月亮的味道的成功而鼓掌。在座的小朋友阅读完了绘本，都知道绘本中的动物们吃到了最好吃的东西，但书中的小动物们，谁也没有告诉小朋友们它到底是甜味的？酸味的？还是……月亮的味道让小朋友们充满无限遐想，因此，教师抓住小动物们搭天梯的这一点，设计了这个表演游戏，让幼儿也体会一次爬到天上尝尝月亮的味道的滋味。

2. 活动中幼儿的表现

（1）活动中，教师主要采用提问的方式，激发了幼儿尝尝月亮的味道的渴望。随后，将重点放在绘本故事中角色的对话内容与模式上，帮助幼儿记住动物表达的语言内容及顺序。在这一个环节，幼儿都能根据老师出示的图片响亮地、流畅地说出对话的内容。接着，是调动幼儿已有经验对动物角色形象特征的模仿。采用邀请小朋友上台单独对角色模仿示范的形式（例如：动作模仿、声音模仿），促进幼儿之间模仿力的学习。多数幼儿对海龟、大象、老虎、猴子、老鼠的形象都模仿得很像。比如：模仿猴子，幼儿采用得比较多的是一个挠头的动作；模仿大象，幼儿用手臂做出它的长鼻子；模仿海龟，幼儿身体贴地用四肢慢慢爬……对于长颈鹿、狐狸、斑马的模仿能力比较弱一些。

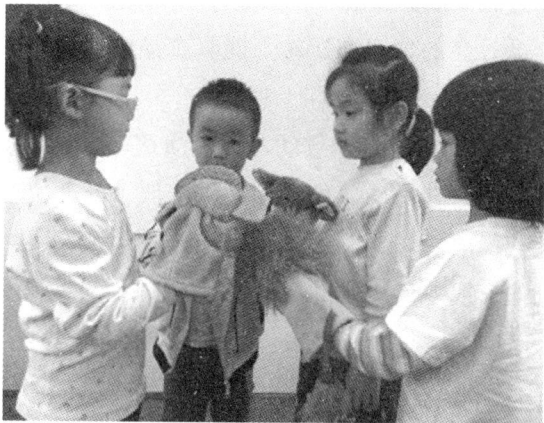

（2）自主选择角色，尝试表演。第一次是选幼儿在集体面前表演，伴随着背景故事，动物们开开心心地一个一个出场爬上不同高度的物体形成天梯。每个动物在自己出场时，都很大胆地用身体动作表现出了自己的角色特征，吐字清晰地说出了自己的台词，最后顺利地尝到了月亮的味道。但在表演的过程中也出现了几个问题，小动物们的表情从始至终都是很开心大笑的，没有表现出未够到月亮的着急情绪。动物们爬上各种物体时，都是动作很快的，没有注意到同伴的安全。第一轮表演结束后，教师就这些问题进行了讨论与小结。对于还可以怎么演进行了小组讨论，幼儿讨论得十分激烈，也说出了自己的想法。

（3）幼儿分组进行表演。每一组幼儿自由选择了场地，有的在教室里面进行，有的则在教室外面进行。在巡回指导的过程中，教师发现大部分幼儿在小组内都能有序地进行表演游戏。在游戏中，有的幼儿会去尝试在每一轮扮演不同的角色，有的则会一直坚持扮演同一种小动物，很多幼儿都想当一次小老鼠，希望最后能够摘到月亮。在叠高的过程中，他们会小心翼翼的，当爬不上去时会主动请老师协助他们。总的来说，本次的表演游戏还是深受幼儿喜爱的，对话简单容易掌握，出场顺序熟悉，叠高又有一定挑战性，多次互换角色游戏，幼儿从语言、动作、神情方面都表现得越来越好，很多组还能够不依托背景故事去自主掌握节奏表演。

3. 活动反思

（1）材料准备上，教师准备的"月亮"，没有满足幼儿的期待。幼儿最终爬上去摘到的月亮是纸盘做的，仍然是没有味道的，不能够真正去品尝。以后可准备几个像月亮的薄饼，让幼儿能真正品尝到成功的味道，体会分享的感觉。

（2）经验铺垫不够充足，导致幼儿在表演斑马、长颈鹿、狐狸时，会被同伴质疑演得不像，打击幼儿的自信心，降低了幼儿表演这几个动物的积极性。可让幼儿提前看看斑马、长颈鹿、狐狸的视频，在集体中对这几种动物的特征动作形成一个共同的认知。

（付逸仙）

第四节　绘本《小种子》"悦读"主题系列活动

一、绘本介绍

绘本《小种子》讲述的是秋天到了，大风把小种子吹了起来，吹到了半空、太阳、雪山、大海、沙漠、还遇到了大鸟。冬天到了，经过长途旅行的小种子终于安顿下来。经过几个月，白雪融化，春天来临，小种子发芽了，长成小树苗了，开花了……慢慢地，秋天又来临了，风越吹越强，好多小种子乘着秋风飞向遥远的地方……

[美] 艾瑞·卡尔图/文　蒋家语/译　明天出版社

二、绘本价值分析

《小种子》是一本趣味性、知识性兼具的绘本。一开始，这颗小种子没有因为自己的弱小而失去飞向远方的勇气，身边其他的种子也没因为它的小而嘲笑和阻挠它。小种子开始按照自己的节奏和方式飞行，旅途中它遭遇了烈日、雪山、海洋和沙漠，尽管跟着大伙有些吃力但它还是安然无恙地渡过了危险。接下来，它原本弱小的缺点竟然发挥了意想不到的作用，使它免去了过早被关注和破坏的可能性，小鸟、老鼠没有发现它，孩子们也没有发现它，它不急不躁、不惊不喜，还是静静地按着自己的速度自然生长。夏天来了，当许多同伴纷纷遭受不幸的时候，它没有气馁与哀伤，孤独的小种子带着同伴们的希望，突然开了挂似的迅速生长，它越长越大，越长越高，坚定而充满力量，终于开出了一朵巨人花。它开始明白飞向远方的意义，它开始明白自己背负的职责与使命，它开始奉献自我孕育新的生命。

绘本的画面：色彩鲜艳、明亮，画面丰富多彩。

绘本的画面是激发孩子兴趣的关键。绘本封面上一朵醒目的大花儿，大大的花瓣，有茎、叶陪衬，简单大方的造型、艳丽的色彩，绽放出强烈的生命力。作者挑选红、黄、蓝、绿作为本书主色调，调和颜料并大胆地在画面中铺色，丰富的色彩粒子呈现出色彩各异的四季之景，同时作者还以贴画方式，画出四季的变化，引领孩子们跟着小种子展开一段风中之旅，经历从离开果荚，到萌芽、开花、孕育出下一代的历程。

绘本的文字：充满童趣的表达。

绘本的文字充满童趣，"巨人花""柔软的白色毯子"各种比喻形象、生动，能巧妙地激发孩子的兴趣。绘本每一页都向读者介绍了小种子遇到的不同的有趣的故事，每一个故事都描绘得非常详细，能够帮助幼儿完整、全面地理解画面所传达的意义。

绘本的内容：隐喻生命与成长。

孩子犹如一颗种子，从呱呱落地到长大成人，作为父母、作为老师，能够有机会亲自参与并见证一个生命的成长，这实在是一场奇妙而又意义重大的旅行。我们可以看到小种子通过听从内在的声音，按照顺其自然的成长法则不断感受，不断经历外界环境带给它的种种考验，从懵懂、接纳、坚定到最终走向成熟，这个过程就是孩子寻找自我的过程，只有让他们依靠自己生命的智慧才能创造自己的精神价值，从而形成健全而又完整的人格。

绘本的图文关系：展现四季轮回、生命周始。

绘本伊始黄褐色的色彩粒子伴随着风诉说秋的故事，揭开旅程的帷幕；蓝底白花点缀出"冬"的银装素裹；雨水和绿意捎来"春"的生机；明亮的太阳照亮了"夏"的闹意。绘本向孩子们展现出多姿多彩的四季，引导孩子们发现与感知四季的轮回更替。小种子的一生给孩子们将生命的过程娓娓道来，引导孩子了解生命、尊重生命、爱护生命。绘本看似简单质朴，却又向孩子们传达着生命的可贵与不易，需要细细品读，才能感受到作者所要表达的深刻道理。

三、幼儿阅读绘本观察记录

绘本《小种子》是一本既有趣又吸引幼儿探索的书，非常适合我园中班幼儿阅读。教师前期在班级语言区投放了6本绘本，幼儿很快被绘本漂亮的封面及丰富的内容所吸引，教师通过观察，将幼儿的阅读情况记录在表3-8中：

表3-8　幼儿阅读绘本《小种子》观察记录表

幼儿姓名	阅读全书时间	幼儿阅读情况观察		
		关注点、兴趣点（文字或图片，可以从幼儿阅读停留地方时间长短、神情、交流或讲述的内容判断）	其他阅读行为（比如：是否按顺序读、是否与同伴交流、先看文字还是先看图等）	幼儿阅读中存在的问题
肖麓源	2分钟	肖麓源在阅读时对小种子飞过的地点非常感兴趣；在看到后面小种子长大成为巨人花之后，表现出非常兴奋的状态。	肖麓源翻看图书的速度较快，看到种子被风刮起来了，和旁边的易岩说：种子飞起来了！他是风吹上去的。小种子飞到雪上面了，他会不会死？他又掉进海里面去了……他被鸟吃了，他被人踩扁了，他被人折断了。看到巨人花，说：这肯定是小种子开出来的花，他长得好高啊，比房子还高。还对我说：黄老师，你看，这花都长到天上去了，和太阳一样高。	幼儿的阅读速度较快，对自己不感兴趣的地方，简单略过，没有仔细阅读绘本内容。
周相语	1分钟，重复5次	周相语小朋友在阅读时对巨人花等面积较大较突出的物体表现出比较浓厚的兴趣，会阅读较长的时间。	看到小种子被鸟吃了的画面，指着鸟说：这里有一只大鸟。看到小种子被一只黑色的手折断了，笑嘻嘻地说：这里有只黑色的手。看到小种子长成了巨人花，说：开花了，开了一朵好大的花。	把书架上的每一本《小种子》都翻了一遍，每次翻阅的速度较快。

分析：

1. 幼儿很喜欢这个绘本，但是在翻看绘本时速度较快，看得不是很仔细。

2. 部分幼儿在画面上停留的时间较短，一般会观察到画面中面积较大的物体；还无法理解绘本中所代表的含义，不能理解生命的珍贵、成长的艰辛与自然的变更等比较深刻的寓意。

3. 可生成的活动：艺术活动——巨人花；科学活动——种子成长的秘密；社会活动——爱护花草树木；语言活动——小种子旅行记；等等。

四、思维导图

经过前期绘本投放，结合观察记录和教研活动，教师充分结合幼儿已有经验及发展目标，以相关理论为依据，经反复讨论，预设出以下活动：

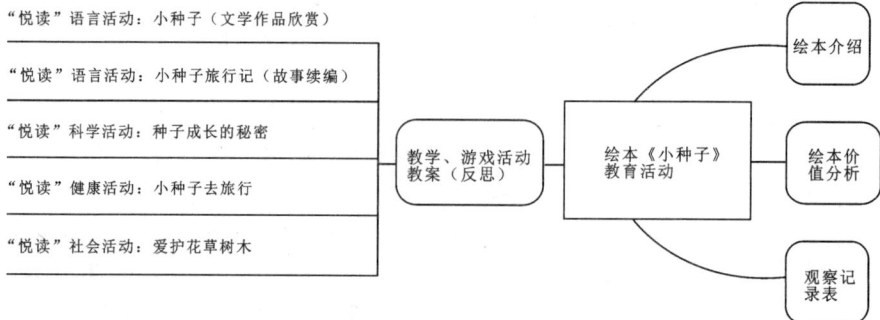

"悦读"语言活动：小种子（文学作品欣赏）
"悦读"语言活动：小种子旅行记（故事续编）
"悦读"科学活动：种子成长的秘密
"悦读"健康活动：小种子去旅行
"悦读"社会活动：爱护花草树木

教学、游戏活动教案（反思）

绘本《小种子》教育活动

绘本介绍
绘本价值分析
观察记录表

（刘艾欣）

五、教学、游戏活动实例

（一）"悦读"语言活动：小种子（文学作品）

☞ **活动目标**

1. 积极参与到绘本《小种子》的阅读中，感受小种子为长成巨型花而一刻不停地努力的精神。

2. 通过图片欣赏和视频观看，了解故事的基本内容，熟悉绘本情节。

3. 知道植物生长需要阳光、水分、适宜的温度和土壤等自然条件。

☞ **活动准备**

小种子故事 PPT，小种子旅行图谱 1 张。

☞ **活动过程**

1. 阅读封面，了解绘本的主人公。

观察封面插图并提问：你看到了什么？绘本的名字是什么？你觉得他们之间有什么关系？

2. 完整欣赏故事，理解种子在旅行及成长中的遭遇。

（1）出示画面，了解种子在旅行及成长中的遭遇。

教师：秋天来了，大风吹来，把花种子们高高地扬起来，带到远方。花妈妈正在送别她的这些可爱的孩子。这些种子又会去哪里呢？

（2）播放课件，教师有感情地讲述故事，幼儿安静欣赏。

（3）教师通过提问帮助幼儿回忆故事情节。

3. 分段欣赏故事，师幼共同讨论植物生长需要的自然条件。

（1）教师分段讲述故事并提问：为什么这颗小种子没办法生存？那小种子成长需要哪些条件呢？

（2）教师通过提问、分角色表演、集体学习等方式，师幼共同总结种子成长需要的条件是阳光、水分、适宜的温度和土壤。

4. 绘本延伸，感受种子成长的不易，学习小种子不畏困难等精神。

（1）提问：你觉得小种子能够活下来，植物能够健康地成长，还和什么有关系？

（2）师幼共同感受小种子成长的困难，小结小种子的优良精神。

活动延伸：种子飞过很多地方，发生了很多事情。最后，小种子长成了美丽的巨人花，巨人花里又长出了很多种子，这些种子随着风飘走了，那这些种子又有可能经历什么事情呢？

（吴让）

（二）"悦读"语言活动：小种子旅行记

☞ **活动目标**

1. 乐意参与故事的创编，体验小种子旅行的经历。

2. 能够大胆地想象故事的发展，并用较完整的语言讲述自己创编的故事。

3. 初步了解故事创编的基本要素。

☞ **活动准备**

1. 经验准备：幼儿已了解绘本《小种子》的内容。

2. 物质准备：小种子故事 PPT，小种子旅行图谱 1 张，绘画纸，麦克笔，蜡笔。

☞ **活动过程**

1. 简单回顾故事内容，讲述种子的经历。

（1）教师播放 PPT，讲述种子的经历，重点讲述并引导幼儿建立图片和故事的关系：种子飞到了哪里，发生了什么事情？

（2）幼儿看图大胆讲述种子的经历。

小结：种子飞过很多地方，发生了很多事情。最后，小种子长成了美丽的巨人花，巨人花里又长出了很多种子，这些种子随着风飘走了，那这些种子又有可能经历什么事情呢？

2. 初步了解故事续编的基本要素，大胆地想象故事的发展。

（1）教师出示图谱示范讲述种子的旅行，提问：刚才老师是怎么说的？小种子还可能到什么地方，发生什么事情呢？

（2）与同伴交流，大胆想象故事的发展。

（3）请个别幼儿讲述故事的发展。

3. 绘画编构的故事，并用完整的语言讲述自己续编的故事。

（1）引导幼儿简单画出思考编构的故事。"每个小朋友编的故事都不一样，老师将编的小种子的旅行变成了一个好看的图画，你们想不想尝试一下呢？"

（2）教师提出绘画要求：画面中要有小种子及小种子旅行的故事，音乐开始后找个地方绘画，音乐结束后收拾好绘画材料，带上作品返回坐好；

（3）幼儿伴随音乐自由绘画，教师巡视、指导；

活动延伸：通过"故事大王"活动激发幼儿讲述的兴趣。

（张鑫露）

（三）"悦读"科学活动：种子成长的秘密

☞ **活动目标**

1. 乐于探究，对小种子成长的自然现象感兴趣。

2. 能仔细观察和模仿，探索小种子成长的规律。

3. 初步了解种子成长需要的一些自然条件。

☞ **活动准备**

1. 经验准备：幼儿对种子发芽、成长有初步的了解。

2. 物质准备：葵花籽种子，黄豆种子、绿豆种子，小种子成长视频，向日葵图片，豆芽图片，太阳、泥土、雨水的图片，小种子逐步长大的图片。

☞ **活动过程**

1. 认识种子，激发幼儿探究种子成长过程的兴趣。

（1）教师出示向日葵种子、绿豆种子，提问：今天老师请来了两位"特殊的朋友"，它们是谁呢？谁来说说它们长什么样子？你们知道它们长大后变成什么样子吗？有什么变化？

（2）幼儿仔细观察，自主交流谈论。

（3）小结：今天老师请来的"特殊的朋友"是细细小小的向日葵种子和小小的绿豆种子，一开始它们都只是一粒小小种子，慢慢地长啊长，它们就长成了一棵棵高高大大的向日葵和豆芽。

2. 观看种子成长视频，探索小种子成长的规律。

（1）提问：你们知道小种子是怎么成长为一棵高大的植物的吗？

（2）教师播放种子成长视频，幼儿仔细观看。提问：你看到了什么？小种子一开始是什么样子的？然后长成了什么？又变成了什么？最后长成了什么？

（3）幼儿仔细观看，自由表述。

（4）教师一一出示小种子、小嫩芽、小树苗、大树的图片，帮助孩子总结经验。

3. 通过模仿体验小种子成长的生命力，了解成长的一些自然条件。

（1）再次观看视频，模仿小种子成长的动作，体验种子逐步成长的生命力和活力。

（2）教师总结：小种子和小宝宝一样每天都在努力成长，每天都充满活力。你们知道小种子每天靠什么成长吗？

（3）观察《小种子》绘本图片，初步了解种子成长需要的一些自然条件：太阳、雨水、土壤。

（4）教师小结：小种子需要营养、水、阳光，他们需要从土壤里吸收营养、从太阳公公那里获得阳光、渴了要喝水，这样，小种子就一天天长大了。

4. 迁移经验，结束活动。

教师出示黄豆种子，布置作业：孩子们和老师一起在教室外面的种植区种植黄豆，孩子们观察并记录黄豆种子的成长过程，以及它所需要的养分。

（刘梦池）

（四）"悦读"健康活动：小种子去旅行

☞ **活动目标**

1. 乐于与同伴一起参与小种子去旅行的游戏，并在游戏中体验生命的珍贵。

2. 尝试自由选择不同的旅行路线，练习平衡、攀爬、跳等基本动作。

3. 大胆想象并猜测小种子旅行将要去的地方。

☞ **活动准备**

1. 经验准备：已熟悉绘本《小种子》的内容。

2. 物质准备：爬行垫，轮胎，跨栏，跷跷板，攀爬架。

☞ **活动过程**

1. 回顾绘本内容，引发猜测与讨论。

提问：还记得小种子经历重重困难，最后发生了什么吗？它长成了一朵巨人花，到了秋天巨人花又长出了新的种子。你们猜猜这些新的种子又会发生什么事情，去哪里旅行呢？

2. 幼儿跟随音乐扮演小种子，进行热身运动。

3. 幼儿熟悉旅行路线并自主选择，动作协调地参与游戏。

（1）教师：今天我们都变成了一颗要去旅行的小种子，前面有几条不同的旅行路线，你可以自主选择喜欢的旅行路线。

（2）教师请幼儿进行示范游戏。

（3）幼儿自主选择路线并交换路线进行游戏。

4. 放松及小结。

（1）幼儿跟随老师进行放松运动。

（2）幼儿交流游戏感受，教师小结，游戏结束。

（刘梦池）

☞ **"悦读"健康活动"小种子去旅行"反思**

1. 对活动内容的再思考

《小种子》这个绘本故事不仅故事情节非常丰富，而且还用种子旅行的方式来告诉孩子们生命成长所需经历的磨难,给孩子们带来了美的享受,也激起了孩子们对植物生长的好奇心。种子的传播到底有几种方式呢?它们都会经历什么呢?这个绘本引发了幼儿的诸多思考。小小的种子在传播的过程中,经历了许多的磨难,最终才会找到一片土地,生根发芽。如果孩子们也变成了一颗小种子,出发去"旅行",去感受"旅行"过程中所经历的一切,孩子们会不会像故事中的小种子一样勇敢地去面对困难呢?所以教师设计了这样一个健康活动——小种子去旅行。

（1）对材料准备的思考

教师在教学时需要出示绘本中重要情节的图片以唤起幼儿对绘本故事内容的回忆,还需准备幼儿游戏时需要的攀爬架、轮胎、爬行垫、塑料圈、绳子等。

（2）对幼儿现有年龄阶段的思考

幼儿处于中班上学期的阶段,已经掌握钻、爬、跳的基本动作,所以需要借助体育器械来加大"旅行"的难度,如:增加高度、在钻的过程中设置障碍物等。路线的设计需根据幼儿发展水平设置不同的难度。

2. 活动中孩子的表现

（1）活动实录

幼儿在"旅行"的过程中自主选择旅行的路线。三条路线，三种不同的难度。有的幼儿刚开始选择最容易的那一条，发现这对自己来说非常简单，马上就会挑战难度较高的那一条路线。"旅行"成功了之后，幼儿都会非常激动、开心，并且会跟老师或者同伴分享自己成功的喜悦。当然，也有部分幼儿会在"旅行"的过程中遇到挫折，如：跳起来总是够不着挂在上面的娃娃、钻滚筒的时候不易保持平衡等。遇到类似的情况，幼儿都会选择一遍又一遍地尝试，有的幼儿会在这个过程中寻求教师的帮助，教师也会根据幼儿的发展水平给予相应的鼓励和帮助。

（2）活动中我的发现

在活动中我发现孩子们有一个非常可贵的品质，那就是在游戏的过程中遇到困难之后，首先都会选择自己解决。而且，每个孩子都愿意去尝试不同的路线，挑战更高的难度。这种不怕困难、勇于挑战的精神让我非常感动。

3. 需要调整和改进的方向

幼儿在自主选择路线的过程中，教师可适当引导幼儿尝试不同的路线，并提醒幼儿注意遵守游戏规则，有序排队进行游戏。路线的难度可适当再提高一点，挂着的娃娃的高度可设置为逐层递增。

（刘艾欣）

（五）"悦读"社会活动：爱护花草树木

☞ **活动目标**

1. 通过绘本故事，萌发爱护花草树木的情感与保护环境的责任感。
2. 相互交流与讨论保护花草树木的方法，敢于大胆表达自己的观点。
3. 知道花草树木有美化环境、清新空气的功能，爱护花草树木。

☞ **活动准备**

1. 经验准备：幼儿知道不能随意采摘花草树木。
2. 物质准备：教学课件。

☞ **活动过程**

1. 回忆绘本内容，萌发爱护花草树木的情感。

（1）出示绘本。教师提问：小种子在长大的过程中都遇到过哪些危险？

（2）教师提问：小种子长大成花朵、小树后又遭受到了什么伤害？

（3）小结：人们随意采摘花朵、践踏小草和小树，会让它们失去生命，慢慢死掉。如果这个世界上都没有小花、小草和大树了，那就一点都不漂亮了。

2. 观察图片，知道破坏花草树木是错误的行为。

（1）教师出示有花草树木的公园、茂盛森林等图片，请幼儿仔细观察。教师提问：你去过这样的公园吗？你的心情怎么样？

（2）教师出示花草树木被随意破坏的场景图。提问：这些人在做什么？你觉得这样的行为是对的吗？为什么？你还看见过哪些破坏花草树木的不好的行为？

（3）观察花草树木被破坏后会造成雾霾天气、土壤贫瘠、泥石流现象等图片。提问：我们为什么要保护、爱护花草树木呢？没有花草树木对我们人类有什么危害？

小结：花草树木是我们人类的好朋友，它们不仅会帮助我们美化环境，还可以让我们的空气变得更清新，也能让人们少遭受自然灾害。

3. 幼儿交流讨论保护花草树木的方法，萌发保护环境的责任感。

（1）提问：花草树木这么重要，可还是有很多花草树木受到伤害。我们有什么办法可以帮助它们，保护它们呢？

（2）幼儿相互交流与讨论，自由大胆表达自己的观点。

小结：不踩草坪，不采摘花朵，不折树枝，看到别人破坏花草树木时有礼貌地阻止，给花草树木制作告示牌提醒他人……

4. 延伸拓展，制作告示牌保护花草树木。

（1）教师出示告示牌图片，并提问：你在哪里看见过这样的告示牌呢？这种告示牌一般可以放在哪些地方？

（2）教师提出制作任务与要求，幼儿和老师共同寻找幼儿园里有需要放告示牌的地方、并进行统计和记录。

（3）在美工区中有针对性地进行设计制作，制作完成后，可以放到花园或草丛或小树上。

（贺诗婷）

第四章　大班"悦读"主题系列活动

第一节　绘本《天生一对》"悦读"主题系列活动

一、绘本介绍

绘本《天生一对》讲的是鳄鱼先生和长颈鹿小姐结婚后，他们的组合遭遇了其他人怪异的眼光，但长颈鹿和鳄鱼并不在意，他们依旧相亲相爱地在一起，当大火来临时，他们用自己的善良、勇敢和机智，获得了大家的认可。整个故事温馨、浪漫、幽默、生动，读来趣味盎然。虽然故事讲述的是爱情，但折射出的婚姻观和交友观值得我们好好学习和反思。

[德]达妮拉·库洛特/文　方素珍/译　少年儿童出版社

二、绘本价值分析

绘本《天生一对》是鳄鱼和长颈鹿系列的第三本，内容讲述的是两个看似完全不同的朋友，在经历相识、相知、相爱之后，如何获得周围朋友认同的故事。绘本通过可爱的形象、柔和的色彩、幽默浪漫的情节展现了生活场景，不仅传递了美好的感情，更阐述了爱的学习过程。此绘本故事情节生动有趣，场景色彩明和，对话诙谐幽默，很适合大班幼儿阅读。

图画书的画面。绘本画面色彩柔和，大面积使用了黄、绿等明快的颜色，形成柔和、幽默、富有辨识度的画风。作者用生动、夸张的笔法勾勒出鳄鱼和长颈鹿的形象可爱又富有趣味性，通过夸张的表现手法，生动呈现两者之间的身高差。同时作者又注意了细节刻画，使读者读来十分有趣。

图画书的文字。每幅图画旁边都配有诙谐幽默的文字，浅显易懂。满足幼儿边认字边阅读的需求，图文的对应也便于幼儿更好地理解画面内容。

三、幼儿阅读绘本观察记录

大班幼儿交往明显增强，交往能力也有很大的提高，班级幼儿相互组成小团体，开始有固定的玩伴。在交往的过程中，我们发现幼儿很容易因为一些小事情而发生争吵，也爱向老师告状。怎么样帮助幼儿巧妙地找到与朋友交往的秘诀呢？绘本《天生一对》可以很好地帮助我们解决这个问题。于是，教师将本书投放到班级阅读区，并将幼儿的阅读情况记录在表4-1中。

分析：

1. 幼儿对《天生一对》这个绘本表现出了极大的兴趣，大部分幼儿都会在晨间阅读期间自主选择这个绘本进行阅读。

2. 关键词：长颈鹿、鳄鱼、影子、救火、故事情节、主题旨意。

3. 可生成课程：语言活动（故事欣赏、故事续编）、社会活动、艺术活动（美术、音乐）、科学活动（光与影）。

表4-1 幼儿阅读绘本《天生一对》观察记录表

幼儿姓名	阅读全书时间	幼儿阅读情况观察		
		关注点、兴趣点（文字或图片，可以从幼儿阅读停留地方时间长短、神情、交流或讲述的内容判断）	其他阅读行为（比如：是否按顺序读、是否与同伴交流、先看文字还是先看图等）	幼儿阅读中存在的问题
邓一菲	10分钟	邓一菲小朋友看书比较认真、专注，基本都能坚持很久。拿到书后，菲菲先关注到的是长颈鹿和鳄鱼的房子和吃饭的方式，说"长颈鹿和鳄鱼住在一起方便吗？它们为什么在一起呀？"当看到长颈鹿救火的场景，菲菲说"它们为什么不打电话叫119来救火呀？""这条路这么窄，消防车怎么来呀？"	整个阅读的过程中，菲菲对图画对书的内容关注度比较高，注意力比较专注，一直在认真阅读。	菲菲对于故事的内容还是能够理解，但是对于鳄鱼和长颈鹿为什么要在一起难以理解。
陈泊远	7～8分钟	陈泊远小朋友是一个理性思维比较强的男孩子。他拿到书之后细细翻过前面的故事内容，最后视线定格在鳄鱼和长颈鹿看电影的画面上："屏幕上的影子是哪儿来的？为什么会有影子呢？"说完和旁边的幼儿讨论开了。	在阅读过程中，陈泊远在刚开始的时候还是比较认真，在后面遇到自己感兴趣的内容后就和同伴展开了热烈的讨论。	没有完整阅读故事内容，且对于故事内容无法理解。
张育倪	6分钟	看到"鳄鱼与长颈鹿生活在一起，互相帮助扶持"的画面非常感兴趣。	能够仔细地逐页阅读，并且对自己喜欢的画面阅读得非常认真。特别是对图画书中颜色较为鲜艳的画面比较感兴趣。在此过程中没有与同伴进行交流。	阅读时关注到了画面，但鳄鱼与长颈鹿之间的微妙关系还不能第一时间感受到。
熊俊杰	2分钟	对鳄鱼与长颈鹿生活的环境的差异很感兴趣，并知道这与它们自身的短处和长处相联系。	一页一页翻阅，翻到自己喜欢的画面会停留，并且兴奋地与同伴交流："鳄鱼是这样帮助长颈鹿的，长颈鹿也有它的缺点哦！"	并未认真阅读每一页，他只关注了自己感兴趣的图画。
马咏晴	3分钟	关注有明显的人物或者动物形象的画面。	能够逐页翻阅，并且在阅读到具有明显形象的画面时能够与同伴交流讨论。	虽然逐页翻阅，但并没有观察到画面之间的联系。

四、教研活动实例

表 4-2　教研记录表

时　间	2018. 10. 15	主持人	大班组年级组长
参加人员	大班组全体教师		
教研主题	"悦读"大班课程：天生一对		
教研实录	一、研讨绘本《天生一对》，预设活动。 　　教师1：经过前期观察，幼儿对《天生一对》这本书十分感兴趣，在幼儿阅读过程中，我们观察到幼儿很喜欢鳄鱼和长颈鹿这两个角色，对绘本中的故事情节及对话也非常感兴趣。因此，我觉得这个绘本可以在设计语言活动的基础上，再设计一个表演游戏。 　　教师2：在故事情节中，鳄鱼和长颈鹿是一对相亲相爱的恋人，幼儿可能对"恋人"还不太理解，但是他们在一起游戏、玩耍的情景和幼儿与同伴相处的经验非常相似，能够引发幼儿的共鸣，如他们一起看电影、一起骑自行车等。因此我建议设计一个以"朋友"为主题的社会活动，让幼儿体会同伴之间的相互信任和帮助。 　　教师3：鳄鱼和长颈鹿的故事情节可以编成一首歌，将故事情节简化成歌词，再配上一首幼儿熟悉的音乐，成为一首改编歌曲。 　　教师4：长颈鹿这个角色形象非常鲜明，很受幼儿喜爱，长颈鹿的特点也很突出，尤其是它的长脖子，可以提供各种材料，让幼儿制作长颈鹿。 　　基于幼儿兴趣，经过老师们的讨论，最终确定预设活动为： 　　（一）集体教学活动： 　　1. 语言活动：天生一对 　　2. 美术活动：可爱的长颈鹿 　　3. 社会活动：朋友 　　4. 音乐活动：鳄鱼爱上长颈鹿 　　（二）游戏活动： 　　1. 区域活动：天生一对 　　2. 表演游戏：天生一对 　　二、讨论未来几周"悦读"课程安排 　　教师5：我认为应该先开展故事创编的语言活动。因为幼儿刚刚熟悉这个绘本，记得故事内容，并且我发现幼儿阅读绘本后，对"谁和谁是一对"这个点非常感兴趣。

（续表）

教研实录	教师6：美术活动也可以前置。从幼儿兴趣来说，幼儿很喜爱长颈鹿独特的模样；从活动类型的搭配来说，语言活动配上艺术活动搭配也比较合适。 教师7：是的，而且从活动内容来说，其他几个活动比如社会活动和区域活动，需要幼儿对绘本有进一步的熟悉与理解，不适合放在第一周开展。 教师8：音乐活动和表演游戏与前几个活动相比，对幼儿来说更具有难度和挑战性，可以放在最后一周开展，这时幼儿对绘本已经非常熟悉，也理解了绘本的情感与意义，表演和唱歌时能更好地表达。 经过老师们的讨论，最终确定"悦读"课程周安排如下： 第9周： 1. 语言活动：天生一对 2. 美术活动：可爱的长颈鹿 第10周： 1. 社会活动：朋友 2. 区域活动：天生一对 第11周： 1. 音乐活动：鳄鱼爱上长颈鹿 2. 表演游戏：天生一对

五、思维导图

根据对幼儿的观察了解，教师们积极研讨，并预设出以下活动：

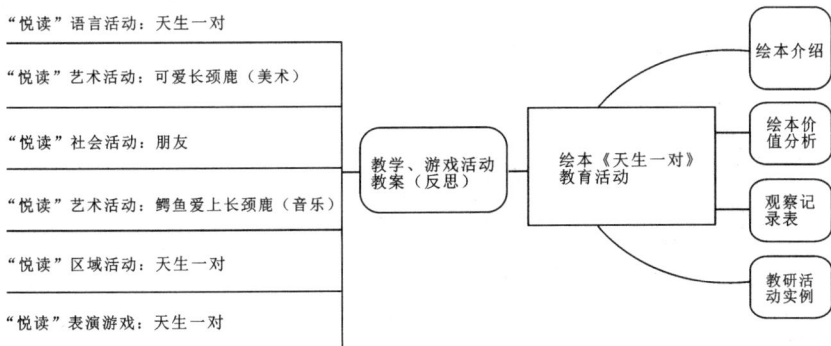

（刘梦池 陈琴）

六、教学、游戏活动实例

（一）"悦读"语言活动：天生一对

☞ **活动目标**

1. 感受朋友之间的温情、友情，喜欢与同伴合作游戏。

2. 知道生活中有的物品可以两两配对，并说出理由。

3. 能分角色进行动物之间成为天生一对的故事创编。

☞ **活动准备**

1. 经验准备：幼儿已熟悉绘本《天生一对》，将绘本投放到班级阅读区供幼儿阅读，并且进行观察记录，根据观察情况发现幼儿的兴趣点，再在活动中重点展开。

2. 物质准备：《天生一对》PPT、小蛇和蜗牛的图片、生活中相关联的动物图片若干。

☞ **活动过程**

1. 回顾绘本，引入故事情境。

提问：绘本中哪两个小动物是天生一对？天生一对是什么意思？从哪里看出来他们是天生一对？你觉得还有哪些动物是天生一对的呢？

2. 观察图片，寻找小蛇和蜗牛。

（1）出示图片，提问：图片中除了鳄鱼和长颈鹿是天生一对，还有两只小动物它们也是天生一对，比一比谁的小眼睛最厉害能够把它们找出来，并且说一说为什么它们是天生一对？

（2）小组讨论，创编故事，说一说它们之间会发生什么故事？并每一组请一个代表出来讲述。

小结：一对，总是由两个组成的，两个在一起就成了一对。不管它们是相同的东西，还是不同的东西，只要是有理由的，我们都能把它们配成一对。

3. 游戏：找朋友。

分组游戏，将生活物品的图片进行两两配对，并说出理由。

玩法：六人一组进行游戏，将物品筐里面的图片进行两两配对，并摆放整齐，教师依次验证并请幼儿说出理由，随后将单张没有配对的图片放在桌子中间，在别的小组中找一找是否有能够配对的图片。

规则：幼儿分组进行游戏，教师计时并巡视观察幼儿操作情况，游戏时间到，幼儿停止操作，双手离开桌面。

4. 活动结束，分享与交流。

（贺佩）

☞ "悦读"语言活动"天生一对"反思

1. 活动开展前的思考

（1）对绘本内容的再思考

绘本《天生一对》故事情节非常生动有趣，幼儿对长颈鹿和鳄鱼是天生一对也非常好奇，为了帮助幼儿更好地理解"天生一对"的含义，培养幼儿积极动脑、勇于探索、敢于尝试的精神，发展其观察力、想象力、口语表达能力，开展了此次活动。

（2）对材料准备的思考

为了让幼儿更加直观阅读绘本，我们不仅准备了故事 PPT，而且也为幼儿购买了绘本《天上一对》并投放在语言区，幼儿在活动前后都可以自由阅读绘本故事。

（3）对幼儿现有年龄阶段的思考

《天生一对》这个绘本的独特之处在于，绘本中的主人公——鳄鱼和长颈鹿这两只动物外表看起来其实并不登对，但是因为它们志趣相投、互相欣赏，所以成了最好的朋友，并在一起生活。他们因为自身条件差别太大，在一起生活遇到过许多困难，也遭到了外界的质疑，但是这两个好朋友包容、体谅对方，一起团结合作面对所有的困难，所以最后他们得到了大家的认可。幼儿阅读完此绘本之后需明白一个道理——不要为表面的现象所迷惑，许多外表看上去不可能的事情，只要愿意一试，其实也有很大的可能性。大班的幼儿在阅读此绘本的时候，需尝试理解绘本中所蕴含的道理。

2. 活动中幼儿的表现

（1）活动实录

《天生一对》这个绘本故事非常吸引人，故事情节跌宕起伏，故事内容新奇好玩，幼儿倾听得特别认真。当讲到两只动物因为身高差距而出现问题时，幼儿都积极地为这一对爱人想办法。当我提出："既然它们这么不合适，干脆分开算了吧。"幼儿马上回答说："总会有办法的！""不试一试怎么知道呢""它们可以造一栋自己的房子呀"……幼儿遇到问题喜欢用积极的方式去处理，不轻易放弃，这让我非常感动。

（2）活动中我的发现

①幼儿对绘本中鳄鱼、长颈鹿的形象非常感兴趣，绘本中的大胆配色、绘画方式，对幼儿都很有吸引力。

②幼儿在活动中遇到问题，都会以积极的方式去解决。

③幼儿非常喜欢绘本中最后鳄鱼和长颈鹿一起合作救了小鳄鱼一家的故事情节，他们为长颈鹿和鳄鱼欢呼，为它们的机智和乐于助人而感动。

④幼儿的语言表达能力和倾听能力都有一定的增强，且非常喜欢欣赏故事，听完一遍之后基本上能看图将故事内容完整讲述。

3. 活动后需要调整和改进的方向

（1）在幼儿讲述时，教师还可以帮助幼儿完善故事情节，引导幼儿大胆并清楚地讲述故事。

（2）在幼儿分组讲述方面，教师适时引导幼儿"强弱"分配，在同一组内，语言表达能力好并且外向的幼儿可给语言表达能力相对较弱的幼儿做示范。

（3）教师在引导幼儿欣赏完故事之后，要引导幼儿总结绘本中蕴含的道理，挖掘绘本更加深层次的教育价值。

（贺佩）

（二）"悦读"音乐活动：鳄鱼爱上长颈鹿（歌唱）

☞ **活动目标**

1. 欣赏歌曲，感受歌曲中鳄鱼为了爱而坚持不懈的精神。

2. 能用自然好听的声音学唱歌曲，大胆用肢体动作表现歌曲情感。

3. 在学习过程中迁移已有经验，尝试根据自己对故事的理解仿编歌词。

☞ **活动准备**

1. 经验准备：幼儿已阅读绘本《天生一对》。

2. 物质准备：长颈鹿和鳄鱼的图片、图谱、音乐。

☞ **活动过程**

1. 出示绘本《天生一对》，回顾歌曲的旋律。

（1）出示绘本《天生一对》，回忆故事内容。

提问：你们还记得故事《天生一对》吗？里面有谁啊？鳄鱼爱上了谁呀？

（2）用哼唱旋律的方式练声。

用"啊"的方式和长颈鹿打招呼，提问：你们知道怎么和长颈鹿打招呼吗？我们一起哼唱一下。

2. 欣赏歌曲，理解歌词。

（1）播放课件，回忆故事内容。

提问：鳄鱼爱上长颈鹿后，为了他都做了什么呢？

（2）完整欣赏，熟悉歌曲内容。

提问：歌曲中唱的鳄鱼为了长颈鹿都做了什么呢？

（3）再次欣赏歌曲，出示相应图片。

播放歌曲，教师根据歌词，出示歌词相对应的图片，帮助幼儿理解歌词。

3. 运用多种形式，学唱歌曲。

（1）欣赏音乐，提问：这首歌一共有几部分？第二部分和第一部分有什么不一样？

（2）引导幼儿完成学唱第一段歌曲，根据幼儿的学唱情况，教师小结。

（3）完整地学唱歌曲。

（4）以对唱的形式师幼共同演唱。

（5）幼儿分组对唱歌曲。

4. 集体演唱、表演歌曲，尝试用动作表现。

【附】歌曲

鳄鱼爱上长颈鹿

2020届大班组教师 词
覃左昆 曲

$1=C$ $\frac{4}{4}$

1. 3 5 6 5 | i. 5 6 5 |
我 要 为 你 踩 上 高 跷，

4. 6 5 3 | 2. 1 3 2 — |
我 要 为 你 爬 上 树 梢。

1. 3 5 6 5 | i. 2 7 6 — |
我 要 为 你 演 奏 歌 谣，

5. i 5 3 | 2. 1 3 2 1 — |
我 要 为 你 飞 上 云 霄。

i. 7 6 — | 7. 6 5 — |
啊 长 颈 鹿，

i. 7 6 5 | 6. 7 6 5 — |
啊 相 亲 相 爱，

i. 7 6 — | 7. 6 5 — |
啊 我 爱 你，

i. 7 6 i | 2. 3 2 i — ‖
啊 在 一 起 吧！

（覃左昆）

☞ "悦读"艺术活动"鳄鱼爱上长颈鹿"反思

1. 活动开展前的思考

（1）对绘本内容的再思考

《天生一对》是一本情节、线索比较简单的绘本。绘本内容主要是以鳄鱼和长颈鹿为主体展开的故事。活动之前，我将绘本开展过的相关活动整合在我们的区域活动，并进行相关拓展，最后形成本次活动。

（2）对材料准备的思考

①音乐素材的准备：教师自己作曲，并根据绘本内容梳理和创编歌词。

②在教具的准备方面，我准备了绘本中动物角色的胸贴以及图片，让幼儿能够在角色扮演的过程中感受到游戏的乐趣。

（3）对幼儿现有年龄阶段的思考

此次歌唱活动与角色扮演活动应该是大班幼儿非常感兴趣并且愿意参与的。幼儿不仅喜欢模仿，并且能够自己创编动作与歌词。通过扮演绘本中的动物角色以唱歌的形式进行对话，不仅能使幼儿获得自信心，还能帮助幼儿提高语言表达能力。

2. 活动中幼儿的表现

在活动导入部分，教师范唱歌曲，幼儿聆听之后非常喜欢这首歌的旋律，教师范唱两遍后，幼儿就能随乐哼唱旋律。在情境设置上，主教与配教老师相互合作，给予幼儿一个形象、直接的感官体验，使幼儿体验到绘本中鳄鱼和长颈鹿之间的互动。在幼儿表演之前，教师注重强调表演规则，要求幼儿结合动作进行演唱。在分角色演唱时，扮演角色的幼儿一个个地唱着歌词、做着动作，仿佛一场音乐剧在上演。在一轮表演结束后，许多幼儿都想要表演，连平时不爱举手的幼儿都高兴地举手要上台表演。幼儿对今天的活动很感兴趣，活动中的积极性很高，表演的欲望很强烈。

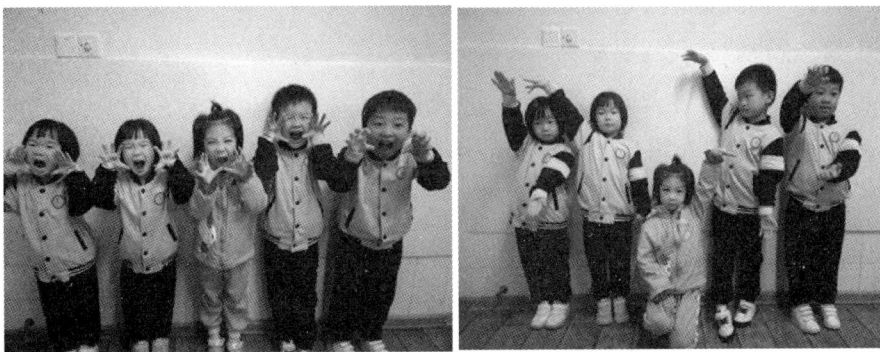

3. 活动后需要调整和改进的方向

（1）在表演时，建议老师一定要引导幼儿创编角色动作，这样更生动，幼儿表演起来更具表演性，也更能提高幼儿参与的兴趣。

（2）建议用胸饰让幼儿表演，由于头饰戴得不够牢固，影响幼儿的表现状态，胸饰更方便幼儿表演，也更有利于观众欣赏，对表演者扮演的角色一目了然。

（覃左昆）

（三）"悦读"社会活动：朋友

☞ **活动目标**

1. 乐于、敢于和陌生人交往，体验交往带来的愉悦情绪。

2. 能在游戏中大胆交朋友，尝试信任、帮助朋友并与朋友合作。

3. 通过三个游戏，了解一些与朋友交往的方法。

☞ **活动准备**

1. 经验准备：幼儿已阅读绘本《天生一对》，熟悉绘本故事内容。

2. 物质准备：舒缓的音乐（自备）；与幼儿数量相等的椅子；桌子4张；幼儿人数一半的眼罩；《朋友》视频。

☞ **活动过程**

1. 图片导入，调动已有的生活经验。

（1）观看图片"鳄鱼和长颈鹿"，引出主题。

提问：这是一对特别的朋友，他们每天快乐地生活在一起。你知道什么是朋友吗？你有朋友吗？你的朋友有谁？

（2）自由交流对朋友的理解，教师梳理。

2. 说说我和我的朋友。

（1）幼儿自告奋勇介绍自己的朋友。

请愿意上台介绍自己好朋友的幼儿上台，在集体面前介绍自己和好朋友。教师提问：你有什么本领？朋友有什么本领？你们为什么会成为好朋友？台上的小朋友需说出自己的优点和朋友的优点，以及是如何成为朋友的。（视情况请3~4个小朋友上台介绍）

（2）幼儿相互交流，表达自己的情感。

小结：每个人都需要朋友，朋友让我们充满欢乐，朋友可能跟我们有共同的优点，也可能不同，但并不影响我们成为朋友。

3. 幼儿进行过障游戏，体验在交往中关爱朋友、信任朋友。

（1）出示眼罩，尝试蒙眼走过"椅子桥"的困难，并能与朋友共同想办法解决困难。

教师提问：谁敢蒙眼走过这座"椅子桥"？怎样才能更加顺利通过？

（2）教师交代游戏玩法，幼儿自由结伴随音乐在椅子上走。

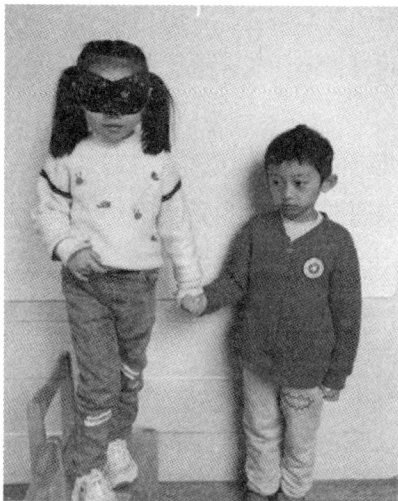

教师提问：你相信你的朋友吗？你敢和他（她）一起穿过这座桥吗？

玩法：两人合作，为朋友带上眼罩，从起点出发，牵朋友的手走过"椅子桥"。

规则：不能碰倒椅子。

（3）改变椅子摆放方式，加大游戏难度，再次尝试。幼儿进一步感受信任朋友和帮助朋友。

教师提问：现在挑战难度越来越大了，你还敢不敢和朋友再一次挑战？

小结：信任朋友、帮助朋友，会让我们和朋友之间更亲近，感受到更多的温暖。

4. 经验迁移，理解朋友在生活中的重要性。

（1）提问：现在你觉得朋友是什么？他在你的生活中重要吗？

（2）提问：在生活中我们应该怎样与朋友相处？

小结：在你困难的时候，朋友会来帮助你。在你快乐的时候，朋友会和你一起分享成功的喜悦。有了朋友，我们的生活会变得更加快乐、幸福。当然，我们要跟朋友友好相处，有时候也需要体谅朋友，当发生不愉快时，要及时沟通，用正确的方法解决问题，这样才能继续成为好朋友。

（贺诗婷）

（四）"悦读"艺术活动：可爱的长颈鹿（美术）

☞ **活动目标**

1. 通过说一说、看一看、动一动，萌发对长颈鹿的喜爱。

2. 初步感知长颈鹿的基本特征，了解用纸折长颈鹿的基本方法。

3. 学会使用不同的材料制作长颈鹿。

☞ **活动准备**

1. 经验准备：幼儿已阅读绘本《天生一对》。

2. 物质准备：长颈鹿图片、土黄色彩纸、剪刀、蜡笔、超轻泥、胶棒、纸杯、雪糕棒、黄色卡纸、棕色卡纸若干。

☞ **活动过程**

1. 调动已有经验，导入活动。

教师出示长颈鹿图片，提问：长颈鹿是什么样的？你们喜欢它吗？为什么？

小结：长颈鹿有长长的脖子，四只脚，身上是黄色的皮肤和棕色的斑点。

2. 出示不同长颈鹿手工作品图片，了解可以用不同材料制作长颈鹿。

（1）出示手工制作的长颈鹿图片，让幼儿进行观察。

教师：这些长颈鹿是怎么做的？需要用到哪些材料？

（2）幼儿自主讨论，教师视情况梳理并给予示范。

（3）出示不同的长颈鹿成品图片，让幼儿观察、欣赏。

小结：超轻泥长颈鹿需要用到不同颜色的超轻泥进行揉捏。纸筒长颈鹿要用剪刀和双面胶，斑点要用棕色纸片进行粘贴，也可以用水彩笔画。

3. 交代要求，自由操作，尝试制作长颈鹿。

（1）提供材料，提出操作要求。

要求：每桌选用一种类型的手工长颈鹿进行制作；在制作过程中要保持桌面整洁。

（2）幼儿自主操作，教师巡视观察，并适当进行指导和帮助。

4. 展示幼儿的作品，进行分享与交流。

（1）请幼儿把作品放在"悦读"作品展示墙，相互欣赏。

（2）师幼共同评价。

提问：请幼儿说说谁的长颈鹿做得最好，做得最形象？

（刘艾欣）

（五）"悦读"区域游戏：天生一对

表4－3 "悦读"区域游戏：天生一对

活动名称			悦读：天生一对
设计思路			绘本《天生一对》内容讲述的是两个看似完全不同的朋友，在经历相识、相知、相爱之后，如何获得周围朋友认同的故事。绘本通过可爱的形象、柔和的色彩、幽默浪漫的情节展现的生活场景，不仅传递了美好的感情，更阐述了爱的学习过程。此绘本故事情节生动有趣，场景色彩明快，对话诙谐幽默，很适合开展区域活动。
活动名称	语言区	阅读区	天生一对
		讲述区	天生一对
	美工区	手工区	可爱的长颈鹿
		绘画区	长颈鹿和鳄鱼
	表演区		天生一对

（续表）

活动目标	语言区	能自主阅读《天生一对》，自主阅读图片；能够根据图片并结合自身的经验用正确的语言讲述《天生一对》故事。	
	美工区	能自主选择合适的材料，通过搓、团、圆、印画、点画、剪纸、撕纸等方式制作表现长颈鹿的外形特点。	
	表演区	能够模仿长颈鹿与鳄鱼的特征，运用恰当的语言和动作去表现。	
活动准备	语言区	阅读区	《天生一对》绘本。
		讲述区	"天生一对"操作卡。
	美工区	超轻泥区	彩色超轻泥，小手搓、团圆等图片。
		绘画区	印有长颈鹿的半成品、彩纸、彩笔、纸杯，一次性筷子。
		剪纸区	彩色纸、剪刀、胶棒、长颈鹿的半成品。
	表演区		长颈鹿、鳄鱼头饰。
活动过程	活动导入	（1）师幼共同观察、了解区域活动的内容、材料等。 （2）相互交流：还记得昨天的故事"天生一对"吗？ （3）根据已有经验，有目的、有计划地选择自己喜欢的区域，进行游戏。	
	过程观察与指导要点	语言区	重点关注：幼儿是否能根据教师提供的材料，结合自己的已有经验进行讲述；自主阅读绘本《天生一对》。
		美工区	"超轻泥区"重点关注：幼儿能否掌握团、圆、组合的方法，制作长颈鹿。 "绘画区"重点关注：幼儿能否表现长颈鹿的外形特点。 "剪纸区"重点关注：幼儿是否了解圆形的特点，会将纸剪或撕成圆形。
		表演区	关注幼儿是否能模仿长颈鹿与鳄鱼角色的特征，运用恰当的语言和动作去表现。
	分享与交流	（1）提问：你今天玩了什么？你心情怎么样？ （2）教师拍摄一些幼儿游戏中的照片，并根据班级幼儿游戏情况，适时进行幼幼自评、幼幼互评。 （3）针对大班幼儿的年龄特点，运用提问、展示与分享等方法，引导幼儿用各种不一样的方式表现长颈鹿与鳄鱼。	

（付逸仙）

（六）"悦读"表演游戏：天生一对

☞ **活动目标**

1. 积极参与表演，选择自己喜欢的角色，在游戏中加深对故事内容的理解。

2. 模仿长颈鹿与鳄鱼的角色特征，运用恰当的语言和动作去表现长颈鹿和鳄鱼。

3. 学会与同伴协商，轮流扮演角色，合作游戏。

☞ **活动准备**

1. 经验准备：熟悉故事内容。

2. 物质准备：鳄鱼、长颈鹿头饰、背景图。

☞ **活动过程**

1. 出示绘本，进一步熟悉故事情节与内容。

（1）幼儿认真倾听，回顾故事情节。

（2）幼儿能根据情节内容展开想象，并创造性地进行动作、语言模仿。

2. 讨论角色特点，并学一学。

教师提问：你能模仿鳄鱼和长颈鹿吗？你觉得哪一段表演起来有困难？谁有办法来解决？

3. 教师出示背景图，幼儿尝试表演。

（1）在幼儿自愿的基础上分配角色。

教师提问：谁愿意扮演长颈鹿？谁愿意扮演鳄鱼？

（2）幼儿尝试表演，鼓励幼儿相互评价：你们觉得表演得好吗？为什么？

4. 幼儿自由分组、分角色表演故事。

（1）幼儿自行商量所扮演的角色（包括旁白），进行相应装扮，共同合作表演。

（2）幼儿分组表演，教师巡回观察，幼儿创造性地表现不同角色。

（3）各组轮流在集体中表演，教师鼓励幼儿相互评价。提问：你最喜欢哪一组的表演？为什么？

5. 集体分角色表演，共同评价表演情况，收拾场地和材料，结束活动。

（刘梦池）

第二节　绘本《春节的故事》"悦读"主题系列活动

一、绘本介绍

《春节的故事》以"年兽"为故事主线设计内容，新颖、有趣的故事能够吸引幼儿的兴趣；故事立足于真实的民间生活，在与"年兽"斗智斗勇的过程中自然渗透中国传统文化的内容，使幼儿在阅读中既感受到温暖和爱，同时也自然而然地了解中国传统文化。

思南（改编）/文　朱新建/图　连环画出版社

二、绘本价值分析

这是一本典型的体现中国传统文化的图画书,充满着浓浓的中国味,书中描绘的春节场景和"年"的故事对于幼儿来说是熟悉又陌生的。春节是中华民族的传统节日,在数千年的历史文化传承下,逐渐形成了各种各样的过年习俗,幼儿体验过如:贴对联、放鞭炮、贴窗花、穿新衣、吃团圆饭、亲朋好友或邻里之间互相拜年、长辈给晚辈压岁钱等习俗。幼儿虽然初步体验过过年的气氛,但对过年的来历也并不是很了解。为了丰富幼儿对传统文化的认识,选择了此图画书,旨在通过阅读中国优秀传统文化图画书,以及体验多种多样的活动,帮助幼儿更深入地了解春节。

图画书的画面。整个画面都有浓浓的中国味,画面中的配色、年兽、人物、植物、建筑等各类物品有别于普通的图画书,颇具中国特色、童趣且不复杂,让幼儿能够感受不一样的画风。绘本中对于细节的描绘与丰富的画面也适合大班幼儿进行阅读,让幼儿能够在观察画面中进一步了解中国传统节日——春节的由来与特色。

图画书的文字。每幅图画旁边都配有相应内容的文字,满足幼儿边认字边阅读的需求,图文的对应也便于幼儿更好地理解画面内容。

三、幼儿阅读绘本观察记录

春节是我国最具特色、也最隆重的传统节日。临近寒假,马上迎来喜庆的春节,为了引导幼儿从小感受过年的习俗,让春节的传统文化植根于幼儿心中,教师选择了绘本《春节的故事》投放到班级语言区中,并将幼儿的阅读情况记录在表4-4中:

表4-4 幼儿阅读绘本《春节的故事》观察记录表

幼儿姓名	幼儿阅读情况观察			
	阅读全书时间	关注点、兴趣点（文字或图片，可以从幼儿阅读停留地方时间长短、神情、交流或讲述的内容判断）	其他阅读行为（比如：是否按顺序读、是否与同伴交流、先看文字还是先看图等）	幼儿阅读中存在的问题
于宸弘	10分钟	于宸弘小朋友拿到书后，仔细地翻阅图书内容。当看到图画书中年兽的样子时说："年兽怎么长成这样呀？样子好丑呀？"然后仔细地翻阅图画书后面的内容，最后视线定格在最后一页中"吃饺子，吃团圆饭"上。	于宸弘的阅读比较专注，整个过程都在自己翻阅图书，观察画面内容。	于宸弘小朋友通过阅读能够大致了解绘本的内容，但是对于绘本中的文字并不关注。
卢馨予	7~8分钟	卢馨予小朋友拿到书后，开始自己一页一页地翻阅图书的内容，她的视线一直定格在书本的画面上。"这个房子好漂亮呀？我也喜欢画灯笼，做鞭炮。"说完和旁边的小朋友说起做灯笼的事情。	卢馨予小朋友在翻图画书的过程中对于自己喜欢的内容很容易与同伴共同讨论。	卢馨予小朋友在阅读的过程中容易被干扰，很容易就脱离阅读展开讨论。
赵宇茜	4分10秒	除对年兽和过年的画面很感兴趣之外，还特别喜欢年夜饭那一页，开心地说：哇！他们要吃年夜饭了，好多好吃的，好漂亮！"	赵宇茜在阅读完之后问我："为什么他们没有红包和压岁钱呀？我过年有好多压岁钱！"	对故事情节不太清楚，只是比较分散地观察了画面，没有将它们联系起来思考故事内容。
李维杰	3分钟	看到人们为了吓跑年兽时张灯结彩、贴春联、贴喜字时停下来仔细观看，对图片比较敏感。	看着文字能把故事说出来，结合图片之后用自己的语言讲故事讲得更加完整、独特。	对故事情节并不清楚。

四、思维导图

结合幼儿的兴趣点，教师经过反复讨论，预设出以下活动：

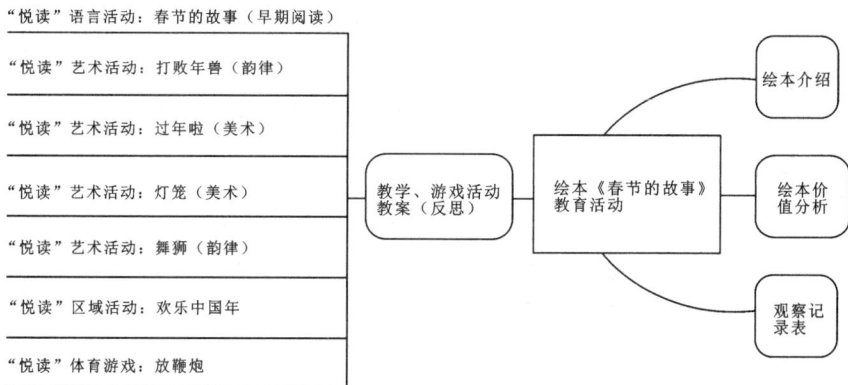

（黄丽君　李芳菲）

五、教学、游戏活动实例

（一）"悦读"语言活动：春节的故事（早期阅读）

☞ **活动目标**

1. 对传统节日感兴趣，体验过年的欢乐气氛，喜欢过年。

2. 通过和同伴共读，观察图片中的关键信息，寻找到"驱赶"年兽的办法。

3. 知道春节的来历，了解过年的习俗。

☞ **活动准备**

1. 经验准备：有过年的经验与体验。

2. 物质准备：绘本《春节的故事》、过年的环境布置、过年相关图片、绘本 PPT、过年视频。

☞ **活动过程**

1. 谈话导入，回忆过年的经历

（1）引导幼儿回忆过年的经历。教师提问：你们发现今天的教室有什么不一样吗？一般什么时候贴窗花？还记得你过年的时候做了什么不一样的事情吗？

（2）幼儿自主回答，教师视情况回应。

（3）引发幼儿对过年习俗的思考。提问：你猜猜为什么过年要贴窗花？

2. 与同伴共读，寻找"驱赶"年兽的办法

（1）教师出示 PPT 第一张图片，引导幼儿仔细观察"年兽"，提问：这只野兽有什么不一样？看起来怎么样？

（2）教师有感情地结合 PPT 讲述前半段故事，请幼儿想"驱赶"年兽的办法，激发幼儿阅读的兴趣。

教师提问：你有什么办法来"驱赶"年兽吗？故事中的人们又想出什么办法来驱赶年兽呢？

（3）幼儿与同伴共读，共同寻找"驱赶"年兽的办法。

（4）教师巡视、观察，重点指导幼儿注意观察图片中人们的行为。

3. 师幼共读，理解故事内容

（1）提问：有谁从书中寻找到了"驱赶"年兽的办法？

（2）教师根据幼儿的回答一一出示图片，帮助幼儿梳理、理解内容。

（3）教师完整讲述故事内容。提问：你喜欢这个故事吗？喜欢什么地方？你想给故事起个什么名字？

4. 幼儿观看过年视频，体验过年的节日氛围，喜爱过年

（1）教师播放过年视频，幼儿仔细观看。

（2）提问：你觉得过年的感觉怎么样？今年过年你打算怎么过呢？

（许婷）

☞ **"悦读"语言活动"春节的故事"（早期阅读）反思**

1. 活动开展前的思考

（1）关于绘本内容的再思考

《春节的故事》是介绍中国传统节日由来的图画书。幼儿对过年有一定的经验，但是对于年的缘由和过年的习俗，幼儿不一定了解。因此我希望通过本次活动帮助幼儿了解故事本身和春节这个传统节日的由来。大班幼儿有了一定的阅读能力，基本能自己读完一本书，但是对故事中的细节观察不是很仔细，不能很好地读出故事中的重要信息。因此在活动中引导幼儿学会阅读，提高阅读能力非常重要，于是我将本次活动定为早期阅读活动。

（2）关于活动重难点的思考

我班幼儿有过年的经历，但是对过年有什么习俗、过年怎么过的概念比较模糊，只有部分幼儿对春节的来历有一定的了解，因此我将本次活动的重点设为：知道春节的来历，了解过年的风俗；对传统节日感兴趣，体验过年的欢乐气氛，喜欢过年。

我班幼儿对重要信息的提取、解读有一定的困难，因此我将本次活动的难点设为：通过和同伴共读，观察图片中的关键信息，寻找到"驱赶"年兽的办法。

2. 关于活动准备设计的思考

（1）关于已有经验的思考

在上周的一个活动中，有教师问幼儿：你们知道春节吗？你们是怎么过春节的？幼儿却说不出什么来。我觉得幼儿肯定经历过过年，但是由于现在家庭本身对过年的观念比较淡，还有上一次过年离现在将近一年时间了，幼儿肯定有所淡忘，因此对春节印象比较模糊。于是，在活动前我布置了作业，请家长找出去年幼儿过年的照片，帮助幼儿回忆是如何过年的，为活动开展铺垫经验。

（2）关于物质材料的准备

春节是我国的传统节日，春节意味着红色、喜庆，为营造节日的氛围，我在教室粘贴了窗花、贴福字、挂灯笼。

为了帮助幼儿梳理过年风俗，我打印了有关过年风俗的图片；为了帮助幼儿更直观地理解故事内容，我制作了PPT。

3. 关于活动过程设计的思考

（1）第一个导入环节，我以谈话导入和幼儿一起回顾了过年的以往经验，为故事的开始铺垫经验；

（2）第二个环节，师幼共读环节。通过师幼共读故事的开始，激发幼儿自主阅读的兴趣，加强重点部分的阅读，实现难点的突破。

（3）第三个环节重点是幼儿自主阅读。通过幼幼共读查找阅读的重要信息，了解过年习俗，教师通过图片帮助幼儿进一步进行知识梳理，突破重点。

（4）第四个环节，通过视频帮助幼儿了解全国各地不一样的过年风俗，帮助幼儿扩大视野，体验春节的热闹。

4. 活动反思

（1）优点：

①幼儿能够通过幼幼共读的方式查找故事的重要信息，了解春节的由来，幼儿的阅读能力得到了一定的提升。

②教师有一定的语言素养，绘声绘色地讲述故事内容，提高了幼儿学习的愿望和阅读的兴趣。

③流程清晰，重难点突出，教具准备得当。

（2）缺点：

①幼儿阅读的时间较短，对绘本内容理解得不够充分。阅读时搬椅子到桌边，阅读后又回到教室中间，搬椅子既浪费时间，又容易导致幼儿注意力分散。

②幼儿座位的摆放为"插秧式"，坐在后面的幼儿不容易集中注意力，教师不便进出对幼儿进行个别指导。

③教师语言不够精练，表意不清。

④活动形式单一，幼儿兴致不高。

（3）改进：

①自主阅读时坐在椅子上阅读。

②活动前将座位摆成"U"字型。

③教师的语言可以更加精练。

④用小组讨论、表演的方式鼓励更多幼儿表达、表现，增加活动的趣味性。

（许婷）

（二）"悦读"艺术活动：灯笼（美术）

☞ 活动目标

1. 喜欢参与手工活动，初步体验制作灯笼的快乐。

2. 知道制作灯笼的基本方法，尝试自己动手制作灯笼。

3. 能正确使用剪刀剪出"平行"的线，按步骤制作简单的灯笼。

☞ 活动准备

1. 经验准备：幼儿见过灯笼，熟悉绘本《春节的故事》。

2. 物质准备：大红色 A4 纸、金色彩条、剪刀、双面胶、白乳胶、彩绳若干，《春节的故事》相关课件。

☞ 活动过程

1. 欣赏《春节的故事》图画书中有关灯笼的页面，引发幼儿兴趣。

教师：又到腊月最后一天了，年兽快要出来作乱了，因为年兽最怕红色，村长便给我们布置制作红灯笼的任务，用来吓跑年兽。

2. 欣赏灯笼，熟悉灯笼的种类及结构。

（1）欣赏灯笼的课件，了解各种各样的灯笼造型。

教师：除了故事里的灯笼，你们平时见过灯笼吗？你见过什么样的灯笼？有些什么造型？用什么材料制作的？

小结：灯笼有方、圆及各种小动物造型等。灯笼的材质也多种多样，有布艺、塑料、纸质的等。今天老师要带大家做《春节的故事》这本书里面的灯笼。

（2）教师示范制作灯笼的方法，并结合步骤图，帮助幼儿熟悉制作步骤。

步骤：①把红色的 A4 纸沿长边对折，把开口的一边折下来一厘米左右；②用剪刀在未开口的一边剪出一条条平行的线，注意不要剪断；③将打开后的红纸沿长边围成圆柱形，用双面胶固定；④用彩纸、彩绳装饰灯笼。

3. 幼儿动手制作，教师巡回指导。

（1）交代制作要求及注意事项。

（2）幼儿自由操作，教师指导。

教师重点注意幼儿在操作过程中的安全问题，指导有疑问的幼儿。

提供不同材料，幼儿制作完成灯笼后可自由选择新材料制作。

教师可将复杂的灯笼制作过程图打印出来供幼儿参考。

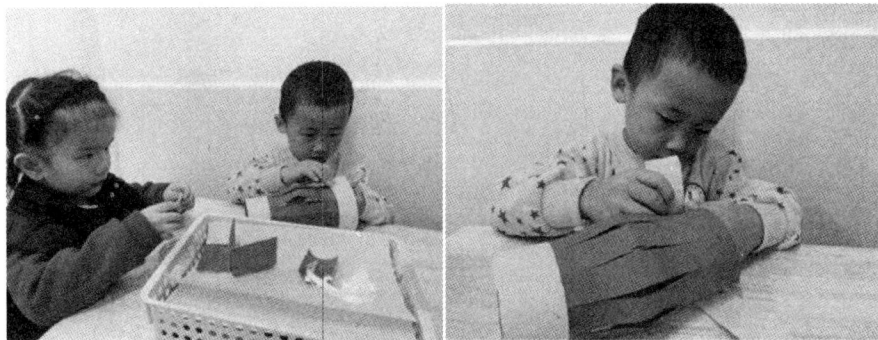

4. 作品展示，交流分享。

请几名幼儿上台展示作品，说说用了哪些材料做的？是怎么做的？请其他幼儿评价。

（易乐媛）

（三）"悦读"艺术活动：过年啦（美术）

☞ **活动目标**

1. 乐于用剪纸的方式表现过年的场景，体验剪纸的乐趣。

2. 学习用对折剪的方式剪人物及其他与图画书内容相关的物品造型。

3. 能用添画的方式对剪纸作品细节进行丰富和装饰。

☞ **活动准备**

1. 经验准备：幼儿已阅读过绘本《春节的故事》。

2. 物质准备：蜡光纸，笔，剪刀，固体胶棒。

☞ **活动过程**

1. 了解绘本的内容，回顾过春节的场景。

（1）出示绘本《春节的故事》，回顾绘本内容。

提问：这是一个关于什么的故事？故事中，人们是怎样赶走年兽的？

（2）引出话题，回忆春节的场景。

提问：你记忆中的春节有什么？除了有家人，还会有什么？

2. 出示材料，介绍对折剪小人的方法。

（1）出示蜡光纸，示范对折剪纸的基本方法。

方法：小小纸儿手中拿，对折之后纸上画，拿起剪刀沿线剪，漂亮小人出来了。

（2）启发幼儿用剪纸的方法剪出其他物品。

提问：过春节的时候还会有什么呢？可以怎么剪呢？

3. 幼儿自主操作，教师巡回指导。

（1）教师介绍操作的要求。

（2）幼儿自主操作。

4. 欣赏并评价作品，小结活动。

（1）师幼共同展示并欣赏作品。

提问：谁愿意介绍一下自己的作品？

（2）小结并结束活动。

（陈琴）

☞ **"悦读"艺术活动"过年啦"（美术）反思**

1. 关于活动内容的思考

（1）关于活动内容的思考

本次活动选自图画书《春节的故事》，这是一个介绍中国传统节日的图画书。这本图画书的画面中，中国传统民俗风味比较浓厚，图画书中的人物和景物都是向幼儿展示我们传统文化的特点。所以，本次活动，我将中国传统的剪纸文化和绘本内容相结合形成了本次活动内容。

（2）关于活动重难点的思考

对称折是在剪纸中比较简单的且比较基础的方法，结合我们班幼儿的已有经验，我将活动的重点定为：了解用对折剪纸法剪出人物和不同物品的方法。

结合绘本的内容，我将活动的难点定为根据人物和物品的细节进行修饰或添画。在对折剪的基础上进行装饰或添画是本次活动中的难点，也是幼儿可以大胆进行尝试和挑战的部分。

2. 关于活动准备、设计的思考

（1）关于已有经验准备的思考

对于我们班的幼儿而言，他们已经有过对称剪小人的经验。所以，幼儿对于对称剪的"折"和"画"的步骤，有一定的经验。

（2）关于物质准备的思考

本次活动中，为幼儿准备的主要剪纸材料是比较喜庆的红色蜡光纸，还有比较传统的绘本背景图和单张的浅绿色纸张。除此之外，我还准备了与剪纸相关的材料，如：剪刀、笔和胶棒等。

3. 关于活动过程设计的思考

（1）教学过程的设计

①在活动的第一个环节，教师带领幼儿一起回顾绘本内容，借助绘本中的情境引出本次剪纸的主要内容。

②在第二个环节，我需要借助图示让幼儿复习对称剪小人的方法，并让个别幼儿上来示范以巩固对称剪小人的方法。

③在第三个环节，幼儿开始自己尝试和操作。

④在最后的环节，幼儿可以将自己剪出来的作品直接展示到我准备好的背景板上。

（2）教法与学法

教法：多媒体演示法，启发提问法。

学法：操作法，多通道参与法，交流讨论法，小组合作法。

4. 活动反思

本次活动中，幼儿玩得非常高兴，每个幼儿都在认真地操作和创作。本次活动中的优点和不足如下：

（1）优点：

①本次活动中，我给幼儿的创作和表现准备了非常漂亮的背景图，激发了幼儿创作和表现的兴趣与动力。

②活动中，教师的准备非常充分，尤其体现在作品展示的环节。幼儿可以自己将作品粘贴在展示板上，大大地减少粘贴作品的时间，给幼儿的欣赏和评价留下了充足的时间。

（2）不足：

本次活动中的难点太多，幼儿的操作效果不是太好，个别幼儿未能明确要求，直接用笔在纸上作画。

（3）改进措施：

教师可将本次活动的重点放在用对称剪的方法剪小人，难点定在能用对称剪的方式剪出过年的其他物品，降低本次活动的难度。

（陈琴）

（四）"悦读"艺术活动：舞狮（韵律）

☞ **活动目标**

1. 感受舞狮音乐的欢快、热闹，体验合作舞狮的快乐。

2. 学习舞狮人的基本动作，能随乐表现狮子的神态和动作，并尝试根据舞狮人的指挥创编舞狮及狮子戏球的动作。

3. 知道舞狮是中国的民间习俗，是庆祝节日、表达快乐心情的形式。

☞ **活动准备**

1. 经验准备：有见过舞狮的表演，知道什么是舞狮。

2. 物质准备：舞狮子的视频和相关的音乐，舞狮、绣球等相关道具，舒缓的音乐。

☞ **活动过程**

1. 观察《春节的故事》封面，回忆故事内容。

（1）教师提问：还记得这本书吗？人们是怎么赶走年兽的？你们有没有见过舞狮表演？在什么地方见过？

（2）幼儿集体讨论，萌发对舞狮的兴趣。

小结：每当过年过节的时候，人们就会用舞狮的方式来庆祝节日，表达自己的喜悦和快乐。舞狮是中国人的一个风俗习惯，人们一般在过年过节等喜庆的时候欢天喜地到街上、广场上舞狮子。

2. 欣赏录像，学习舞狮人及狮子的动作，感受舞狮子的热闹、好玩和喜庆。

（1）教师：你们知道舞狮时，舞狮的人和狮子会做哪些动作？请你试一试！

教师念节奏，幼儿尝试表现舞狮人及狮子的动作。

（2）请幼儿欣赏视频，提醒幼儿仔细观察舞狮人及狮子的动作和神态。

教师：视频里的人是怎样舞狮子的？狮子做了哪些动作？请你学一学。

（3）播放音乐，幼儿分别学习舞狮人"伸直、蹲下、左右摇摆、向前行、向后退"等多种动作，以及狮子随乐摇头、摆尾、抖动、跳跃、碎步小跑、抢夺绣球、躲闪、跳起来扑绣球等动作。

（4）幼儿自由分组，分别扮成舞狮人和狮子，商量怎样根据乐曲合作表演舞狮子（狮子根据舞狮人的动作指挥进行表演），并尝试表演。

3. 跟随视频，随乐表演舞狮子。

（1）全体幼儿两两找朋友，分别扮演舞狮人和狮子，一起听音乐表演。

（2）请几组幼儿表演，教师评价指导。

（3）提供舞狮、绣球等相关道具，分男女合作表演，请幼儿相互评价。

（龙萍）

（五）"悦读"区域活动：欢乐中国年

表4-5 "悦读"区域活动：欢乐中国年

活动名称	欢乐中国年		
设计思路	《春节的故事》是一本非常优秀的中国传统图画书，里面描绘的春节场景和"年"的故事对于幼儿来说是陌生又熟悉的。春节也是中华民族的传统节日，经过历史文化的传承，在过年时逐渐形成了各种各样的风俗习惯：贴对联、贴窗花、穿新衣、吃团圆饭、放鞭炮，邻里、亲友互相拜年，长辈给晚辈压岁钱，吃饺子……幼儿感受过过年的热闹气氛，但对过年的来历并不了解。所以为了让幼儿丰富对传统文化的了解，阅读中国优秀传统图画书，通过听、说、读、画、做等形式，帮助幼儿了解过年的来历，学习中华民族的传统文化，并在活动中感受过年的欢乐气氛。		
活动名称	语言区	讲述区	春节的故事
		图书自制区	我知道的中国年
	美工区	手工区	大红灯笼、做鞭炮
		对联区	春联
		剪纸区	美丽的窗花（重点指导区）
		绘画区	节日贺卡（重点指导区）
	生活区	美食制作区	中国美食
活动目标	语言区	能够根据图片并结合自身的经验用连贯、生动的语言介绍自己了解的新年，制作中国年的图书，体验制作图书的快乐，丰富对中国年的认识。	
	美工区	能自主选择合适的材料，通过剪、粘、贴、画、扎等方式制作灯笼、鞭炮、窗花、春联和贺卡，感受新年习俗的有趣。	
	生活区	能够用捏、合拢等方式制作新年的传统美食，锻炼手指力量。	

（续表）

活动准备	语言区	讲述区	平板两个，与过年相关的图片、绘本等若干。
		自制图书区	A4 纸张若干，彩笔、蜡笔、固体胶、订书机等。
	美工区	手工区	教师自制灯笼一个，大红色卡纸、黄色卡纸、剪刀、双面胶、固体胶、油性笔、各类瓶盖、一次性纸杯、麻绳、毛根、灯笼半成品等。
		对联区	不同形状、大小、长度的大红色纸张、毛笔、桌垫、墨水等。
		剪纸区	正方形彩纸、剪刀、油性笔、剪窗花步骤图等。
		绘画区	各色卡纸、油性笔、蜡笔、水彩笔贴纸等装饰物。
	生活区	饺子制作区	饺皮、肉馅、一次性桌布、一次性手套、卫生口罩、消毒盘两个、桌垫、适量水、六根筷子等。
		包饺子区	饺皮、饺子馅、水、筷子、一次性手套、卫生口罩、消毒盘两个、桌垫等。
	表演区		舞龙、舞狮头像若干，舞台背景，音乐《金龙狂舞》或其他欢快音乐，各类表演服装。
活动过程	活动导入		（1）师幼共同观察、了解区域活动的内容、材料等。 （2）相互交流：还记得昨天的图画书《春节的故事》吗？春节又叫什么？新年会做些什么呢？ （3）根据已有经验，有目的、有计划地选择自己喜欢的区域，进行游戏。
	过程观察与指导要点	语言区	重点关注：幼儿是否能根据教师提供的图片，结合自己的已有经验进行讲述；尝试将心中所思所想画出来装订成册。
		美工区	"手工区"重点关注：幼儿能否运用已有材料，通过剪、贴、粘、连接等方式，制作灯笼和鞭炮。 "剪纸区"重点关注：幼儿是否正确折叠彩纸，并按照一定的轮廓剪出不同形状、不同图案的剪纸。 "对联区"重点关注：幼儿是否能够尝试用毛笔在对联纸上写祝福。 "绘画区"重点关注：幼儿是否能够在贺卡纸上画出自己的新年祝福。
		生活区	包饺子区重点关注：幼儿是否能通过捏、合拢等方式用饺皮将馅包裹好。
	分享与交流		（1）提问：你今天玩了什么？你心情怎么样？ （2）教师拍摄一些幼儿游戏中的照片，并根据班级幼儿游戏情况，适时进行幼儿自评、幼幼互评。 （3）针对大班幼儿的年龄特点，运用提问、展示与分享等方法，让幼儿更深入地了解中国年的相关知识，激发幼儿对中国传统节日的兴趣。

（黄丽君）

☞ **"悦读"区域活动"欢乐中国年"反思**

1. 活动开展前的思考

本次活动源自图画书《春节的故事》，这是一本介绍中国传统节日的图画书。在此次活动中，我将图画书中介绍到的有关中国传统习俗的内容有机融入活动，并开放区域：剪纸区、写春联区、包饺子区等。

2. 活动中幼儿的表现

活动中我主要以提问的方式带领幼儿回顾绘本内容，引出活动主题；接着在简单介绍区域位置后，让幼儿自选区域进行游戏，老师进行分组指导；最后以分享、交流和点评为主要形式，让幼儿分享自己的游戏内容以及做出的成品，并通过照片的形式点评幼儿游戏过程中良好或不良的游戏行为。

活动过程中，幼儿积极性很高，喜欢玩这个主题的区域游戏。教师通过创设的丰富的情境和适宜环境，让幼儿充分感受到过年的氛围。比如：教室粘贴的窗花、鞭炮、灯笼和福字等，还让幼儿穿着大红色衣服参与区域游戏，更有游戏气氛。而幼儿全身心地投入到区域游戏中，感受到了中国新年的浓浓的趣味，也在游戏中了解到了中国新年的由来和传统习俗。

3. 活动后需要调整和改进的方向

虽然在本次活动中，幼儿积极性较高，基本都能认真地操作和参与创作，但还有以下几点需改进：

（1）活动设计与绘本内容贴合度不够。

（2）幼儿对此活动已有一定的经验基础，但本次游戏没有在上次的基础上进行提升，只是简单的重复内容。

（3）老师开放的区域数量不够，只有语言区、美工区和生活区，但在美工区里又创设了4~5个小区域，对幼儿的其他能力发展不够。

（黄丽君）

（六）"悦读"体育游戏：放鞭炮

☞ **活动目标**

1. 愿意与同伴合作参加"放鞭炮"的游戏，体验共同游戏的乐趣。

2. 能根据声音迅速反应，发展快跑、躲闪的能力，且尝试与同伴商讨新玩法、新规则，学习在游戏中进行反思。

3. 掌握排列螺旋线队形的方法。

☞ **活动准备**

1. 物质准备：标志桶若干个。

2. 验准备：幼儿已掌握螺旋线的特点，幼儿观看过节日放鞭炮等热闹场面的有关资料。

☞ **活动过程**

1. 师幼进入活动场地做热身运动，活动身体的各个关节。

2. 倾听教师介绍游戏名称、玩法及规则。

名称：放鞭炮。

玩法：幼儿按螺旋线队形卷成"鞭炮"后由教师"点火"，幼儿一个接一个报数，不能间断，直至排头幼儿发出"嘭啪"的声音后，幼儿四散跑开。排头幼儿去追，捉住一幼儿后游戏束。更换排头重新游戏。

规则："鞭炮"要在点燃后，依次发出报数的声音，后面还没轮到的幼儿不能抢先报数。幼儿只能在划定的区域内跑，跑到区域的外面则算被捉住。

3. 引导幼儿探讨按螺旋形卷鞭炮的方法并分组进行练习。

4. 放松，小结并结束活动。

（付逸仙）

第三节 绘本《会飞的抱抱》"悦读"主题系列活动

一、绘本介绍

《会飞的抱抱》讲述的是这样一个故事：小猪很思念自己的奶奶，为了表达自己对奶奶的爱，小猪要给奶奶邮寄一个抱抱，因为小猪认为那是最能够表达自己对奶奶爱的方式，经过诸多热心人的传递，这个抱抱到达了奶奶那里，而奶奶收到小猪的抱抱之后用了一个吻来表达对小猪的爱。

[美] 和宁/文　　[俄] 哥巴契夫/图　黄廼毓/译　　明天出版社

二、绘本价值分析

现代社会带我们跨入电话交流、E-mail 传输的真实而又虚构的世界中，《会飞的抱抱》却向我们完美地展示了最传统的通信方式。学习邮寄过程，学会另一种交流方式，不仅能帮助幼儿了解邮局的工作和交通工具在送信中的作用，还使得幼儿离这个世界更近了一步。通过活动中简单的游戏，让幼儿感受到：帮助别人也能让自己感到幸福和快乐。同时此绘本还告诉幼儿学会表达爱和诠释爱的方式；提醒成人需要尊重幼儿的想法。

图画书的画面。绘本整个画风细腻丰富、清新和谐，人物形象突出，故事中选用可爱的小猪作为故事的主人公，画面色彩大胆，动物造型多变，色彩斑斓的画面吸引着幼儿的关注，线条的构图更为生动地体现出动物的表情和特征；有的大、有的小、有的甚至身上长满尖刺。此情此景，可单幅成画,更为传递拥抱的过程增加几分波折和趣味。

图画书的文字。绘本中大量使用俏皮、活泼的文字叙述送信过程,让读者尽情享受这种甜蜜与幸福。如"我要寄一个大大的拥抱给我的奶奶""你把抱抱给邮差的时候,就要像这个抱抱一样大哦!"贴近生活化的语言的表达,将一个单纯的想法和实际的小行动描绘得温暖而可爱,朴实的语言让读者感受到人与人之间彼此亲近的关系,让人暖暖的,很幸福。

三、幼儿阅读绘本观察记录

绘本《会飞的抱抱》故事层层递进,图片之间相互关联,非常适合大班幼儿阅读,可培养幼儿的观察与表达能力。因此,本月教师在班级语言区中投放了5本《会飞的抱抱》,幼儿的阅读情况如表4-6:

表4-6 幼儿阅读绘本《会飞的抱抱》观察记录表

幼儿姓名	幼儿阅读情况观察			
	阅读全书时间	关注点、兴趣点（文字或图片,可以从幼儿阅读停留地方时间长短、神情、交流或讲述的内容判断）	其他阅读行为（比如:是否按顺序读、是否与同伴交流、先看文字还是先看图等）	幼儿阅读中存在的问题
黄沐安	10分钟	黄沐安对文字比较敏感,阅读中更多在关注文字而非图画,不过他读到比较好笑的地方会注意看画面,也会和我分享诸如"这是熊机长,他好厉害,会开飞机"之类的信息。因沐安是属于知识储备较丰富的小朋友,所以在阅读过程中我发现他对书中人物角色的职业比较敏感,知道角色的职业后都会与旁边的人进行交流,讲述他知道的相关知识。	沐安阅读习惯较好,能安静阅读、按顺序从左翻到右、从上至下进行阅读;社会性发展较好,读到有趣的地方或与自身知识经验相关的地方,会主动与身边的人进行分享。	幼儿主要关注文字,对画面关注较少。

（续表）

罗琇薇	5分钟	薇薇拿到书本后，看了下封面说"这是一头小猪"，她告诉我这是一头搞笑的小猪，然后便继续进行阅读。薇薇因识字量不多，所以对画面关注较多，很少阅读文字。从阅读中发现，薇薇在形象图较有趣的画面上停留时间较长。	阅读习惯较好，能够全程专注、安静地阅读，碰到好笑的画面会与我或者其他小朋友进行分享，薇薇更多的兴趣点在图画中有趣生动的角色形象图和角色的动作上，对画面细节较少有关注，阅读速度较快。	薇薇因在阅读中没有很好地将图文结合阅读，所以阅读后对故事的情节不太熟悉。
黄思尧	10分钟	尧尧对这本书的内容非常感兴趣，拿到书后就开始自己认真地看了起来。遇到自己不认识的字，会跑过来问老师"老师，这一页讲的是什么?"讲完之后又自己翻阅起来，然后边看边讲起来。	整个过程中，尧尧对于绘本的图画关注比较多，阅读的过程也比较专注、认真，不会被周围的人影响。	尧尧借助图画书的画面对整个故事的情节有了初步的了解，但是对于故事中人物的名字记忆不太清晰。
陈奕霖	5~6分钟	奕霖拿到书后就开始不停翻阅起来，翻阅的速度比较快，对于图画书中的画面也是匆匆一瞥，没有过多的停留，书本翻阅完后，就把书本放回书架了。	在整个阅读过程中，奕霖都是独自阅读，没有和周围的人交流。在阅读的过程中，奕霖比较关注绘本的画面，不太关注绘本的文字和细节。	奕霖在自主阅读中，翻阅的速度比较快，阅读的专注力还是不太够，导致对故事的情节不太熟悉。

分析：

1. 幼儿对《会飞的抱抱》这个绘本有着较大的兴趣，尤其是里面出现的较多的人物角色，角色形象都很可爱，并且都是幼儿熟悉的形象，很容易受到幼儿的喜爱，让幼儿产生阅读兴趣。

2. 绘本篇幅较长，大部分幼儿在自主阅读后对图画书的了解一般，不是很透彻。

四、思维导图

在充分观察幼儿阅读情况的基础上，教师们积极讨论，并预设如下活动：

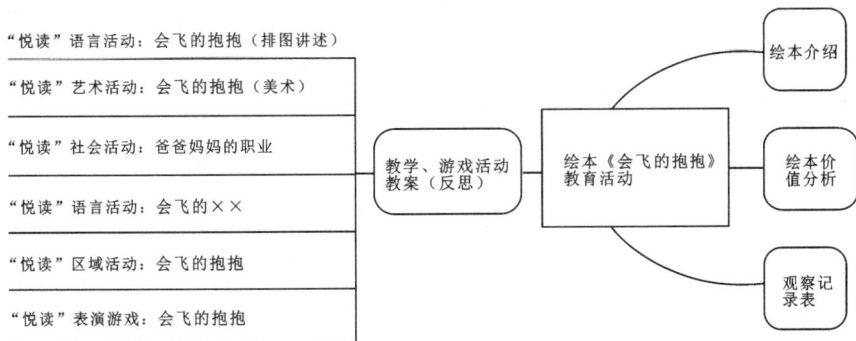

（陈佳宾）

五、教育、游戏活动实例

（一）"悦读"语言活动：会飞的抱抱（排图讲述）

☛ **活动目标**

1. 感受在闯关游戏中与同伴合作创编故事、共同游戏的快乐，体验合作赢得奖励的成就感。

2. 通过闯关游戏，知道结合图片内容按照自己的逻辑进行排图、创编故事。

3. 尝试用不同的方式，完整、连贯地讲述故事。

☛ **活动准备**

1. 经验准备：知道邮寄的流程。

2. 物质准备：PPT，每组一份故事大图、操作板，闯关游戏评比栏，星星贴纸，轻音乐，奖品。

☛ **活动过程**

1. 谈话导入，了解故事主题，激发幼儿大胆猜测故事情节的欲望。

提问：猪奶奶要过生日了，小猪想要送一个抱抱给奶奶做礼物，你觉得小猪怎样才能把这个抱抱送到奶奶手上呢？送抱抱的过程中会遇到谁呢？又会发生什么有趣的故事呢？

2. 游戏"故事大闯关"，尝试自主排图创编故事。

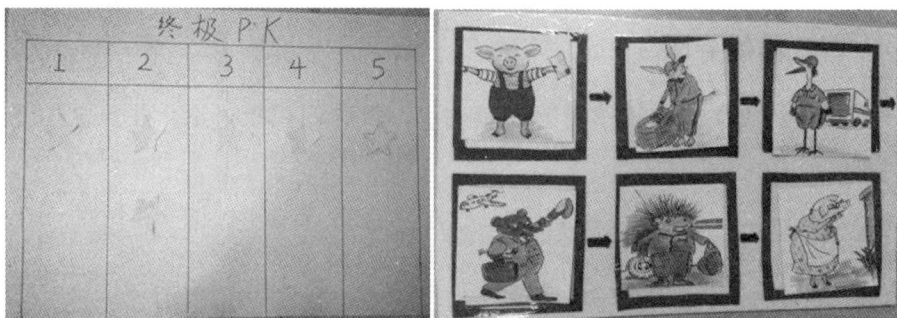

（1）第一关"猜"，感知理解讲述对象，了解故事人物。

闯关要求：5人一组，仔细观察图片。猜一猜：你觉得他们在干什么？

（2）幼儿交流自己的看法，教师视情况对幼儿的回答进行梳理。

（3）第二关"排"，结合人物特点按照自己的想法分组进行排图。

闯关要求：5人一组，根据自己的想法进行排图。

提问：小猪会先把抱抱送给谁？然后送给谁？最后送给谁呢？

（4）自主分组进行排图，教师视情况提问：你是怎样排的？为什么？

（5）交流排图的原因，并能够用先……然后……最后……的句式进行表述。

3. 终极"PK"竞赛，幼儿分享交流自己与同伴创编的故事。

（1）终极PK"编""讲"，按照自己排好的故事顺序创编、讲述故事。

闯关要求：5人一组，按照自己的故事顺序进行创编故事。提问：你觉得他们在送抱抱的过程中，会发生什么样的故事？他们又会说些什么？

（2）与同伴创编故事内容，丰富故事情节、对话，教师视情况指导。

（3）自主选择表现方式讲述各组创编的故事。

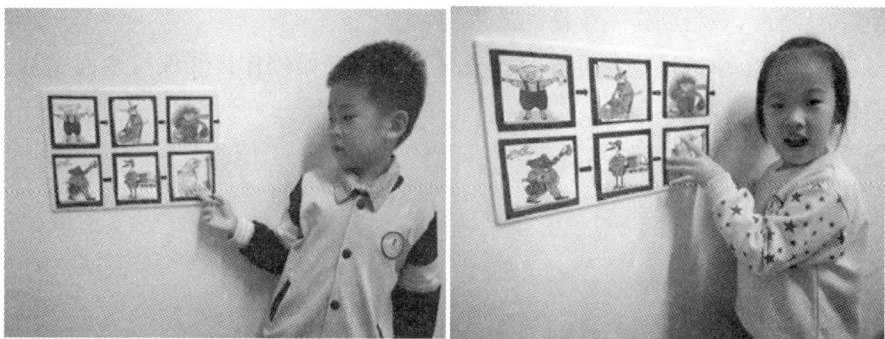

（4）幼儿互评；师幼评价并评选出闯关大王。

（5）教师结合活动梳理、小结游戏中幼儿的合作、故事的创编等，并出示绘本《会飞的抱抱》了解绘本内容，激发阅读绘本的兴趣。

（郑亚妮）

（二）"悦读"艺术活动：会飞的抱抱（美术）

☞ **活动目标**

1. 愿意和小组成员一起创作故事画面，感受与同伴合作画画的乐趣。

2. 围绕主题自主选择不同的材料，创作连续、完整的绘本情节。

3. 能大胆地创作画面内容，并大方地在集体面前分享。

☞ **活动准备**

1. 经验准备：幼儿已阅读绘本《会飞的抱抱》。

2. 黑色记号笔、画纸、油画棒、水彩笔、颜料、颜料盘、刷子。

☞ **活动过程**

1. 回忆故事情节，导入活动，萌发活动兴趣。

提问：小朋友们，在上次的故事创编活动中，你们创作的故事《会飞的××》还记得吗？今天我们不仅要把这些故事说出来，还要画出来哦。

2. 确定绘画主题，了解材料及创作注意事项。

（1）围绕主题展开讨论，思考如何构图、创作情境。

提问：我们今天绘画的主题是《会飞的××》，你们想想送礼物的过程中还会出现哪些场景和有趣的事情？可以和你的同伴一起想一想、说一说。

（2）介绍材料，提出绘画要求。

教师：今天老师给你们提供了不同的材料，有油画棒、水彩笔、颜料等，你们可以自主选择，与小组成员一起讨论你们要画些什么，每个人负责哪个部分，一起创作一个新的故事。

要求：①小组讨论商量内容，分好工了再开始创作；②保持画面整洁、干净。

3. 分组创作，感受与同伴合作作画的乐趣。

（1）幼儿自由分组选材料进行创作。

（2）教师巡回观察，重点指导幼儿丰富画面的内容。

4. 展示作品，欣赏评价。

每组选出一名小朋友介绍本组的绘画作品。

（陈思）

（三）"悦读"社会活动：爸爸妈妈的职业

☞ **活动目标**

1. 乐于和同伴一起讨论父母的职业，理解父母工作的辛苦和不易。

2. 通过交流与讨论，了解不同职业的工作内容和职业特点。

3. 能在集体前大胆地介绍自己父母的职业。

☞ **活动准备**

1. 经验准备：已了解父母的职业和工作内容。

2. 物质准备：绘本 PPT；收集父母的工作照片或者视频；不被大家熟知的职业的图片或者视频；收集父母工作所需要的服装或用具。

☞ **活动过程**

1. 回顾故事内容，导入活动。

（1）出示绘本图片，了解绘本中所出现的职业。

（2）师幼共同梳理绘本中所出现的职业，了解这些职业的工作内容和特点。

2. 介绍爸爸妈妈的职业。

（1）分组交流，幼儿大胆地向同伴介绍父母的职业，教师巡回观察指导，重点引导幼儿说出父母的工作内容是什么。

（2）每一组选取一个代表上来介绍：你的爸爸妈妈是做什么工作的？工作时要穿什么衣服？使用什么工具？爸爸妈妈工作时都需要做些什么事情？

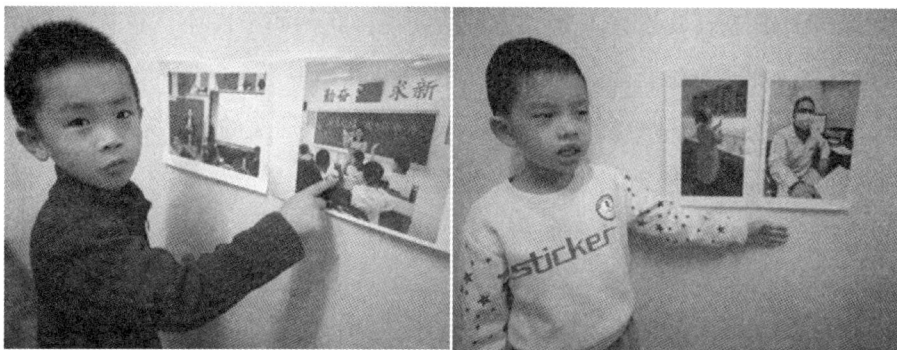

3. 选取有代表性的突出职业进行介绍，让幼儿感受职业的内容和特点。

（1）出示家长工作时的图片或视频，让幼儿进一步了解工作内容和职业特点。

提问：这是谁的爸爸（妈妈）？谁能看出他的工作是什么？工作时做了一些什么事情？

（2）了解这些职业的目的和劳动成果。

提问：这些职业能为人们提供怎样的帮助？

（3）出示工作用具或服装，模拟工作情境，亲身感受父母工作的辛苦和不易。

提问：爸爸妈妈在哪里工作？工作的环境怎么样？工作时会用什么工具？

4. 结合绘本中的职业，了解不同职业对社会的重要性。

用一句话概括说出这些职业对社会的重要性。要求讲出：谁在哪里干什么，为人们提供了什么样的帮助。

5. 活动延伸：了解社会中不被大家熟知的职业。

（覃左昆）

☞ **"悦读"社会活动"爸爸妈妈的职业"反思**

1. 活动开展前的思考

（1）对绘本内容的再思考

本班幼儿已经阅读过绘本《会飞的抱抱》，且已熟知故事情节，并对故事中的角色人物的职业产生一定的兴趣。在自主阅读时，幼儿能够通过画面内容，准确地说出各个角色的职业，比如：机长、邮递员。幼儿很了解他们的工作内容。回归到生活中，我提问：你们的爸爸妈妈是做什么工作的？幼儿的回答让我忍俊不禁。一名幼儿说：我妈妈是医生，我爸爸是睡觉的（其实是做金融行业的）。也有很多幼儿在回答这个问题的时候，更多的描述的是爸爸妈妈从事的工作内容，比如，一名幼儿的爸爸是化学老师，当我问他：你的爸爸是做什么的？幼儿回答：爸爸是做实验的。可见，幼儿对父母的职业有一定的了解，但不能准确地描述出职业的名称，更别说能说出其工作的意义了。

因此，我在原有设计的基础上，进一步结合我班幼儿的现有水平，通过对教案进行修改和调整，从日常生活出发，充分调动家长的资源，请家长拍摄工作时的照片，邀请个别家长录制工作时的视频，让幼儿坐在教室里也能观看到爸爸妈妈的工作，从而引发对爸爸妈妈工作的关注，了解爸爸妈妈少见的一面，更增进幼儿对家长的认识，从而感受到爸爸妈妈的工作对家庭的贡献，乃至对社会的贡献，进一步激发幼儿从内心对爸爸妈妈的爱和自豪感。

（2）对材料准备的思考

此次活动准备材料的时间较长，需要家长配合拍摄自己工作时的照片，还需要个别家长录制视频。在征得大部分家长同意且配合的情况下，家长们非常支持工作，共有将近三十位家长拍摄了工作照片（还有部分家长是全职太太），这个比例其实已经很大了，更何况在一次集体教学中展现出来，是需要占用大量时间的。因此，我将收集到的照片制作成两分钟的课件，结合音乐，在优美音乐氛围的烘托下，幼儿看得更有感触。再者，我还邀请了一位家长录制了工作的视频，这份视频在教学活动中起到了关键作用。

（3）对幼儿现有年龄段的思考

我班幼儿对家长工作内容有初步的了解，但对于具体职业没有一个准确的概念，说明幼儿对成人的职业了解不多，但是我们也无需在这次集体教学活动中让幼儿完全了解，我们只需要通过观看、讨论、分享、交流等方式，引导幼儿进一步感受父母的工作与家庭乃至整个社会息息相关，能够更加了解自己的父母，从而初步懂得理解和体谅父母，学着对父母表达爱意，在一个集体教学活动中，能够体现出这几点，就已经达到我的预设目标了。

2. 活动中幼儿的表现

（1）活动实录

场景一：教师提问：你们知道自己的爸爸妈妈的职业吗？

幼儿1：我的爸爸是师大的老师，妈妈也是老师。

教师：所以你很了解自己爸爸妈妈的工作，对吗？

幼儿1：我爸爸是给本科生上课的。

幼儿2：我的妈妈是护士，爸爸是算账的。

教师：对，爸爸是会计，也就是专门算钱的。

分析：关于"爸爸妈妈的职业"这个话题，充分地引发了幼儿的积极讨论。

场景二：教师播放课件，一张张父母工作场景的照片在屏幕上闪现，幼儿激动万分，纷纷大喊：这是我的爸爸（妈妈）！他是医生（工程师、教师……）！

一个幼儿说：我的爸爸是卖烟酒的。

教师：嗯，所以他是商店老板。

突然另一个幼儿大哭起来：老师，××说我的爸爸一点都不伟大。呜呜……

教师：为什么呢？

幼儿：我说我的爸爸是给本科生上课的，她说我的爸爸一点都不伟大。

教师：你觉得爸爸伟大吗？

幼儿：……

我暂停了自己预设的活动，将问题抛给大家：你们觉得什么样的工作是伟大的？

川川：每个人的爸爸妈妈都很伟大。

教师：可是，有的人是科学家，有的人是商店老板，而我是幼儿园老师，还有的人是清洁工。每个人的职业都不一样，怎样才是伟大呢？

川川：每个人都做他最厉害的事情，就是伟大。

分析：当出现突发状况时，教师学会把问题抛给幼儿，幼儿往往给我们意想不到的惊喜。通过幼儿朴素而又蕴含真理的话，道出了最智慧的洞察力：做自己最擅长的事，就是伟大的人。

场景三：我刚好播放到那位哭泣的幼儿的妈妈所拍摄的视频，幼儿看得津津有味。看毕，那位幼儿满脸骄傲地对我说：我的爸爸妈妈好伟大！我好崇拜他们！教师：那如果下次再有人议论你的爸爸妈妈，说他们不伟大，怎么办？幼儿：哼！我才不在乎呢！

分析：幼儿不但进一步认识了自己父母的职业，而且学习变得更加坚强，不在乎别人的评价。

（2）活动中我的发现

①幼儿对"父母的职业"这一活动内容十分感兴趣，且很多平时不善于发言的幼儿都纷纷举起自己的双手，这是非常了不起的一个进步。

②幼儿通过观看课件、视频，讨论和交流，收获了很多职业的专有名词：海底探测工程师、医学家、律师、会计……拓展了幼儿的认知。

③个别幼儿的认知是比较丰富的，但也有部分幼儿对父母职业的认知是不足的，因此在活动中，部分幼儿全程是听别人说，而自己说得少。

3. 活动后需要调整和改进的方向

（1）活动前，请每个家庭，至少给幼儿准备一张家长工作状态的照片，并跟幼儿说说自己的职业，让幼儿初步了解自己工作的内容，给予幼儿充分的经验铺垫，有机会的，还可以带幼儿去自己工作的场所参观。

（2）活动中，可以让幼儿借助照片，跟旁边的伙伴充分介绍爸爸或妈妈的职业和工作内容，给予幼儿充分表达的机会。

（3）选取几个典型职业以及比较冷门的职业的幼儿家长照片，请 2 ~ 3 个幼儿担任小小解说员，来跟其他幼儿说说自己的父母。一方面增进幼儿对他人父母的了解；另一方面，培养幼儿在集体面前有条理地表达的能力。

（刘梦池）

（四）"悦读"语言活动：会飞的××

☞ **活动目标**

1. 理解阿文对奶奶的关爱，乐于续编奶奶向阿文传递爱的情节。

2. 能通过小组讨论，选择表演、绘画、讲述等方式表现续编故事情节。

3. 积极参与集体讨论和小组讨论，大胆提出自己的想法。

☞ **活动准备**

1. 经验准备：已阅读《会飞的抱抱》。

2. 物质准备：《会飞的抱抱》PPT、角色头饰、画纸、画笔。

☞ **活动过程**

1. 欣赏《会飞的抱抱》，回顾故事情节。

（1）观察绘本封面，提问：这个故事名字是什么？它讲了一件什么事情？（鼓励幼儿完整、流畅地说出故事情节。）

（2）教师：奶奶收到阿文的抱抱后很高兴，决定也送一份礼物给阿文。你们猜奶奶会送什么给阿文？

2. 集体讨论，续编故事主要情节。

（1）提问：会有谁参与传递××？它会用什么样的方式传递？

（2）幼儿自由讨论，教师巡回观察，重点引导幼儿根据动物的特点说出不一样的传递方式。

（3）幼儿在集体中表达，教师视情况小结，重点引导幼儿根据动物特点说出传递方式。

3. 分组续编故事，选择合适的方式表现续编故事情节。

（1）教师介绍表演组、绘画组、故事组的材料，交代分组要求。

（2）幼儿自选一组，参与小组续编故事，教师巡回观察指导，重点指导幼儿完整表现续编情节。

（3）幼儿自主创编。

4. 欣赏续编故事，幼儿自评。

（1）欣赏各组的表演、聆听幼儿对续编故事的介绍。

（2）师幼互评续编故事，提问：你认为他们组的优点是什么？有什么值得改进的地方吗？

（3）教师小结归纳，并以正面鼓励为主表扬积极参与活动的幼儿。

5. 拓展：语言区，将故事补充完整，并大胆讲述、表演；还可自制续编绘本。

（鲁媛）

☞"悦读"语言活动"会飞的××"反思

1. 活动开展前的思考

（1）对绘本内容的再思考

《会飞的抱抱》故事中传递抱抱是一件非常温馨的事情，大家都感受到了小猪阿文对奶奶的爱与思念。而幼儿们非常好奇，奶奶又会以什么样的方式表达自己对阿文的爱呢？在传递的途中又发生了什么事情？为了满足他们的好奇心，增强其想象与语言表达能力，我开展了此次活动。

（2）在材料的准备上，教师选取绘本中的动物角色制成图片，帮助幼儿回忆、梳理故事情节发展。教师还准备了绘画纸和水彩笔，让幼儿把续编的故事内容以绘画的形式画下来。

（3）在活动策略中，教师采用了提问、图片引导、绘画记录、交流讨论、评价小结的教学策略。

2. **活动中幼儿的表现**

（1）学习情况：幼儿很喜欢《会飞的抱抱》这个故事，通过图片的引导，幼儿基本能够讲述故事内容；在续编故事时，幼儿善于思考，能发挥自己的想象力，和同伴一起续编故事。

（2）学习能力：在绘画时，幼儿能够与同伴合作，把续编出来的故事画下来，每一组的幼儿都编出了不一样的故事，也有着不一样的绘画记录方式，如：有的小组改变了小动物的角色；有的小组传递的是会飞的吻、会飞的花；有的小组以箭头的形式表示传递；有的小组以数字的形式表示传递。幼儿的语言发展和表达能力得到加强，在讲述续编的故事时，能够根据小组的绘画记录，运用完整的语言讲述故事。

（3）出现的问题：

在活动的第一环节回忆故事内容中，所用时间较长，原因是有的幼儿对故事内容不太熟悉，在借助图片梳理一遍故事后，幼儿才基本能够讲述故事；幼儿的绘画水平有待加强，在绘画的过程中，有的幼儿不会画小动物，需要老师的帮助；在续编故事环节，有四组幼儿是以"会飞的吻"来进行续编，这也是受了故事内容的影响，限制了幼儿的思维。

3. **活动后需要调整和改进的方向**

（1）活动前在语言区投放绘本书籍，让幼儿利用区域活动或餐后活动多阅读绘本，熟悉绘本内容。

（2）在续编故事前教师的引导不够，应该先提问："猪奶奶在收到阿文的礼物后会给阿文回一个什么样的信件呢?"然后引导幼儿讨论，打开幼儿的思维，也许这样幼儿续编的故事会更加精彩。

（鲁媛）

（五）"悦读"区域活动：会飞的抱抱

☞ **活动目标**

1. 愿意积极参与活动，并能自主结合"会飞的抱抱"主题选择区域进行活动。

2. 尝试通过多种途径表现《会飞的抱抱》故事内容。

3. 在游戏中遵守规则、与同伴相互合作，发现问题能进行良好沟通。

☞ **活动准备**

美工区：卡纸、双面胶、水彩笔、剪刀、胶棒、超轻泥、毛根、颜料等。

表演区：人物头饰、服装、乐器等。

建构区：雪花片、卫生纸筒、彩砖、积塑、积木。

语言区：绘本《会飞的抱抱》、图片。

☞ 活动过程

1. 创设"邮局邮寄快递"情景，导入活动。

（1）教师：阿文兴冲冲地来到了邮局，他到底要邮寄什么东西呢？我们一起来看看吧！

（2）出示任务卡，交代此次区域活动的主要内容及规则。

2. 自由选择区域，教师巡视指导。

（1）幼儿按自己的兴趣和意愿进入活动区游戏。（2）教师观察幼儿的游戏情况，对个别新材料进行讲解，对个别幼儿作适时的指导。

（3）鼓励幼儿大胆尝试、探索，及时捕捉幼儿的创造表现，并给予肯定。

（4）发现幼儿遇到困难想放弃时，给予适时指导，争取获得成功。

3. 交流分享，评价小结。

（1）幼儿说一说，今天在哪个区域玩？玩了什么？怎么玩的？

（2）共同收拾材料。

指导重点

表演区：能根据绘本内容大胆创编动作表现《会飞的抱抱》的故事情节，并能协商分配角色，轮流上台表演。

语言区：尝试用喜欢的方式，完整、连贯地讲述绘本故事，并与同伴合作创编、续编故事。

美工区：能与同伴讨论，尝试运用不同材料，画出绘本中不同的人物和制作"会飞的抱抱"相关的场景。

建构区：能根据绘本内容，选择不同的搭建材料搭出邮局、机场等场景。

（贺继旺）

（六）"悦读"表演游戏：会飞的抱抱

☞ **活动目标**

1. 积极参与表演，在游戏中加深对故事内容的理解，并选择自己喜欢的角色。

2. 模仿和想象各种角色的特征，运用恰当的语言和动作进行表现。

3. 学会与同伴协商，轮流扮演角色，合作游戏。

☞ **活动准备**

1. 经验准备：熟悉故事内容。

2. 物质准备：头饰、邮局背景图。

☞ **活动过程**

1. 出示绘本，进一步熟悉故事情节与内容。

（1）认真倾听，回顾故事情节。

（2）能根据情节内容展开想象，并创造性地进行动作、语言模仿。

2. 讨论角色特点，并学一学。

提问：你能学一学阿文送抱抱给邮递员的动作和表情吗？你觉得哪一段表演起来有困难？谁有办法来解决？

3. 教师出示背景图，幼儿尝试表演。

（1）引导幼儿自主分配角色。

提问：谁愿意扮演小猪阿文？谁愿意扮演邮递员？

（2）幼儿尝试表演，鼓励幼儿相互评价：你们觉得表演得好吗？为什么？

4. 幼儿自由分组，分角色表演故事。

（1）幼儿自行商量要扮演的角色（包括旁白），进行相应装扮，共同合作表演。

（2）幼儿分组表演，教师巡回观察并鼓励幼儿创造性地表现不同角色。

（3）各组轮流在集体中表演，教师鼓励幼儿相互评价。提问：你最喜欢哪一组的表演？为什么？

5. 集体分角色表演，共同评价表演情况，收拾场地和材料，结束活动。

（刘梦池）

☞ **"悦读"表演游戏"会飞的抱抱"反思**

1. 活动开展前的思考

（1）绘本分析

该绘本故事情节简单易理解，故事中有多种不同的角色，且每个角色各有特点。大班幼儿对于角色扮演十分感兴趣，且语言表达能力以及对于动作的模仿能力都不错，适合结合绘本开展表演游戏。

（2）材料的准备

①经验准备：幼儿已经开展早期阅读，了解绘本《会飞的抱抱》的内容，并且讨论交流对绘本的理解。

②物质准备：角色头饰、邮局标志、邮筒、与活动相关的PPT。

（3）教学策略

①教师通过投票竞选的方式，让幼儿自行选择角色。熟悉绘本故事之后，幼儿准备表演故事。教师鼓励幼儿选择自己喜欢的角色，然后尝试表演角色的对话和动作，最后大家投票选择。

②合作介入，共同表演。活动中教师和幼儿一起参与到绘本表演中，教师扮演邮局局长的身份，在活动中指导幼儿利用夸张的表情、合适的动作和道具表现出角色的特点。

2. 活动中幼儿的表现

（1）多种方式熟悉故事，为表演奠定坚实基础。本次游戏之前，这个班级已经开展过绘本阅读活动，幼儿了解故事的大致内容。然后教师利用餐前活动时间继续为幼儿讲述《会飞的抱抱》，幼儿安静倾听。最后还让幼儿餐后复述故事内容，语言能力较强的幼儿基本能够完整、连贯地复述故事内容。

（2）自主分配角色，教师共同参与。活动前教师组织幼儿选择游戏角色，首先自选角色，然后自己表演角色对话和动作，其他幼儿共同投票决定。游戏中教师不是旁观者，教师也充当表演者，游戏中教师扮演邮局局长，在游戏中引导幼儿通过表情、动作和道具表现角色。幼儿的表演很有趣，基本能够表现符合绘本设定的人物形象。

3. 活动后需要调整和改进的方向

（1）表演结束以后，评价幼儿表演的情况时可以多听听幼儿的想法，给幼儿更多表达自己的机会，让幼儿评价一下谁表演得最好，哪里表演得好。

（2）分组开展表演，让每一个幼儿都成为绘本故事当中的角色，都能参与到表演游戏中去。游戏结束后，教师可以引导幼儿评价自己组的表现，争取取得更大的进步。

（付逸仙）

第四节 绘本《蚯蚓的日记》"悦读"主题系列活动

一、绘本介绍

绘本《蚯蚓的日记》从小蚯蚓的观点看世界，记录了学校、家庭和朋友之间的生活点滴，还有对自我、未来的想法，很能得到幼儿认同。同时，绘本通过幽默诙谐的文字，传达有关不同生物和地球的相关知识。绘本能够帮助幼儿培养乐观、正向的态度，及多元思考的习惯。绘本中的这条小蚯蚓，就像一个让我们每个人都能从心底接受的、生活中的幼儿，就像你的幼儿、我班上的幼儿、邻居的幼儿。

[美] 朵琳·克罗宁/文 [美] 哈利·布里斯/图 陈宏淑/译 明天出版社

二、绘本价值分析

《蚯蚓的日记》是一本极为独特又有趣的图画书。书的独特之处在于以日记书写的方式，记录和表达了小蚯蚓对周围生活的观察及思考；有趣在于蚯蚓这一角色形象在作者的笔下变得生动而可爱，活生生就是生活中一个顽皮的孩童模样。单从日记这个形式，就让我立刻想到：大班下学期的幼儿即将步入小学。这时幼儿们已经开始畅想小学生活与学习的不同，他们开始会以各种文字符号记录自己的一天，相信在熟读了这本图画书之后，他们既能对日记这一形式有一个基本的认识，又能提高前书写经验。小小的蚯蚓是没手没脚的，你想象过他将如何写字？你想象过他将如何看书？你想象过什么是他的凳子和桌子？用餐的时候，他使用什么餐具？睡觉的时候，他的帽子会挂在哪里？如果他被蜜蜂蜇了，会怎么样？联想到这些问题，可以预想到幼儿对绘本的兴趣点也会很多。

图画书的画面。这本图画书颜色鲜艳，蚯蚓的形象生动活泼，不再是黏糊糊的模样，它就像我身边的一个调皮的、喜欢把随手捡来的东西都装进口袋的、就连从泥土里抠出来的瓶盖也不愿放过的小男孩。看起来简单却又丰富到极致的画面，很多细节都能满足大班幼儿的求知探索欲望。

图画书的文字。这本图画书中每一页的文字内容就是蚯蚓的日记内容，简单但又留给幼儿足够的想象空间。页面的日记格式给予幼儿一个关于日记的大致认知，由日期和内容组成，这也是后期前书写活动的一个关键切入点。书中每一篇日记的内容并不连贯，情节也没有连续性，每一篇日记都是一个独立的事件，这一点会不会影响幼儿的阅读兴趣，还需后续观察。

三、幼儿阅读绘本观察记录

幼儿即将步入小学，为了有效帮助幼儿作好科学入学的准备，提高幼儿前阅读与前书写能力，激发幼儿对"日记"这一体裁的兴趣，本月教师在班级语言区中投放了绘本《蚯蚓的日记》，激发幼儿对"日记"的兴趣。通过前期绘本投放，教师将幼儿的阅读情况记录在表4-7中：

表4-7 幼儿阅读绘本《蚯蚓的日记》观察记录表

幼儿姓名	幼儿阅读情况观察			
	阅读全书时间	关注点、兴趣点（文字或图片，可以从幼儿阅读停留地方时间长短、神情、交流或讲述的内容判断）	其他阅读行为（比如：是否按顺序读、是否与同伴交流、先看文字还是先看图等）	幼儿阅读中存在的问题
刘轩麟	15分钟	边看边跟身边的朋友说：我家也有这本书，这只蚯蚓好有味的，你看咯，它把瓶盖子当成椅子，把蘑菇当成桌子。它没有手，就用尾巴抓笔写作业。	虽然说家里有这个绘本，但还是能跟朋友从头到尾一起看。	由于他看过，家里有这本绘本，所以在阅读时有点不耐烦，总想跟朋友介绍。
任觐轩	15分钟	神情有点严肃，眉头紧锁。每一页都看得很仔细，就连蚯蚓的表情都关注到了。	对故事图片和故事内容都比较关注，能边看图片边读文字，不认识的字会找身边的朋友问。	在问朋友的时候，不会等别人忙完自己的事情再问，导致朋友有点烦他。
刘锦榕	8分钟	对绘本中的蚯蚓的千奇百怪的样子感兴趣，边看边说：蚯蚓真的好有趣。能较认真地按顺序从头看到尾。	在阅读完后问我：为什么蚯蚓要写日记啊？为什么蚯蚓这么有趣？	只关注到画面，没有更深层次地思考绘本的内容以及各画面的联系。
周林均	10分钟	能仔细观察每一页蚯蚓的表情，对蚯蚓写日记的方法以及日记的格式有兴趣。	能够仔细地逐页阅读，并且对每个画面阅读得非常认真。能够看懂画面表达的大致意思，并与同伴交流故事的大致情节。	没有问题。

分析：

1. 这个绘本是一张到处都隐藏着秘密的"神秘地图"，因为无论是扉页、封面、封底还是环衬，都是绘本的有机组成部分，在这些地方作者都为读者献上了很多精美的图画。

2. 关键词：日记，记录，蚯蚓观点。

四、思维导图

经过前期绘本投放，结合观察记录，以及教研活动，教师充分结合幼儿已有经验及发展目标，以相关理论为依据，经反复讨论，预设出以下活动：

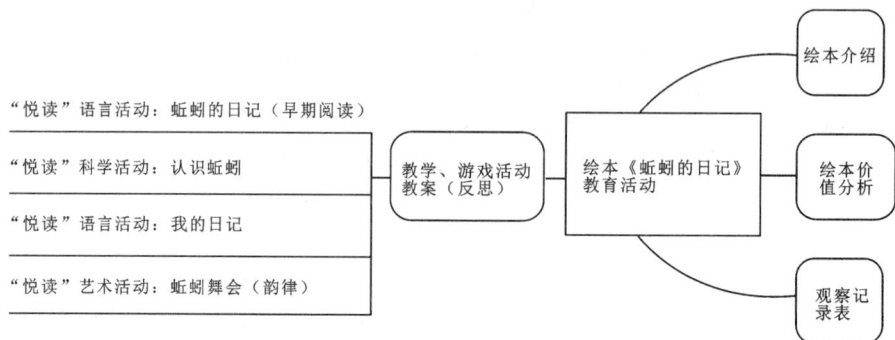

（付逸仙）

五、教学、游戏活动实例

（一）"悦读"语言活动：蚯蚓的日记（早期阅读）

☞ 活动目标

1. 在阅读图画书的过程中，感受画面的诙谐与蚯蚓记日记的趣味性。

2. 能运用观察、猜测、讨论等方法阅读图画书，理解绘本中蚯蚓在不同时间发生的事情。

3. 观察图画书中的关键页及关键信息，理解故事内容，初步感知日记的基本形式。

☞ 活动准备

1. 经验准备：幼儿听说过日记。

2. 物质准备：《蚯蚓的日记》PPT（1～26页），《蚯蚓的日记》绘本（两人一本）。

☞ 活动过程

1. 出示封面，引导谈话。

（1）教师：今天老师带来了一本有趣的书，我们一起来看看书的封面，你看到了什么？看懂了什么呢？绘本封面上的蚯蚓有什么特点？

（2）师幼共同小结：日记是什么样的呢？蚯蚓怎么写日记呢？

2. 师幼共读1~6页，初步感知蚯蚓记日记的基本形式。

（1）提问：第一篇日记画面中有谁？发生了什么事？

（2）教师引导幼儿根据画面猜测故事情节及对话。

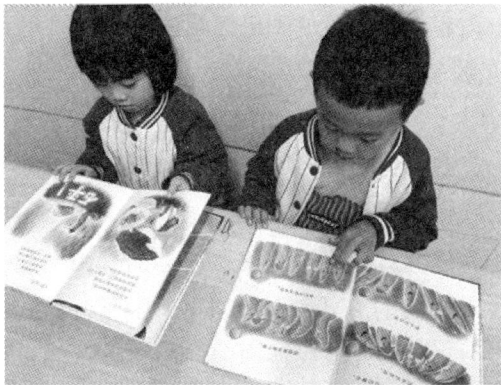

3. 自主阅读7~26页，感知蚯蚓在不同时间发生的事情。

（1）教师：请你们两两合作阅读一本图画书（看至26页），看一看蚯蚓还记录了哪几天的什么事情？

（2）幼儿自主阅读图画书。

（3）教师：蚯蚓写了几天的日记？分别是哪天？发生了什么事情？（帮助幼儿梳理阅读技巧）

4. 师幼共同阅读重点画面，理解故事情节。

（1）提问：刚刚你们看的日记中，你最喜欢哪一篇？为什么？

（2）教师结合幼儿回答，梳理画面内容。（鼓励幼儿仔细观察画面文字信息）

（3）提问：蚯蚓的日记有什么特点？（日期、事件）

5. 延伸活动——了解日记作用。

（1）师幼再次共同从头开始阅读图画书1~26页。

（2）教师：现在你们知道日记是什么样的吧？你觉得日记可以用来干什么？

小结：原来日记是用文字或者图案的方法记录自己的想法和每天发生的事情，而且每篇日记都有时间的标记。

（李芳菲）

☞ **"悦读"语言活动"蚯蚓的日记"反思**

1. 活动开展前的思考

本次活动是由本月园本课程实施绘本《蚯蚓的日记》拓展而来。绘本中蚯蚓的日记丰富且有趣，考虑到绘本内容较长页面较多，因此在实施早期阅读活动时，李老师带领幼儿先共读前面几页，再由幼儿自主阅读部分页面，最后的部分内容将绘本投放到班级阅读区，供幼儿活动后自主阅读。

2. 活动中幼儿的表现

（1）活动实录

在自主阅读前，我给幼儿提了几点要求：第一，蚯蚓写了哪几天的日记？第二，你最喜欢蚯蚓写的哪一篇日记？第三，为什么喜欢这一篇日记呢？阅读结束后，和你旁边的小朋友说一说你的理由。幼儿在自主阅读时，教师巡回指导观察以提问的方式引导幼儿发现图画中的一些小细节，在幼儿自主阅读完绘本后，请幼儿在集体面前介绍自己认为最有趣的一篇日记，并说说理由。教师根据幼儿的回答，梳理总结画面内容和一些阅读技巧。如：仔细观察画面中人物的表情、除了看图片还可以看看你认识的一些文字等。活动中我有针对性地选择了记录蚯蚓生活中琐事的前六篇日记，带领幼儿用想象、猜测等方法来阅读蚯蚓的日记，让幼儿明白日记就是以图文并茂的形式记录开心、难过、害怕的事情，利用幼儿已有的关于昨天、今天、明天的经验帮助幼儿记住日记一定要有日期。

（2）活动中我的发现

绘本比较贴近幼儿的生活且趣味性浓，幼儿都比较感兴趣。幼儿第一次听说蚯蚓还能写日记，非常兴奋，都急于想知道动物是怎样写日记的。教师巧妙地采用图文并茂的记录形式，以蚯蚓记日记时的心情为切入口，从区分开心、难过的日记开始，逐步过渡到"值得我们学习和需要帮助改进"的环节，深化了幼儿的认知和理解，凸显了绘本的教育价值，体现了儿童情趣。

自主阅读时，幼儿能带着教师提出的要求有目的地阅读绘本，能发现图片的诙谐并在看到有意思的地方非常愿意与同伴、老师分享自己的想法。大部分幼儿能使用观察、猜测、讨论以及图片结合文字一起阅读的方法阅读绘本。部分幼儿能够根据图片内容完整地说出日记的内容，并解释为什么会这样。如：4月15日蚯蚓因为没有带午餐所以将自己的作业吃掉了。

幼儿对这个现象的解释是因为蚯蚓的食物是一些生活中产生的垃圾，它能帮助地球消灭垃圾，让地球变得更美丽。

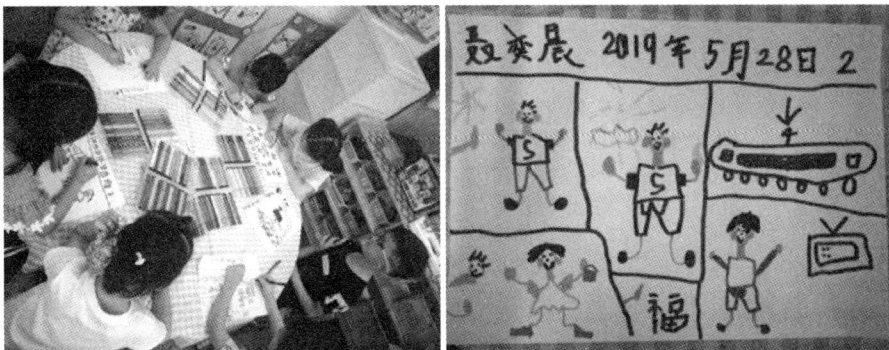

3. 活动后需要调整和改进的方向

（1）教师需要指导幼儿从头到尾阅读图画，才能发现很多常常被读者忽视的小细节。读懂了这些细节，才会对文本的内容有进一步的理解。

（2）教师要将阅读的难点进行分化分解。让幼儿有重点地围绕一篇日记进行阅读，然后再各自分享交流，轻松达到互通信息、整体理解的目标。

（3）选择其中几则日记进行重点指导，学习自主阅读的方法，仔细观察画面（蚯蚓的表情、动作），充分发挥幼儿的想象，然后让幼儿选择其中一则"你认为最有趣的日记"讲给自己的同伴听。

（付逸仙）

（二）"悦读"艺术活动：蚯蚓舞会（韵律）

☞ **活动目标**

1. 喜欢模仿蚯蚓的表情和动作，体验与同伴合作跳舞的快乐。

2. 能够通过故事理解乐曲的结构和内容，并能用夸张的动作表现。

3. 尝试创编蚯蚓的各种肢体动作，并能随音乐节奏与同伴合拍地进行表演。

☞ **活动准备**

1. 经验准备：幼儿已阅读绘本《蚯蚓的日记》，观察过蚯蚓。

2. 物质准备：绘本课件，音乐《蚯蚓舞会（Veruca's Nutcracker Sweet 节选)》。

☞ **活动过程**

1. 出示绘本课件，感知主题。

（1）观察绘本课件，提问：这本书里主要讲的是关于谁的故事？你在自然角观察的时候发现它是怎么活动的？你看到了什么？你能学一学吗？

（2）幼儿尝试扭动出自己看到的蚯蚓活动的样子。

2. 边欣赏音乐边倾听故事，通过故事感受音乐的结奏及情绪。

（1）边完整欣赏音乐边倾听故事，教师提问：故事里讲了一件什么事情？蚯蚓去干吗了？

（2）请幼儿再次完整欣赏音乐，伴以简单的动作表现。

3. 通过游戏，有情趣地分段创编动作表现音乐。

（1）游戏：我钻呀钻。

引导幼儿根据 A 段音乐，尝试创编不同的蚯蚓钻的动作：先听辨音乐中蚯蚓钻的地方，并将自己的身体当做蚯蚓，创编不同的动作表现蚯蚓钻的样子，教师提炼动作后再随音乐集体游戏。

（2）游戏：我扭呀扭。

引导幼儿根据 B 段音乐，尝试创编不同的蚯蚓扭的动作：先听辨音乐中蚯蚓扭的地方，并将自己的身体当做蚯蚓，创编不同的动作表现蚯蚓扭的样子，教师提炼动作后再随音乐集体游戏。

（3）游戏：我跳呀跳。

引导幼儿根据 C 段音乐，尝试创编不同的蚯蚓跳的动作：先听辨音乐中蚯蚓跳的地方，并将自己的身体当做蚯蚓，创编不同的动作表现蚯蚓跳的样子，教师提炼动作后再随音乐集体游戏。

（4）游戏：蚯蚓舞会。

引导幼儿根据 D 段音乐，尝试创编不同的蚯蚓舞动的动作，教师提炼动作后再随音乐集体游戏。

（5）进行完整游戏，能用夸张的动作表现音乐。

教师示范完整的动作，幼儿自主择友，跟朋友像跳圆舞曲一样站成内圈和外圈，能随音乐节奏与同伴合拍进行完整的游戏，教师根据游戏中存在的问题，引导幼儿讨论后再进行改进与探索。

4. 小结游戏情况，共同回味游戏的乐趣，结束活动。

（龙萍）

☞ **"悦读"艺术活动"蚯蚓舞会"（韵律）反思**

1. 活动开展前的思考

（1）对绘本内容的再思考。绘本《蚯蚓的日记》是一本极为有趣的绘本，以日记书写的方式，记录和表达了小蚯蚓的观察及思考。绘本中蚯蚓的姿态各异，在阅读过程中我们发现，幼儿对于模仿绘本中角色的动作非常感兴趣。因此，我希望通过"蚯蚓舞会"这一活动，给幼儿充足的机会去模仿蚯蚓，大胆扭动，满足他们对模仿的渴望。

2. 活动中幼儿的表现

（1）整个活动过程幼儿兴趣很浓，他们一起讨论，模仿并创编出蚯蚓不同的各种舞姿，还通过交流锻炼了幼儿的口语表达能力。

（2）图片与音乐相结合，幼儿能够根据图片和音乐节奏大胆表现和创编各种蚯蚓舞蹈的动作和造型。

（3）在自主的氛围中创造。幼儿在整个活动过程中学习兴趣较浓，能根据自己想象进行大胆创编，尝试用扭一扭、转一转、钻一钻等方式表现蚯蚓舞蹈的各种动作。老师再通过引导幼儿互相欣赏同伴的舞姿，使他们获得成功的满足感，表现兴趣得以激发，创编表现能力也随之提升。

3. 活动后需要调整和改进的方向

（1）活动中，舞蹈创编可以有多种形式，不要限制幼儿的想象力，可以加入手部的动作，这样能让更多的幼儿发挥自己的想象力和创编能力。

（2）整个活动中，教师应该是一个组织者、观察者和参与者，应该多把时间留给幼儿去想象和创编。

（龙萍）

（三）"悦读"科学活动：认识蚯蚓

☞ **活动目标**

1. 产生对蚯蚓的探索欲望，知道要保护蚯蚓，形成初步的环保意识；

2. 能用简单的工具探究蚯蚓，并进行记录，与同伴交流记录结果；

3. 感知、了解蚯蚓的部分生理特征和生活习性。

☞ **活动准备**

1. 经验准备：幼儿已阅读绘本《蚯蚓的日记》。

2. 物质准备：蚯蚓若干条，观察需要的工具（尺子、放大镜、小盒子、盆子、泥土、手电筒等），笔，记录纸，关于蚯蚓的视频或 PPT。

☞ **活动过程**

1. 回顾绘本，谈谈自己认识的蚯蚓

（1）教师出示绘本，引发幼儿思考。

教师：上次我们一起读了《蚯蚓的日记》，你能说说蚯蚓是什么样子的吗？

（2）幼儿自由回答，教师视情况回应。教师可从蚯蚓的颜色、行动特点、身体特征、生活习性等方面进行梳理总结。

2. 自主探究，合作记录观察到的蚯蚓

（1）教师出示蚯蚓，激发幼儿自主探索的兴趣。

教师：这里有很多小蚯蚓，你们觉得可以怎么进行观察？

（2）教师出示观察工具，引导幼儿正确使用观察工具。

教师：老师这里提供了一些工具，这是什么？怎么用它进行观察呢？

小结：尺子可以用来测量蚯蚓的长度，放大镜可以观察到蚯蚓身体更细致的部分，如果你们肉眼看不清楚可以借助手电筒来看一看。

（3）教师提出合作观察、记录要求，幼儿分组进行观察、记录。

教师：等会儿请你们5个人组成一个小组进行观察，选一名记录人作观察记录。快去探索蚯蚓的秘密吧！

小结：蚯蚓是环节动物，细细长长的，没有眼睛、鼻子和耳朵。身上有许多水分，摸上去湿湿的。虽然蚯蚓没有眼睛，但是他可以感受到光。他喜欢生活在潮湿的泥土中。

3. 观看视频，进一步了解蚯蚓的生理特征和生活习性。

（1）教师播放视频，幼儿观看并思考蚯蚓还有哪些生理特征和生活习性。

教师：除了刚刚你们观察到的，蚯蚓还有哪些奥秘呢？一起来看看吧。

（2）幼儿观察视频后进行自主表达，教师进行总结。

4. 活动延伸

教师：刚刚我们知道了蚯蚓有一个神奇的地方，即使它被截成了两半也不会死，并且还会长出新的身体，你知道大自然中还有哪些动物也有蚯蚓这样的本领？

（许婷）

【附】

表4-8　观察记录表

记录时间：　　　　　　　　　　　　　　　　　　记录人：

如何观察	观察结果
眼睛看 👀	
手摸 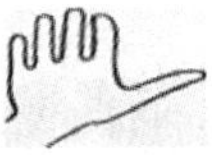 ✋	
尺子  📏	
放大镜  🔍	
手电筒  🔦	

☞ **"悦读"科学活动"认识蚯蚓"反思**

1. 活动开展前的思考

（1）对绘本内容的再思考

《蚯蚓的日记》是一本科学图画书，是给幼儿看的科学童话。应该说，这本书不但幼儿喜欢看，大人也会喜欢的。蚯蚓在日常生活中比较常见，但幼儿对喜欢生活在地底的它了解得比较少，这是一个学习的契机。

①封面和封底。书的封面大大的黄色的书名——"蚯蚓的日记"的正下方是一条头戴小红帽的蚯蚓小弟，他用尾巴紧握着一支超大的黄色笔杆的铅笔，正在日记本上书写着什么。他到底在写些什么呢？翻开图画书，让我们浏览一下蚯蚓的世界。这里，不得不提到封底的那张图片——小蚯蚓在6月5日的日记中写道"我有一种被偷看的感觉……"谁在偷看呀？其实就是读者。

②环衬和扉页。本书的前后环衬为我们展示了14幅蚯蚓小弟的生活写

真，每一张照片都为我们讲述了一个小小的故事。

③想象力丰富。蚯蚓是没手没脚的，你想象过他将如何写字？你想象过他将如何看书？你想象过什么是他的凳子和桌子？用餐的时候，他使用什么餐具？睡觉的时候，他的帽子会挂在哪里？如果他被蜜蜂蜇了，会怎么样？带着这些问题，请你再回到书里去找一下。这时候，你会发现这些简单的画面是那么丰富。

然而，这些内容只是点到为止，它给你留下一个巨大的想象空间，这对幼儿读者来说，是多么好的机会啊，去帮幼儿展开想象吧。比如："我被蜜蜂蜇了"，它可以让幼儿自己编一篇蚯蚓没有写到的日记。

④视角独特。从小蚯蚓的角度看世界，记录了学校、家庭和朋友之间的生活点滴，还有对自我、未来的想法，很能得到幼儿认同。同时，故事趣味性较强，将普通小男孩的天真与快乐与不易接触到的蚯蚓相融合，容易激发幼儿对蚯蚓等小动物的好感和探究的欲望，同时也能与自己的生活发生共鸣。

（2）对材料的准备思考

①实物探索：教师提供蚯蚓的实物，供幼儿观察探索，更为生动形象。

②工具为辅：通过提供各种有利于幼儿探究的工具，有助于激发幼儿的探究兴趣，且探究的结果更为准确。

③视频补充：单次探究活动或许无法掌握全面的信息，所以通过视频补充的方式，让幼儿了解有关蚯蚓的更多的信息。

（3）对幼儿现有年龄阶段的思考

①积极探索：幼儿对探索自然充满兴趣，乐于了解自然界动植物的相关内容。因此，本次活动幼儿的兴趣非常浓厚。

②文字敏感期：大部分幼儿能书写自己的名字，对生活中常见字产生浓厚兴趣，在阅读绘本时也逐步由画面转移到文字和符号上，因此在活动中让幼儿用符号和文字记录观察的过程和结果，符合幼儿的年龄特点。

2. 活动中幼儿的表现

（1）活动实录

片段一：幼儿在观察蚯蚓时产生了许多疑问，如：蚯蚓怎么吃东西、有没有嘴巴、嘴巴长什么样子等。

分析：第一个环节让幼儿大胆讲述自己了解的关于蚯蚓的秘密。当幼儿在讲述的过程中，自主产生了各种问题。

片段二：幼儿对研究蚯蚓感到非常兴奋，他们不停地回忆自己观察过蚯蚓的经历，与同伴相互交流，并通过用各种工具，对蚯蚓进行观察和探索，并把自己的发现用图文并茂的形式记录在记录表上。

分析：幼儿掌握的知识量真的超乎想象，很多我们活动中要了解的知识点他们基本上都掌握了。

（2）活动中我的发现

①幼儿能较仔细地观察蚯蚓，能从蚯蚓的颜色和身体特征方面进行观察。

②幼儿对蚯蚓的相关知识非常感兴趣，且从幼儿相互交流和讨论过程中可以看出：幼儿对蚯蚓的相关知识了解得比较多。

3. 活动中需要调整和改进的方向

（1）本次活动探究的工具是由老师设计的，实际上可以将问题抛给幼儿：你想了解关于蚯蚓的什么内容？你觉得可以用什么工具来探究？然后，根据幼儿的想法来准备工具和设计表格，更能体现幼儿的自主性，启发幼儿的思维。

（2）部分幼儿不太会正确使用工具，因此，在操作前，教师需指导幼儿怎么正确使用工具，提高科学性和有效性。

（3）幼儿在活动中对蚯蚓有很多疑问，因此在延伸活动中可以启发幼儿自由提问，教师构建思维图。幼儿自己查找资料解决问题，形成一个生成的课程，有助于幼儿自主学习，学习构建思维图。

（许婷）

（四）"悦读"语言活动：我的日记

☞ **活动目标**

1. 愿意并大胆分享自己的日记，体验用纸笔书写日记的乐趣。

2. 了解前书写的方式，尝试使用多种形式有创意地将生活中的事情记录成日记。

3. 知道日记的基本格式，保持正确的坐姿按要求书写日记。

☞ **活动准备**

1. 经验准备：有用符号、文字和图画等简单记录的经验。

2. 物质准备：教学课件、幼儿书写的日记一份、记录纸、笔。

☞ **活动过程**

1. 回顾《蚯蚓的日记》内容，萌发书写日记的兴趣。

（1）提问：小蚯蚓慢慢长大了，学会了记录自己的生活，你还记得小蚯蚓的日记里写了什么吗？

（2）教师：如果让你也来写一份日记，你会写什么呢？

2. 梳理日记的格式及书写要求，了解记录方式。

（1）出示日记范例，学习记录方法。

教师：我这里也有一份日记，我们一起看看这份日记里记录了什么？记录者是用什么方式怎么记录的？除了用文字还用到了什么？

小结：在记录的过程中，除了可以用文字进行记录，还可以用数字、图画、符号或拼音等方式代替自己不会写的字进行记录。

（2）教师：在这份日记里，除了写了记录的内容，还写到了什么呢？分别写在哪里呢？

小结：日记中不仅有记录的内容，写在中间；还有记录日期和记录天气，写在第一行；记录者姓名则写在最后一行。

3. 保持正确的坐姿，自由书写日记。

（1）教师：接下来就请你们用自己的方式写写日记吧！记得写日记的时候要把日期、天气、记录者等信息写好哦。

（2）幼儿自由书写日记，教师巡回观察并提醒幼儿在书写过程中保持正确的坐姿。

4. 分享与交流，尝试大胆读出"我的日记"。

（1）幼儿相互分享、交流自己所写的日记。

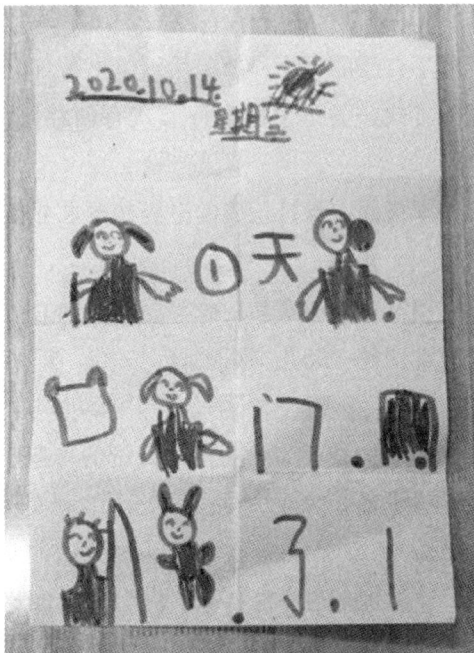

（2）幼儿在集体面前展示自己的日记。教师：谁愿意来展示自己写的日记？并说一说你用了什么样的方式来记录？

（黄丽君）

☞ **"悦读"语言活动"蚯蚓的日记"反思**

1. 活动开展前的思考

（1）对绘本内容的再思考

这个绘本从小蚯蚓的观点看世界，记录了学校、家庭和朋友之间的生活点滴，还有对自我、未来的想法，很能得到幼儿的认同。同时，绘本在幽默诙谐的语调中，传达有关不同生物和地球的相关知识。绘本在帮助幼儿培养乐观、积极的态度，及多元思考的习惯的同时，让他们在潜移默化中学了日记正确的书写方式。

（2）对材料准备的思考

①范例提供：老师提供了一份日记范例，其中用到了多种记录方式写日记，让幼儿通过分析、观察、学习等方式学习写日记的方式，幼儿较熟练地掌握了日记的书写格式。

②纸、笔材料提供：幼儿对于前书写的经验尚在起步阶段，教师提供有规定格式的纸张，供幼儿书写，更为规范，且画面更为清晰，帮助幼儿养成良好的书写习惯和规范书写格式；笔是幼儿绘画用的记号笔，这样记录更为清晰可见。

（3）对幼儿现有年龄阶段的思考

我们班是大班的第二个学期，现在我们开展的主题是"我要上小学了"。为了更好地落实幼小衔接，贴近幼儿的生活，让大班幼儿对记日记有初步的了解，并开始尝试记录气象日记或是简单的生活日记，学习日记的书写格式是很有必要的。

现阶段我班幼儿正处于文字敏感期，幼儿对文字有浓厚的兴趣，能认识并书写自己的名字，部分幼儿对不会写的字可以用画图或符号的形式进行表现；在阅读时，幼儿开始关注画面之外的问题，能够认读简单的文字，从而通过图文结合的方式，读懂画面内容。

2. 活动过程的思考

（1）活动实录

为了提升教学的有效性，也为了更紧密地结合图画书，第一环节中以回顾图画书内容的形式导入活动，也是为了让幼儿明确活动的主题是"书写日记、记录自己的生活"。因为书本中的日记都是全文字记录的，对于学龄前儿童来说难度很大，所以接下来在第二个环节我出示了一封特别的日记——由一位小朋友在老师的适当指导下书写的日记。在这个环节中让幼儿了解到：日记的书写格式和记录方式除了文字外，还可以用符号、图画、字母、拼音等各种方式进行记录，从而对日记的书写有一个较清晰的概念。第三环节则是幼儿自由发挥和创意书写的阶段。最后是幼儿自由分享与交流的环节，通过此环节让幼儿将书面语言转换成口头语言，既发展了幼儿的口语表达能力，又促进了幼儿逻辑思维的发展。

（2）活动中我的发现

①活动中幼儿参与书写的积极性较高，能够较好地运用学到的方法去记录自己的生活，且记录的效果较好。

②幼儿了解了纸笔互动的方式，知道了记录的多种方法。

3. 活动中需要调整和改进的方向

（1）在范例中，幼儿记录的是周末打篮球的经历，而我班有部分幼儿周末也在学篮球，所以这部分幼儿基本都写的打篮球，用到的记录方式有些雷同。因此在分析日记记录方式时，可以有意识地引导幼儿用多种方法记录同样的内容。

（2）活动中幼儿总是会容易忘记自己的坐姿，要注意时刻提醒幼儿用正确的坐姿书写日记。

（3）前书写是幼儿语言发展中不可或缺的一部分，前书写技能的习得不可能通过一个小小的活动就完全实现，所以可以利用这本图书和这个活动作为一个契机去激发幼儿前书写的兴趣，同时应在后续的教学、区域游戏等环节中，让幼儿继续熟悉并掌握前书写的方法和技能。

（黄丽君）

第五章　幼儿园大型"悦读"主题活动

第一节　家-园共育活动实例

一、"悦听故事时光"栏目活动方案

（一）活动意图

语言能力是在交流和运用的过程中发展起来的，我园为培养小朋友良好的阅读、倾听习惯，锻炼小朋友大胆表达的能力，充分发挥幼儿语言学习的主动性，让幼儿自主产生倾听、阅读与表达的欲望，并从优秀的绘本中汲取源源不断的精神食粮。我园公众号特开设"悦听故事时光"栏目，每周五将在公众号的"悦听故事时光"栏目推出我园小朋友、家长、老师们的"悦听故事"，将小朋友们讲述的绘本故事内容和录音分享给更多的人，让大家在优秀的绘本世界里遨游。

（二）活动目标

1. 创造机会度过温馨愉快的亲子阅读时光或师幼阅读互动时光。

2. 营造良好的书香氛围，丰富幼儿生活，给予幼儿展示的平台。

3. 幼儿自主挑选喜爱、熟悉的书籍，结合自身经验与家长及老师说一说、听一听，培养幼儿良好的阅读习惯和语言表达能力。

（三）活动时间

"悦听故事时光"在每周的星期五定期开展活动。

（四）具体安排（见表 5 – 1）

表 5 – 1   2019 年上学期"悦听故事时光"班级幼儿故事分享安排表

周次	活动班级	负责人	负责人事项
第三周	大一班	刘慕殷	
第四周	大二班	谭琦云	
第五周	大三班	陈佳宾	1. 所有故事素材均来自于绘本内容。
第六周	大四班	覃左昆	2. 提前一周准备好幼儿故事内容（可来源于寒假打卡或重新请幼儿家长录制，要求故事讲述质量优，不要有背景音乐）。
第七周	中一班	陈思	
第八周	中二班	谭琦	3. 提前一周请家长在家协助幼儿录制好故事片头及自我介绍。
第九周	中三班	鲁媛	4. 提前收集：故事文字资料简介（300 字以内）、故事绘本封面及重点画面（5~8 张图）、幼儿个人照片（亲子故事可提供家长和幼儿合照，生活或艺术照不限。）
第十周	中四班	贺诗婷	
第十一周	小一班	陈琴	
第十二周	小二班	贺继旺	5. 负责人撰写该期"悦听故事时光"文字资料。
第十三周	小三班	饶欢	以上所有资料均需在平台发布前一周交许婷审核。（文字稿请参照每期范例）。
第十四周	小四班	黄丽君	
第十五周	小五班	李芳菲	

二、"悦听故事时光"栏目活动实例

（一）【悦读课程】悦听故事时光第三期

亲爱的大朋友、小朋友们：

你们好！

湖南师范大学幼儿园"悦听故事时光"又和大家见面了！马上就要迎来我们的"五一"国际劳动节啦！这是第 129 个国际劳动节。为了庆祝劳动者们的革命胜利以及保障劳动者的合法权益，每年劳动节都会放假，而今年调休会有 4 天的小长假。在假期来临前，让我们一起来欣赏本周小主播带来的故事吧！

本周给大家带来的图画书故事来自于小朋友们非常喜爱的《可爱的鼠小弟》系列之《鼠小弟，你长大以后做什么》。

《可爱的鼠小弟》系列图书，用清爽明快的色彩、充满质感的铅笔线条、舞台似的独特构图，创造了一个又一个幽默、温馨、出人意料的故事，带给了孩子们无尽的阅读乐趣，而活泼俏皮、真诚善良的鼠小弟更是走入了千万孩子的心中，成为了名副其实的绘本偶像人物。

第三期

2019 年 4 月 30 日

本期邀请到的主播是来自大三班的陈韵如小朋友和她的妈妈。每个人都会长大，也都会有自己的梦想，你们长大后的梦想是什么呢？今天，我们的小主播和大家分享的图画书故事是《鼠小弟，你长大以后做什么》。

用耳朵听声音，让心灵去旅行，让我们边听、边看，一起享受美好的"悦听故事时光"吧！

《鼠小弟，长大以后做什么?》

大三班：陈韵如和妈妈

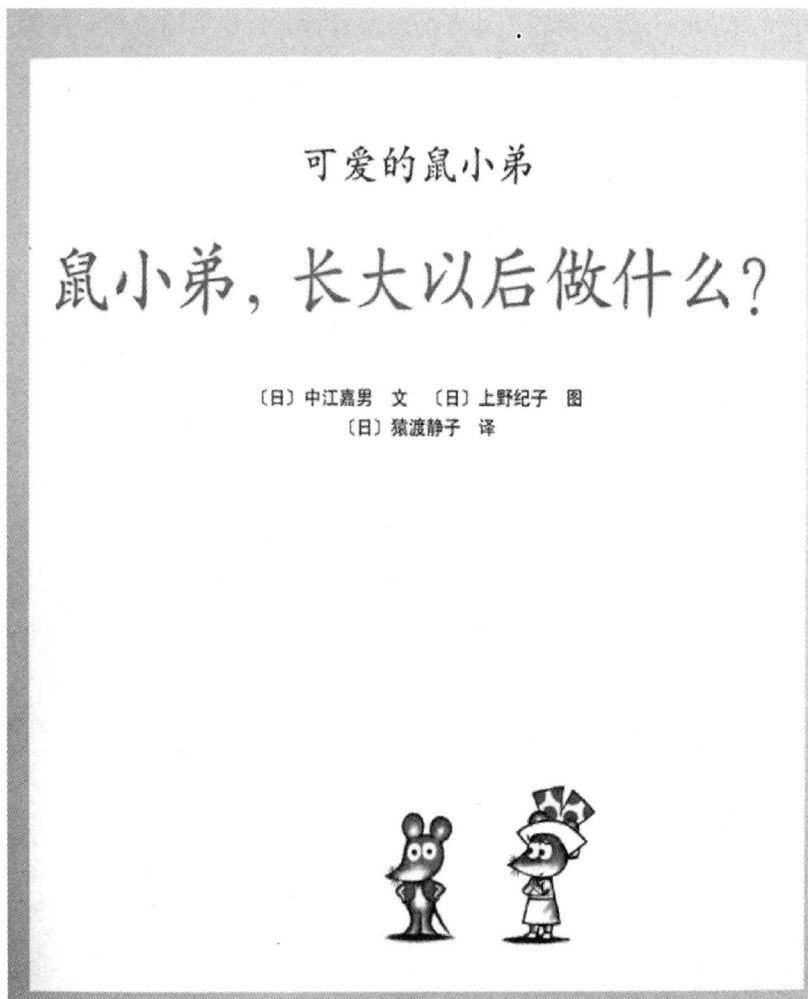

可爱的鼠小弟

鼠小弟，长大以后做什么?

〔日〕中江嘉男 文 〔日〕上野纪子 图

〔日〕猿渡静子 译

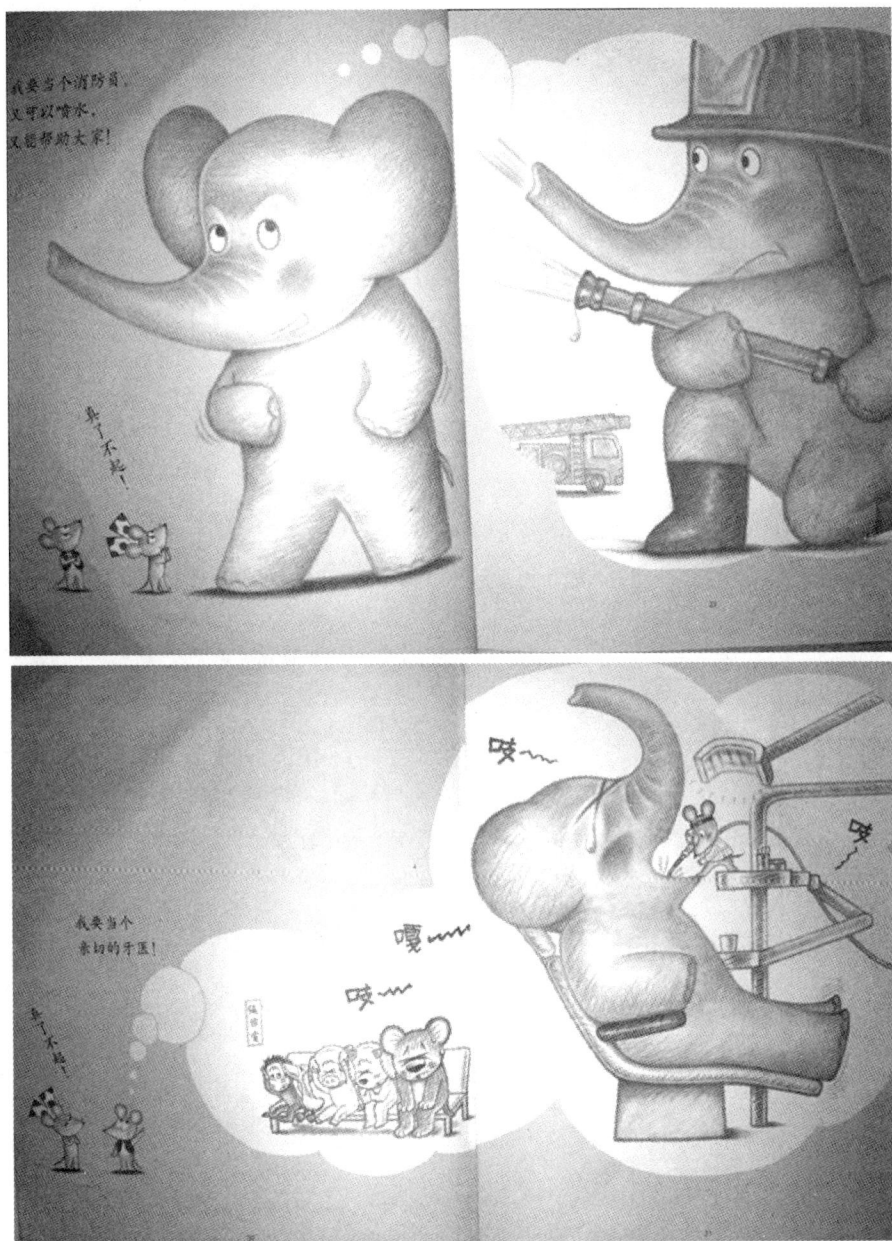

图画书内容介绍：

鼠小弟，你长大以后想做什么？

嗯，我长大以后想做什么呢？

小鸭子，你长大以后想做什么？

我虽然是鸟，可是从来没有飞上过天。我要当个飞行员，开着飞机飞上天。

小猪，你长大以后想做什么？

我最喜欢吃好吃的，所以我要开个蛋糕店，那样每天都有蛋糕吃。

小狗，长大以后做什么？

我最喜欢唱歌。

所以我要当个歌唱家！

小狮子，长大之后做什么？

如果我能长出爸爸那样帅气的鬃毛。

我要当个美发师。专门给别人剪头发。

大象哥哥，你长大后想做什么？

我会喷水，所以……

我要当个消防员，又可以喷水，又可以帮助大家！

哈哈！

鼠小弟，

你这么小，

能做什么呀？!

啊?!

大家怎么能这么说呢？

我能帮你们看蛀牙呢！

我要当个亲切的牙医。

吱……吱……嘎……

我要当个护士，做鼠小弟你的助手！

讲述者介绍：

大家好！我是来自大三班的陈韵如小朋友。我的爱好广泛，最爱听妈妈给我讲故事了。妈妈给我讲故事时，是我最开心的时光。

第二节 一日生活活动实例

一、"故事大王"活动方案

（一）设计思路

幼儿期是孩子语言发展的关键期。《纲要》在语言领域也强调"发展幼儿语言的关键是创设一个能使他们想说、敢说、喜欢说、有机会说的环境"。讲故事，能使幼儿的语言表达能力、口语发展能力得到进一步提高，丰富幼儿的词汇、句子，有利于幼儿综合素质的健全与发展，更重要的是锻炼幼儿的胆量，培养幼儿的自信与勇气。为此，我们特意策划了"故事大王"这个班级活动，为幼儿营造一个学说话、敢说话、会说话、乐于表达的语言氛围，为幼儿提供一个展现自我的舞台。

（二）活动目标

1. 积极参与，体会大胆表现自我的乐趣。

2. 提高幼儿的自信心与勇气，能完整、有声有色地讲述故事。

3. 认真倾听他人的讲述。

（三）活动准备

1. 经验准备：幼儿自行准备绘本故事。

2. 物质准备：小舞台、话筒。

（四）活动过程

1. 请每个孩子按照学号的顺序，进行每日餐前"故事开播"。

2. 请所有家长配合孩子，在家熟悉故事内容，重点提醒幼儿要自信、大方、语速适中。

3. 教师每日对幼儿的"故事大王"活动进行梳理和评价，帮助幼儿争取更大的进步。

二、"悦听"睡前故事活动方案

（一）设计思路

幼儿园一日活动中，午睡作为其中一个重要的环节，除了保证幼儿有充足的睡眠时间和良好的睡眠质量、培养幼儿良好的午睡习惯外，我们还应珍视午睡环节的重要价值。湖南师范大学幼儿园以"悦读"课程作为特色课程，在午睡环节也格外重视营造良好的午睡氛围，每天睡前20分钟，为幼儿播放幼儿、家长及教师精心录制的优秀绘本故事录音，让幼儿在轻松愉悦的氛围中，有序做好睡前准备活动，并在故事的陪伴下入睡。

（二）活动目标

1. 喜爱并乐意在故事录音的伴随下进入睡眠。

2. 能安静、认真倾听睡前故事，了解故事内容。

3. 通过每日倾听睡前故事，提高语言表达能力。

（三）活动准备

1. 经验准备：教师提前讲解听故事要求。

2. 物质准备：优质绘本故事录音，广播系统。

（四）活动过程

1. 各班幼儿在教师组织下，有序做好睡前准备。

2. 广播系统每天按时打开广播，播放20分钟的绘本故事录音。

3. 负责午睡环节的教师来回巡视，指导幼儿安静倾听故事。

4. 睡前故事结束，幼儿安静、自然进入睡眠。

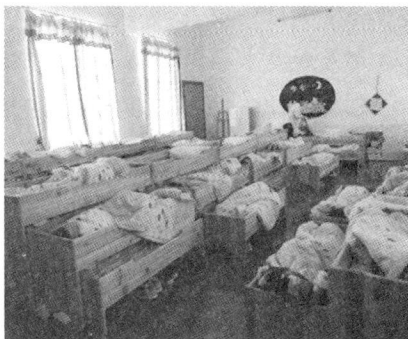

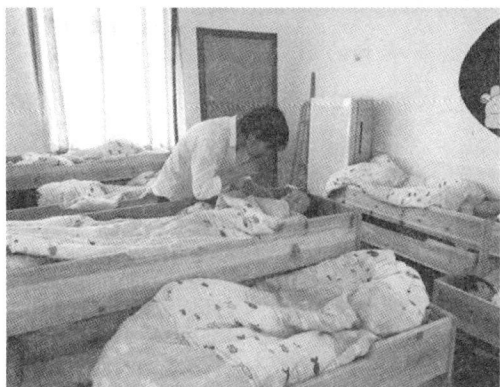

第三节　阅读节系列活动方案

一、第三届阅读节方案

（一）第三届阅读节总方案

2018 年第三届阅读节系列活动方案
——让阅读与绿色同行

通过每年一届的阅读节主题系列活动，进一步凸显我园"悦读"课程特色，在听、说、读、看、画、玩等过程中，幼儿接受各种阅读信息，形成一整套的养成性教育，既培养幼儿阅读的兴趣及阅读的能力，逐步提高幼儿运用语言、动作、绘画、表演等多样表达表现的能力，也为幼儿今后的学习打下良好的基础。因此，在 2018 年世界阅读日来临之际，幼儿园根据市委市政府"强力推进环境大治理，坚决打赢蓝天保卫战"三年行动的总体部署和要求，积极响应长沙市政府、市教育局提倡环保教育的文件精神，本次阅读节以环保为主题，开展我园第三届阅读节的活动。

☞ **活动目的**

1. 通过本次阅读节能够进一步凸显我园"悦读"课程特色，培养幼儿阅读情感及阅读能力，逐步提高幼儿运用语言、动作、绘画、表演等多样表达表现的能力。

2. 以"环保"为主题，在听、说、读、看、画、玩的过程中，感受阅读节的书香氛围，通过多感官的形式了解绘本内容，与同伴一起体验阅读节系列活动的乐趣，能够通过阅读节的活动获得更多的"财富"。

3. 通过阅读节的活动提高教师组织和实施活动的能力，在教研及系列活动中增进自身对阅读的兴趣，并能够提升自己的内涵修养，做一名有书香气息的教师。

4. 在与孩子共同参与的互动中，增进亲子之间的情感，通过亲子共读、悦读小剧场表演等多个活动带领幼儿共同感受绘本、表现绘本。

☞ **活动主题**：让阅读与绿色同行

☞ **活动策划**：徐惠

☞ **活动组织**：教学部、行政、各年级组长、各班级教师

☞ **活动时间**：2018 年 4 月 23 日——4 月 27 日

☞ **参与对象**：全园师生及家长

☞ **具体安排**（见表 5 - 2）

表 5 - 2　第三届阅读节具体活动安排

活动时间	活动内容		注意事项
4月23日上午	阅读节开幕式	"悦读"小剧场 ——教师绘本剧	1. 负责人提前确认好参与表演的人员、表演的绘本内容，并自行协调好排练的时间及具体要求（包括服装、道具）。 2. 提前根据活动需求安排布置好场地，活动的各个环节及流程要清晰，并做好衔接。
		"悦读"分享会 ——教师故事分享	
		"悦读"分享会 ——家长助教故事分享	

（续表）

活动时间	活动内容		注意事项
4月24日 上午	『悦读』大本营	大班组： 户外自主阅读	1. 负责人统筹安排、规划、分配好场地。 2. 各年级组长提前撰写具体活动方案，并给教学部负责人审核、调整。
		中班组： 户外亲子阅读	
		小班组： 园内亲子阅读	
4月25日 上午	"悦读"小画廊		负责人提前对各班绘画材料、故事背景底图进行审核，根据现实需求准备相应的场地及材料。
4月26日 上午	"悦读"游乐园		负责人需提前确定每个班级设定的绘本游戏方案，了解其游戏（绘本）来源及玩法，并指导各班用游戏解说展示牌的形式进行介绍。
4月27日 （周五） 上午	阅读节闭幕式： "悦读"嘉年华		1. 负责人需确定闭幕式的方案、落实幼儿奖品及活动流程。 2. 杨晓燕22日前负责闭幕式的主持稿审核。

（二）第二届阅读节具体详细方案

阅读节开幕式活动方案

☞ **活动目标**

1. 在阅读节开幕式及系列活动的快乐氛围中，体验阅读节隆重的书香气息。

2. 通过倾听、观赏等活动，进一步感受阅读节的丰富多彩，对阅读节的后续活动充满期待。

3. 通过教师绘本剧表演、绘本故事分享和家长助教活动，进一步了解绘本呈现形式的多种多样。

☞ **活动准备**

1. 经验准备：教师提前一个星期发布有关阅读节开幕的通知及需要家长参加的项目；提前跟幼儿宣传有关阅读节的活动内容，激发幼儿兴趣，同时交代开幕式上要注意的事项。

2. 物质准备：教师提前两个星期准备好教师绘本剧表演及绘本故事分享的内容；活动当天，各班幼儿穿着整齐的园服；每班提前一个星期邀请2~3名家长助教，在活动当天于班级教室给幼儿分享绘本。

☞ 活动流程

1. 全体集合，举行升旗仪式。

六位小小升旗手在专职教师的带领下，护送国旗入场，举行升旗仪式。

2. 主持人致开场词，引出此次活动。

由主持人贺佩、覃左昆开场，引出此次阅读节主题，介绍此次阅读节活动。

3. 园长致辞，宣布阅读节开幕。

4. "悦读"小剧场——教师绘本剧。

由教师代表为幼儿表演绘本剧，全体幼儿欣赏绘本剧表演，了解绘本剧有趣的人物形象及故事情节，感受绘本表演的趣味。

5. "悦读"分享会。

（1）教师故事分享。

由教师代表为大家进行绘本故事分享《假如地球被我们吃了》。

（2）家长助教故事分享。

主持人介绍阅读分享会的形式、内容及要求后，各班幼儿在教师的组织下，回到各个班级，开展家长助教故事分享。每个班级提前邀请好家长助教的义工人员，人数为2~3名，并采用集体或分组（形式自定）在班级教、寝室或者走廊开展故事分享活动。

2018年湖南师范大学幼儿园第三届阅读节
——让阅读与绿色同行

"悦读大本营" 活动方案

☞ **活动目标**

1. 在亲子共读中，增进亲子感情，体验阅读的快乐。

2. 通过户外阅读的形式，培养幼儿处处可读书、时时读好书的阅读兴趣和阅读习惯。

3. 通过小组故事分享，提供选择的机会提高幼儿的自主性，培养幼儿的倾听习惯，提升幼儿的语言能力。

☞ **活动准备**

1. 经验准备：幼儿已知道开展活动的地点及需要准备的物品。

2. 物质准备：中大班每名幼儿自带绘本、爬爬垫（泡沫垫）、水壶。

☞ 活动过程

园内亲子阅读活动方案
【小班组】（见表5-3）

表5-3　活动具体安排

活动流程	活动过程	幼儿准备	家长准备	教师准备
家长入园	1. 全园师生统一着园服、家长轻便装参与活动。 2. 家长携带书籍并带领幼儿领取阅读卡自由选区阅读。	1. 全体幼儿着园服入园。 2. 知道活动的基本要求和秩序，能按要求参与。	1. 着轻便装，携带2~4本书籍入园。 2. 护送幼儿入园到班级，领取阅读卡自由选区阅读。	1. 做好幼儿前期生活常规护理工作，着园服带领幼儿在班级开展游戏或活动介绍，等待家长入园。 2. 活动开始前做好相关要求教育活动。
亲子"悦读"	亲子自由选择2个阅读区开展亲子"悦读"。	1. 阅读准备。 2. 知道在亲子"悦读"期间不在户外玩具区游戏。 3. 选择阅读区域前先观看阅读须知，区域满员时另选区域，能有意识地记忆阅读过的书籍。 4. 听到结束音乐时收整书籍。	1. 书籍准备。 2. 以陪伴者、支持者、参与者的角色与幼儿阅读，督促幼儿阅读期间不在户外玩具设备处游戏。 3. 以身作则，阅读期间不玩手机，阅读时爱护书籍，有序取放，记录幼儿阅读过程中的亮点。 4. 听到结束音乐时收整书籍。	1. 负责管理区域，给家长、幼儿阅读提供必要的帮助，控制区域人数，区域满员时提醒幼儿选择其他区域。 2. 活动开始前对亲子传达活动要求，关注亲子阅读状况，提醒亲子活动前观看阅读须知，爱护书籍，有序取放，注意安全。 3. 听到结束音乐时提醒亲子收整书籍。
班级总结	各班幼儿及教师回班级后以班级自主形式开展小结活动，鼓励幼儿表达参与活动后的感受，并用自己喜欢的语言与同伴分享阅读的书籍。	1. 倾听班级安排。 2. 回顾活动，小结自己的感受，并用自己喜欢的语言与同伴分享阅读的书籍。	无	1. 清点幼儿人数，在班级开展后续活动。 2. 与幼儿共同回顾活动，小结感受，交流分享活动中发现的亮点或可改进的地方，关注幼儿的阅读学习品质的培养。 3. 开展日常工作。

【中班组】

☞ **活动准备**

　　1. 教师需在活动开始前两天进行踩点，安排好班级活动区域。

　　2. 教师在活动前对幼儿进行户外活动安全教育。

　　3. 每班安排一名教师负责班级拍照。

　　4. 幼儿需准备水壶、供亲子阅读的小地垫、1～2本绘本、每小组需有一个大的爬爬垫。

　　5. 全体教师和幼儿统一穿着园服。

　　6. 提前将班级分成6～7组阅读小组，请各组家长做一个阅读导读牌。

☞ **活动过程：**

　　1. 亲子阅读享乐趣

　　班级教师将幼儿分成6～7组，每组安排一名教师带队，指导幼儿进行亲子共读，在阅读中指导家长多让孩子读图，提醒幼儿养成倾听习惯。

　　2. 家长故事分享会

　　每个小组5～6组家庭，进行绘本分享的家长做好环境创设，家长带领幼儿去选择自己喜欢的绘本。家长准备一本约20分钟的绘本，进行故事分享会。

3. 教师小结

教师对活动中有良好阅读、倾听习惯的孩子进行表扬，并鼓励家长和孩子养成处处可读书、时时读好书的阅读习惯。结束活动，教师清点人数，交代回园路上安全事宜，返回幼儿园。

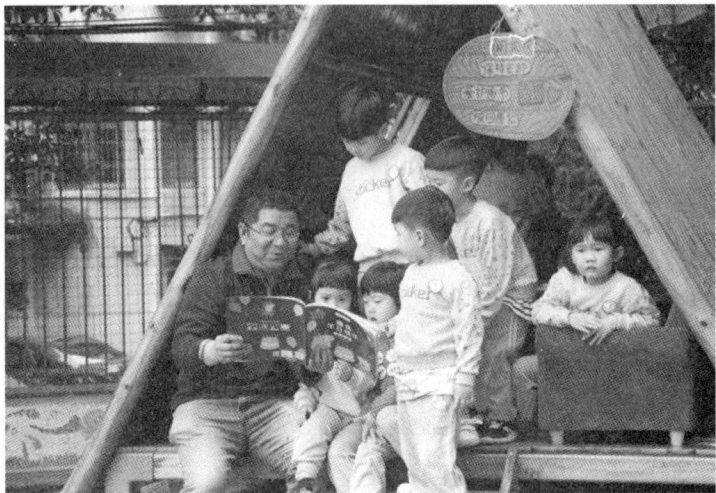

【大班组】

☞ **活动准备**

1. 教师需在活动开始前两天进行踩点，划分好班级活动区域。

2. 教师在活动前需对幼儿进行户外活动安全教育。

3. 每班安排一名教师负责为班级拍照。

4. 幼儿需准备水壶、地垫、帐篷和一本绘本。

☞ **活动过程**

1. 小手相牵去阅读

（1）各班教师在教室交代桃子湖公园看书的要求与注意事项，让幼儿了解活动。

（2）幼儿园大操场集合，组织者开场白：介绍活动及注意事项。

（3）清点人数，出发去桃子湖公园。

2. 户外体验阅读乐

（1）幼儿进行自主阅读。

①教师将幼儿分成7组，每组分配一名教师或者家长引导幼儿自主阅

读，帮助幼儿解决阅读时遇到的困难。

②鼓励幼儿与同伴分享自己带的绘本。

（2）绘本故事分享。

①每组的教师或家长引导、鼓励幼儿自己讲述绘本故事给小组成员听。

②请 2 名幼儿讲述故事给大家听。

③选 2 名家长讲述故事给所有的孩子听。

故事要求：具有教育意义的故事。

④教师小结，主要表扬在活动中有着良好阅读、倾听习惯，能大胆讲述故事的孩子，也鼓励孩子在家多看书，养成好的阅读习惯。

3. 结束活动，返回幼儿园

教师清点人数，交代回园路上安全事宜。

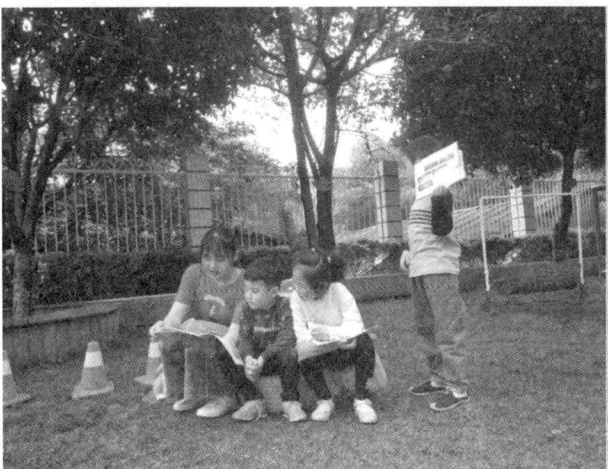

"悦读小画廊" 活动方案

☞ **活动目标**

1. 幼儿能够在制作、绘画的过程中，体验与同伴一起制作"绘本画"的乐趣。

2. 幼儿能够尝试利用各种环保材料，以多种形式表现指定绘本故事的内容。

3. 幼儿能够学习用合作画、剪贴画、添画等形式大胆表现绘本内容。

☞ **活动准备**

1. 各班准备一本幼儿熟悉的绘本，并提前在班上根据绘本内容进行绘本背景图绘画活动。

2. 桌子、桌布、场地布置。

3. 作画的布、装裱作品的树枝和圆木。

4. 各班准备各自的绘画内容、材料及工具（见表5-4）。

表5-4 各班级"悦读小画廊"活动准备

班级	绘本内容	表现形式	使用材料
小班组	《如果地球被我们吃掉了》《大熊抱抱》	废物材料粘贴	废旧杂志、衣物、网袜、光碟等。
中一班	《多多老板和森林婆婆》	绘画、剪贴	废旧纸盒、牛皮纸、卡纸、彩色麻绳、铅笔、蜡笔、颜料、排笔。
中二班	《我眼中的世界》	绘画、剪贴	废旧布、刊物、报纸、衣物、牛皮纸、棉花、颜料、排笔。
中三班	《地球之舞》	绘画、剪贴	废旧纸盒、布、服饰、皱纹纸、颜料、排笔。
中四班	《这片草地真美丽》	绘画、折纸剪贴	废旧报纸、刊物、树枝、毛线球、卡纸、礼品袋、鸡蛋壳、瓶盖、蜡笔、颜料、排笔。
大一班	《爷爷一定有办法》	绘画、剪贴	废旧的布、刊物、报纸、颜料、排笔、扣子。
大二班	《小房子》	绘画、剪贴	树枝、干树叶、碎布条、毛线、画笔等。
大三班	《汽车睡觉的一天》	绘画、拼贴	废旧布、牛皮纸、纸盒、酸奶盖、画笔等。
大四班	《都是放屁惹的祸》	绘画、拼贴	废旧刊物、广告纸、报纸、颜料、排笔等。

☞ **活动过程**

1. 按照大、小、中三个年龄段分时间段作画。

大班：9：00—9：40

小班：9：00—9：30

中班：10：00—10：40

2. 按年级组进行分区域作画。

晴天：大班作画地点为大操场；小班作画地点为小操场；中班地点为大操场。

雨天：各班教室及走廊。

各班教师有序组织幼儿进行作画，教师巡回指导，并提醒幼儿保持作画场地的干净、整洁。

3. "绘本画"制作完毕后，各班集体留影。

4. 展示、欣赏和评价作品。

大班作品展示区域：大操场旁的走廊外墙。

中班作品展示区域：小操场旁的走廊外墙。

小班作品展示区：小操场旁的栏杆处。

同时，各班对所展示绘本的内容用图文并茂的形式进行介绍。

5. 各班合理安排下午时间，参观各年龄段的"绘本画"，提醒幼儿参观时不用手触碰作品，学会爱惜自己和他人的劳动成果。

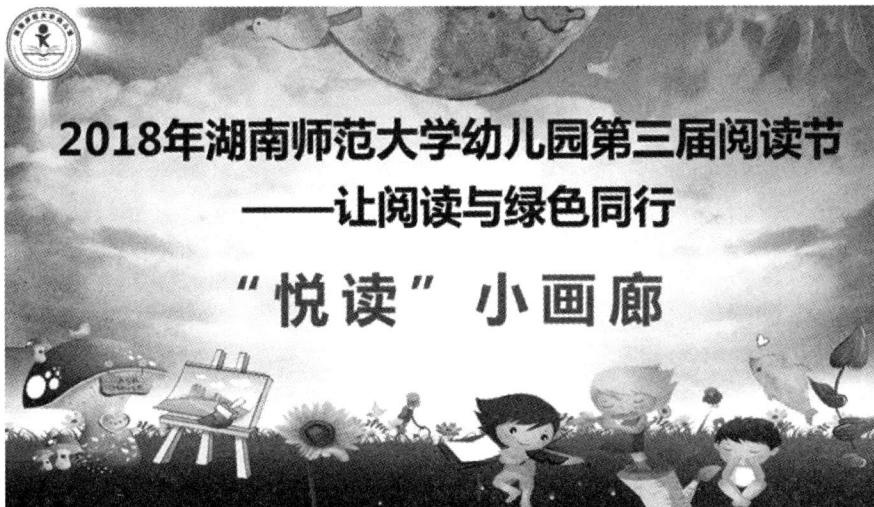

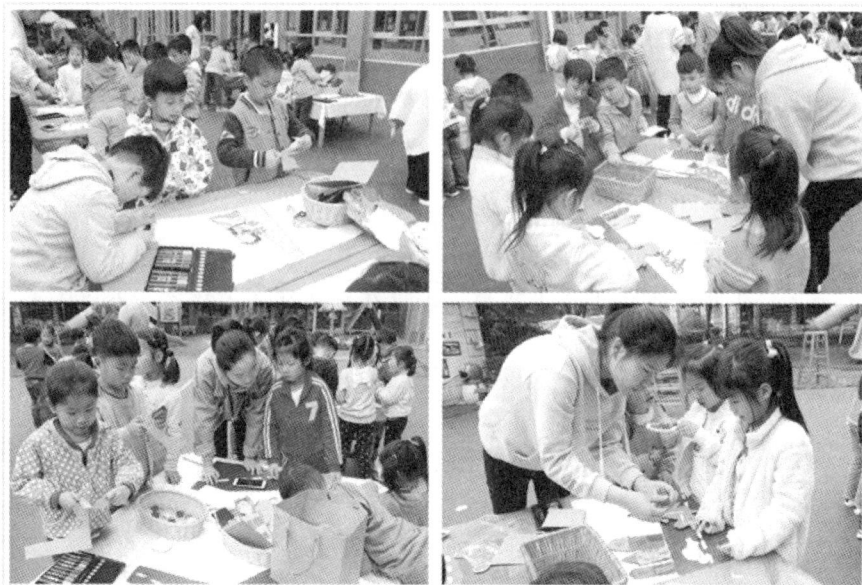

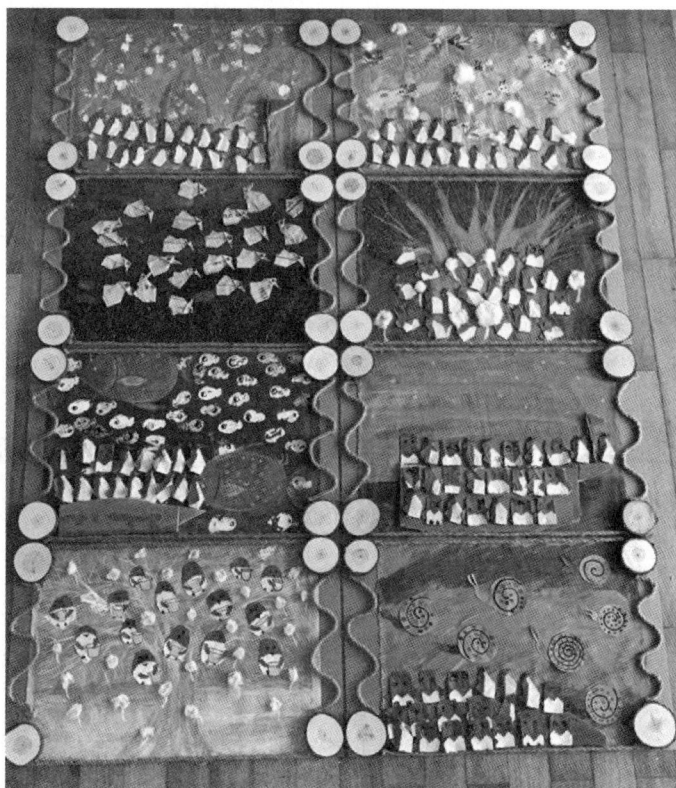

"悦读"游乐园活动方案

☞ **活动意图**

阅读，不只是安静地坐在椅子上进行；故事，也不只是用来讲述。在创意无限的园所里，让阅读变得活起来。通过有趣的游戏，利用生动的故事载体，让幼儿在阅读的氛围中，开展一场别出心裁的游艺活动，感受阅读带来的别样欢乐。

☞ **活动准备**

物质准备：游戏名称、玩法及规则粘贴在班级门口；各班游戏所需要的材料；印章；奖品。

☞ **活动内容**

1. 各班级提前制定班级内游戏玩法与规则。具体要求如下：

（1）游戏必须以绘本为载体，从绘本中提炼出游戏。

（2）各班级将设计好的游戏写成文本。文本包括：游戏来源（来自哪个绘本）、游戏名称、游戏玩法、游戏规则。

2. 活动当天全园按照"运动大本营"的形式先在操场集合，主持人介绍活动内容与安全事项，再将幼儿分流至各班级进行混玩。

3. 幼儿采取集印章的形式，完成游戏即可获得印章。

4. 幼儿获得相应数量的印章到各班级兑换相应的奖品。

☞ **注意事项**

1. 各班游戏的玩法设置要有层次，符合小中大班各年龄段幼儿的特征。

2. 走廊、班级及楼梯间要轮流站岗，保证幼儿流动的安全。

3. 游戏以幼儿快乐参与为主，尽量为幼儿盖满印章。

"悦读节"闭幕式活动方案
——"悦读"嘉年华

☞ **活动目标：**

1. 幼儿能够感知绘本阅读后的不同表现形式，体验亲子制作、自主表演的乐趣。

2. 充分调动家长、幼儿的积极性，增进亲子、家园之间的沟通与交流。

3. 让幼儿学习当文明的小观众，乐于大方、自然、快乐地进行角色游戏，并在制作道具中体会到环保的意义，养成环保意识。

☞ **活动具体安排**（见表 5-5）：

表 5-5 "悦读"节闭幕式具体活动安排

活动流程	活动过程	幼儿准备	家长准备	教师准备
主持人开场	1. 全园师生着自制角色服 8：50 在操场集合。2. 主持人开场。	1. 全体幼儿着自制角色服。2. 知道活动的基本要求和秩序，能按各环节要求参与。	活动前送幼儿入园	1. 做好幼儿前期生活常规护理工作，着不同角色服装，带领幼儿在各班级区域集合。2. 活动开始前给幼儿讲清相关活动要求。
园长致辞	全园师生倾听园长致辞。	倾听准备	无	1. 倾听准备。2. 组织幼儿倾听、关注幼儿状况。
师幼演唱"悦读节"闭幕式主题曲	全体师生伴随音乐演唱"悦读"闭幕式主题曲《最美好的未来》。	已学会"悦读"闭幕式主题曲	前期在家陪伴幼儿复习、巩固演唱"悦读"闭幕式主题曲	1. 前期对"悦读"闭幕式主题曲进行教学，确保幼儿学会唱歌曲。2. 组织幼儿伴随音乐用好听的声音、有感情地演唱。
颁奖	宣布 2017 年度阅读小明星及优秀家长义工的获奖名单，并颁发奖状和证书。	倾听、祝贺	无	1. 倾听准备。2. 组织幼儿倾听、祝贺准备，关注幼儿状况。

（续表）

活动流程	活动过程	幼儿准备	家长准备	教师准备
"悦读"角色扮演嘉年华	1. 全园幼儿伴随不同音乐自主进行角色扮演。 2. 播放至结束音乐时，幼儿回班级位置集合。	1. 着角色服装与同伴自主开心游戏。 2. 倾听音乐。	1. 与幼儿商量选择角色。 2. 收集家中环保材料自制角色服装或道具。 3. 与幼儿提前交流角色特征。	1. 前期发送通知告知家长与幼儿准备好活动服装或道具。 2. 配合幼儿共同游戏。 3. 关注幼儿安全与护理工作。 4. 音乐结束，提醒幼儿回班级场地集合。
主持人结语	主持人结语结束活动。	倾听准备	无	1. 倾听准备。 2. 组织幼儿倾听，关注幼儿状况。
班级总结	1. 各班师幼回班后以班级自主形式进行角色扮演或游戏。 2. 各班级师生共同回顾本次阅读节各环节；师生间、幼幼间小结活动感受；整理物品。	各班级回顾阅读节各环节，小结自己的感受，尝试用语言或身体动作表现，整理衣物。	无	1. 带领幼儿回班级开展后续活动。 2. 与幼儿共同回顾本次阅读节各环节，小结感受，收整物品。 3. 开展日常工作。

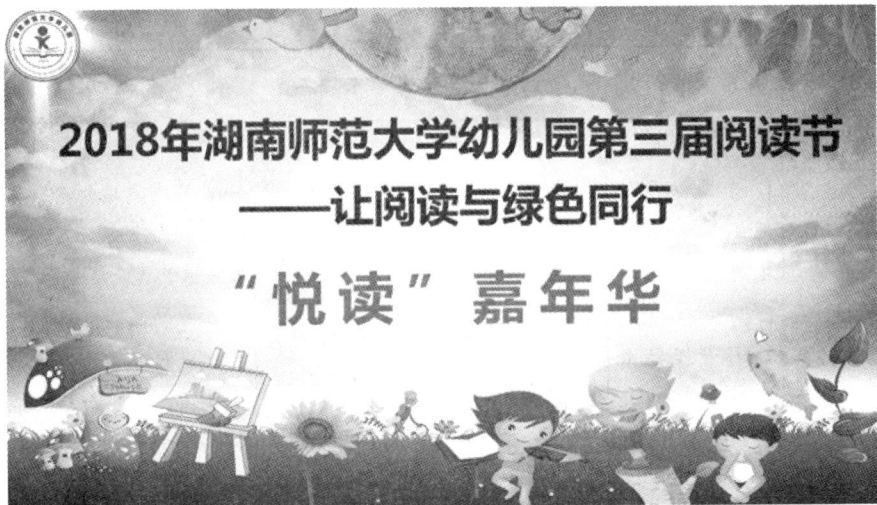

二、第四届阅读节方案

2019 年第四届阅读节系列活动方案
——走进奇妙的科学世界

最是书香能致远。书是五彩生活的万花筒，书是大千世界的缩影。为了让阅读成为孩子一生的习惯，让好书成为孩子一生的伙伴。结合"国际阅读日"，我园将举办第四届阅读节——"走进奇妙的科学世界"系列活动。旨在让更多的孩子爱上阅读，让更多的家长参与亲子阅读。我们将通过营造浓浓的阅读氛围，设计丰富多样的活动，激发孩子和家长参与阅读的兴趣，使他们真正体验阅读的快乐。同时以阅读为纽带，通过建立家庭、幼儿园合作阅读共同体，搭建起家－园沟通交流的平台，在互助、共享中提高幼儿阅读的质量。

1. 活动时间：4 月 22 日至 4 月 26 日
2. 活动地点：湖南师范大学幼儿园
3. 活动策划：教学部
4. 活动组织：教学部、各年级组组长及各班级教师
5. 活动保障：后勤部
6. 系列活动安排

表 5－6　第四届阅读节系列活动安排

时间	活动内容	活动地点
4 月 22 日上午	"悦读节"开幕式	幼儿园操场
4 月 22 日下午	教师读书会	会议室及阅览室
4 月 23 日	"悦读"之旅——走进动植物标本馆	生科馆
4 月 24 日	"悦读"画廊——画出你我的奇妙故事	幼儿园操场
4 月 25 日	"悦读"分享——寻找书本的奥秘	各班、公共阅读区
4 月 26 日	早期阅读与幼小衔接	三楼多功能厅

"悦读节"开幕式活动方案

☞ **活动目标**

1. 让幼儿在阅读节开幕式及系列活动的快乐氛围中，体验阅读节来的

书香气息。

2. 通过倾听、欣赏、颁奖等活动，让幼儿进一步感受阅读节的丰富多彩，对阅读节的后续活动充满期待。

3. 通过教师"声临其境"配音故事、家长助教活动，让幼儿进一步感受绘本的多种呈现形式。

☞ 活动准备

1. 经验准备：教师提前一个星期发布有关阅读节开幕的通知及需要家长参加的项目；提前跟幼儿宣传有关阅读节的活动内容，激发幼儿兴趣，同时交代开幕式上要注意的事项。

2. 物质准备：教师提前两个星期准备好教师"声临其境"配音故事的录制；提醒各班幼儿穿着整齐的园服；每班提前邀请家长助教，在活动当天来园为幼儿组织与科学有关的活动。

☞ 活动流程（见表5-7）

表5-7 "悦读节"开幕式流程

活动流程	活动过程	幼儿准备	家长准备	教师准备
升国旗	全园师生、家长代表在操场集合，升国旗。	1. 全体幼儿着园服。2. 知道活动的基本要求和秩序，能按各环节要求参与。	家长代表站在班级幼儿队伍后方。	1. 做好幼儿前期生活护理工作，统一穿园服，组织幼儿在各班级区域集合。
主持人开场	主持人开场。引出阅读节主题，介绍阅读节活动。	能遵守活动秩序和要求，安静倾听主持人开场。	无	2. 活动开始前做好相关教育。
童话剧表演	教师表演童话剧《白雪公主》。	能遵守活动秩序和要求，安静欣赏童话剧。	无	3. 维持好班级秩序，作好幼儿常规教育。
园长致辞	园长致开幕词，宣布阅读节开幕。		无	4. 协助家长助教顺利开展活动。
阅读节倡议词朗诵	阅读节诗歌朗诵，倡议家长和幼儿坚持阅读。		大二班家长准备好朗诵词，与幼儿熟悉诵词内容。	5. 组织幼儿积极参与讨论，表达感受。

（续表）

活动流程	活动过程	幼儿准备	家长准备	教师准备
颁奖	宣布 2018 年年度"书香班级""阅读小明星""阅读小达人"的获奖名单，并颁发奖状和证书。		家长代表配合上台领奖	
主持人结语	主持人结语结束活动。		无	
"声临其境"	全园师生、家长代表倾听教师录制的配音故事。	倾听准备	无	
家长助教活动	家长助教在班级教师的协助下有序开展与科学有关的活动。	1. 做好活动前的准备工作。 2. 安静倾听、认真学习，有序参加活动。	家长助教提前准备好组织活动的内容和教具。	
教师小结	1. 师幼小结。 2. 整理材料、收拾场地。	倾听准备，积极参与讨论与小结，表达自己的感受。	无	

"悦读节"教师读书会活动方案

☞ **活动目标**

1. 通过读书会，营造良好的阅读氛围，使教师养成良好的阅读和思考习惯，形成积极进取、努力学习的氛围，构建特色园所书香文化。

2. 通过读书会活动，使教师转变教育理念，努力成为学习型教师。

3. 以读书活动搭建教师专业成长平台，切实解决教育教学中存在的问题。

☞ **活动准备**

布置读书会主场地及分会场（大厅、教师备课室、二楼公共阅读区），读书会课件，每位教师准备一本自己推荐的书籍及推荐理由，好文推荐一篇。

☞ **活动过程**

1. 主持人开场，引出读书会主题，交代读书会流程。

2. 教师共读，进行好文分享。

主持人以"朗读者"形式，给教师们带来"好文分享"。

3. 关工委教师进行"好书推荐"。

4. 教师好书推荐。

邀请3～5名教师，结合自带书籍，采取自愿形式与大家进行"好书推荐"。要求：展示自带书籍，对书籍内容进行简单介绍，阐述推荐理由，并鼓励大家在自主阅读环节一起阅读。

5. 教师自主阅读。

教师自由组合，分成三组，分别在二楼公共阅读区、大厅、备课室三个地点同步阅读，可采取自主阅读、结伴阅读等不同形式，开展自主阅读。

6. 结束活动。

"悦读之旅"活动方案

☞ **活动目标：**

1. 幼儿能够心情愉悦地参与"悦读之旅"活动，并且遵守参观要求。

2. 通过参观湖南师范大学生命科学院的动植物标本，激发幼儿探求知识的兴趣，开阔幼儿视野，丰富对动植物的科学认知。

3. 幼儿通过参观图书馆，体验图书馆内阅读，感受阅读氛围，进一步提升幼儿安静阅读能力。

☞ **活动准备：**

1. 前期准备：各年级组长选定科普电影素材；与生命科学院标本馆教师联系，商定时间及接待安排；安全员与保卫处对接；班级教师给家长发放活动通知。

2. 物质准备：班级教师准备好路上需要的物品，如纸巾等。

3. 经验准备：提前对孩子进行外出安全教育和参观教育。

☞ **活动流程及具体安排：**

1. 小班组观赏动植物科普视频。

活动地点：三楼多媒体室

活动准备：提前选好影片和进行布置场地

活动要求：

（1）影片内容的选择符合幼儿年龄特点，且具有科普性。

（2）请注意幼儿上下楼的安全。

2. 动植物标本馆之旅

活动地点：湖南师范大学生命科学院动植物标本馆

活动安排（见表5-8）：

表5-8　活动安排

时间	动植物标本馆	第一批	第二批	注意事项
4月23日上午	植物馆	中一班 大一班	中三班 大三班	1. 过马路确保幼儿安全。 2. 上下楼梯保持安静。 3. 安静倾听解说员解说。 4. 各环节衔接紧凑。
	无脊椎动物标本馆	中二班 大二班	中四班 大四班	
	有脊椎动物标本馆	中三班 中四班 大三班 大四班	中一班 中二班 大一班 大二班	

"悦读画廊"活动方案

☞ 活动目标

1. 幼儿能够在制作、绘画的过程中，体验与同伴一起制作"绘本画"的乐趣。

2. 幼儿能够尝试利用各种材料，以多种形式表现自创绘本故事的内容。

3. 幼儿能够学习用合作画、剪贴画、添画等形式大胆表现绘本内容。

☞ **活动准备**

表 5-9　"悦读"画廊活动准备

年级组及活动	作画地点	幼儿准备	教师准备
大班：科幻类自制绘本	大操场	1. 与同伴、教师协商讨论绘本内容，尝试用语言表述。 2. 与同伴、教师共同讨论绘本制作的表现方式和材料，并有意识地收集材料。 3. 前期具有绘本表现方式的经验准备。	1. 各班教师前期以幼儿经验为前提对绘本的主题统一沟通，组织幼儿讨论绘本内容，并整理好文字，介绍展示绘本内容，可手写可打印，需统一字体和纸张。 2. 组织幼儿讨论绘本制作表现方式，收集好相关制作材料。 3. 各班分配好本班认领的图画大小和张数，上报给本年级组长进行画布的裁剪。 4. 教师前期制作好绘本封面和绘本背景图。 5. 各班教师有序组织幼儿进行作画，教师巡回指导，并提醒幼儿保持作画场地的干净、整洁。
小班：植物类自制绘本	小操场	1. 与同伴、教师协商讨论绘本内容，尝试用语言表述。 2. 与同伴、教师共同讨论绘本制作的表现方式和材料，并有意识地收集材料。 3. 前期具有绘本表现方式的经验准备。	1. 各班教师前期以幼儿经验为前提对绘本的主题统一沟通，组织幼儿讨论绘本内容，并整理好文字，介绍展示绘本内容，可手写可打印，需统一字体和纸张。 2. 组织幼儿讨论绘本制作表现方式，收集好相关制作材料。 3. 各班分配好本班认领的图画大小和张数，上报给本年级组长进行画布的裁剪。 4. 教师前期制作好绘本封面和绘本背景图。 5. 各班教师有序组织幼儿进行作画，教师巡回指导，并提醒幼儿保持作画场地的干净、整洁。
中班：动物类自制绘本	大操场	1. 与同伴、教师协商讨论绘本内容，尝试用语言表述。 2. 与同伴、教师共同讨论绘本制作的表现方式和材料，并有意识地收集材料。 3. 前期具有绘本表现方式的经验准备。	1. 各班教师前期以幼儿经验为前提对绘本的主题统一沟通，组织幼儿讨论绘本内容，并整理好文字，介绍展示绘本内容，可手写可打印，需统一字体和纸张。 2. 组织幼儿讨论绘本制作表现方式，收集好相关制作材料。 3. 各班分配好本班认领的图画大小和张数，上报给本年级组长进行画布的裁剪。 4. 教师前期制作好绘本封面和绘本背景图。 5. 各班教师有序组织幼儿进行作画，教师巡回指导，并提醒幼儿保持作画场地的干净、整洁。

"悦读分享"活动方案

☞ **活动目标**

1. 在大带小、同伴互读中，增进幼儿之间的感情，让幼儿体验分享阅读的快乐。

2. 通过阅读分享的形式，提高幼儿的阅读兴趣和培养幼儿爱阅读的习惯。

3. 通过大带小阅读、同伴互读形式，培养幼儿的倾听习惯，提升幼儿的语言表达能力。

👉 **活动具体安排**

表5-10 "悦读分享"活动安排

活动流程	活动过程	幼儿准备	家长准备	教师准备
分享阅读准备	1. 幼儿盥洗。 2. 幼儿吃水果	1. 知道活动的基本要求和秩序，能按要求参与。	1. 提前准备好水果。 2. 让大班幼儿带好绘本。	1. 布置教室环境，营造阅读氛围，着园服带领幼儿到相应场地站好。 2. 活动开始前做好相关活动要求教育。
操场集合	1. 全园师生统一着园服。 2. 大班幼儿准备一本自己喜欢的绘本。 3. 主教、配教分组带领幼儿前往相应教室开展活动。	1. 幼儿分两组站好队伍，以便教师带到相应班级开展分享阅读。 2. 大班幼儿每人准备一本与科学有关的书。	无	1. 主教整队列，将幼儿分好组，并清点好人数。 2. 主教带领一组幼儿前往本班教室，配教带领一组幼儿前往相应的分享班级。
亲子"悦读"	分享阅读	1. 小班幼儿选择一名大班幼儿进行分享阅读。 2. 知道在"悦读"期间不在教室区域游戏。 3. 小班幼儿要认真倾听大班幼儿讲故事，大班幼儿大胆专注地与小班幼儿分享故事。 4. 听到结束音乐时收整书籍。	无	1. 负责管理区域，为幼儿阅读需要提供帮助，控制区域人数，人满了提醒幼儿寻找空地分享阅读。 2. 活动开始前对幼儿传达活动要求，关注分享阅读状况，提醒幼儿爱护书籍，有序取放、注意安全。 3. 听到结束音乐时提醒幼儿收整书籍。

（续表）

活动流程	活动过程	幼儿准备	家长准备	教师准备
班级总结	各班幼儿及教师回班级后，以班级自主形式开展小结活动，鼓励幼儿表达参与活动后的感受，用自己喜欢的语言与同伴分享阅读的书籍。	1. 倾听班级安排。 2. 回顾活动，小结自己的感受，并用自己喜欢的语言与同伴分享阅读的书籍。	无	1. 清点幼儿人数，在班级开展后续活动。 2. 与幼儿共同回顾活动，小结感受，交流分享活动中发现的亮点或可改进的地方，关注幼儿的阅读学习品质的培养。

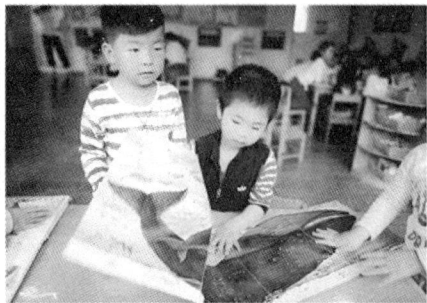

参考文献

［1］冯晓霞．幼儿园课程［M］．北京：北京师范大学出版社，2001．

［2］孙银黎．对深度学习的认识［J］．绍兴文理学院学报，2007（4）．

［3］李春光．试论"绘本"对幼儿发展的价值［J］．当代教育理论与实践，2015（8）．

［4］彭玲．几米绘本的价值取向［J］．大理学院学报，2010（1）．

［5］蔚一潇．美丽和幸福的种子——小议儿童绘本的美学价值［J］．当代学前教育，2010（4）．

［6］刘江艳．幼儿园绘本教学的价值与实施策略［J］．学前教育研究，2015（7）．

［7］刘丽春．绘本教学中幼儿语言能力的培养［J］．传奇传记文学选刊，2012（1）．

［8］吉喆．绘本与幼儿园语言教学［J］．洛阳师范学院学报，2015（3）．

［9］李秀芬．《指南》背景下打造绘本阅读办园特色的实践研究［J］．当代学前教育，2016（2）．

［10］李莉．全阅读教育理念与儿童早期阅读［J］．学前教育研究，2011（2）．

［11］陈艳丽．表演游戏：幼儿园绘本教学发展的重要策略［J］．吉林广播电视大学学报，2011（1）．

［12］李爱秋，张英贤，等．儿童绘本的畅销元素、内在特点与教育价值［J］．辽宁教育行政学院学报，2016（3）．

［13］钱雨．世界学前教育质量监管体系的发展特点与趋势分析及其对我国的启示［J］．学前教育研究，2012（12）．

［14］张彤．幼儿园绘本阅读教育的个案研究［D］．西南大学，2009．

［15］李令．幼儿园语言教育活动中师幼互动问题的研究［D］．湖南师范大学，2013．

［16］吕燕．幼儿园绘本教学中多元教育资源开发利用的实践研究［D］．杭州师范大学，2015．

后　记

湖南师范大学幼儿园以《3－6岁儿童学习与发展指南》为指引，历经三个阶段、五年探索，终于完成本书的理论研究与实践探索。《阅读，为幼儿打开世界》一书凝聚着幼儿园所有人的心血。在编写过程中，所有编写人员对《3－6岁儿童学习与发展指南》精神的深入学习和领会是本书编写的意图得到落实的重要前提；湖南师范大学幼儿园部分教师的参与、支持与配合是本书能够如期完成的重要支撑；所有编写人员充满智慧的思想交流与碰撞，以及辛勤付出是本书高质量的重要保证。

感谢湖南师范大学学前教育系系主任杨莉君教授的前期策划与指导。参与本书编写和审订的主要人员是湖南师范大学幼儿园长期从事学前教育理论研究、教学的园长及一线教师。《阅读，为幼儿打开世界》主要由徐惠、谭湘府、刘梦池、易乐媛执笔完成。许婷、周艳、陈思、谭琦、贺诗婷、陈琴、饶欢、黄丽君、李芳菲、覃左昆、贺佩、周乐、刘慕殷、宁顺琴、龙萍、陈佳宾、谭琦云、贺继旺、雷曼妮、刘艾欣、付逸仙、郑亚妮、吴眯、吴让、鲁媛、彭俏、张鑫露、李飞参与了活动方案的撰写。对大家的辛勤付出在此一并表示衷心的感谢！

同时，我们非常欢迎广大读者和有关专家提出意见和建议，以便今后更好地修订。

编　者

2020 年 10 月

图书在版编目（CIP）数据

阅读，为幼儿打开世界：湖南师范大学幼儿园"悦读"课程实践探究 / 徐惠编著. —长沙：湖南师范大学出版社，2021.5

ISBN 978 - 7 - 5648 - 4164 - 5

Ⅰ.①阅…　Ⅱ.①徐…　Ⅲ.①阅读课—学前教育—教学参考资料　Ⅳ. ①G613.2

中国版本图书馆 CIP 数据核字（2021）第 072787 号

阅读，为幼儿打开世界
——湖南师范大学幼儿园"悦读"课程实践探究

Yuede，Wei Youer Dakai Shijie
——Hunan Shifan Daxue Youeryuan "Yuedu" Kecheng Shijian Tanjiu

徐　惠　编著

◇策划编辑：向纯武
◇责任编辑：向纯武
◇责任校对：李　航
◇出版发行：湖南师范大学出版社
　　　　　　地址：长沙岳麓区　邮编：410081
　　　　　　电话：0731 - 88873070　88873071　传真：0731 - 88872636
　　　　　　网址：http：//press. hunnu. edu. cn
◇经销：湖南省新华书店
◇印刷：长沙印通印刷有限公司
◇开本：710 mm × 1 000 mm　1/16
◇印张：16.25
◇字数：300 千字
◇版次：2021 年 5 月第 1 版
◇印次：2021 年 5 月第 1 次印刷
◇书号：ISBN 978 - 7 - 5648 - 4164 - 5
◇定价：48.00 元

如有印装质量问题，请与承印厂调换。